《道德经》在英语世界的研究

宋 婷 著

中国纺织出版社有限公司

图书在版编目(CIP)数据

《道德经》在英语世界的研究：汉文、英文 / 宋婷著. — 北京：中国纺织出版社有限公司，2023.5
ISBN 978-7-5229-0651-5

Ⅰ. ①道… Ⅱ. ①宋… Ⅲ. ①《道德经》—英语—翻译—研究 Ⅳ. ①B223.15②H315.9

中国国家版本馆CIP数据核字(2023)第099984号

责任编辑：张　宏　　责任校对：高　涵　　责任印制：储志伟

中国纺织出版社有限公司出版发行
地址：北京市朝阳区百子湾东里A407号楼　邮政编码：100124
销售电话：010—67004422　传真：010—87155801
http://www.c-textilep.com
中国纺织出版社天猫旗舰店
官方微博 http://weibo.com/2119887771
北京虎彩文化传播有限公司印刷　各地新华书店经销
2023年5月第1版第1次印刷
开本：710×1000　1/16　印张：12.75
字数：193千字　定价：98.00元

凡购本书，如有缺页、倒页、脱页，由本社图书营销中心调换

前 言

老子所著的《道德经》不但是一部有着丰厚内涵和深刻哲理的道家经典,而且是一部用语精练、辞意隽永的哲理诗。其中,体现的老子的思想智慧不仅是中华民族思想和文化的重要组成部分,还对世界上其他国家也产生了深远影响。《道德经》是被翻译最多的中国典籍之一,《道德经》的翻译促进了道家文化在英语世界的广泛传播。

本书共分为六章。第一章概述了《道德经》英译研究,第二章详细讲解了《道德经》在英语世界的译介,第三章对《道德经》在英语世界的误读与悟读进行了分析,第四章研究了美学视角下的《道德经》英译,第五章分析了比较视野下英语世界的《道德经》传播,第六章指出《道德经》海外传播路径。在世界翻译历史长河中,《道德经》在英语世界中不断发展进步,中国传统文化也走向了世界。

本书为2020年安徽省哲学社会科学研究项目,是《道德经》在英语世界的译介与阐释研究重要研究成果之一,项目号为:AHSKQ2020D184。

本书结构清晰,对《道德经》在英语世界的各个方面进行了研究,内容丰富,环环相扣,对于研究《道德经》英译有一定的指导作用,有利于中国传统文化的传播。

由于作者水平有限,书中难免有错误和不当之处,敬请各位专家学者及广大读者给予批评指正。

宋婷

2023年2月

目 录

第一章 引 言 ……………………………………………………… 001
  第一节 《道德经》英译概述 ……………………………………… 001
  第二节 本课题学术价值和应用价值 ……………………………… 004
  第三节 研究内容 …………………………………………………… 004
  第四节 思路方法 …………………………………………………… 005
  第五节 创新之处 …………………………………………………… 006

第二章 《道德经》在英语世界的译介 ……………………………… 007
  第一节 第一阶段：老子与西方文明初相识（1869—1918年）…… 007
  第二节 第二阶段：《道德经》在英语世界的发展（1919—1972年）… 009
  第三节 第三阶段：《道德经》在英语世界的研究热潮（1973—
          2010年）……………………………………………………… 012
  第四节 第四阶段：《道德经》在英语世界的近十年（2011年至今）… 014

第三章 《道德经》在英语世界的误读与悟读 ……………………… 043
  第一节 "道"的误读与悟读 ……………………………………… 043
  第二节 "德"的误读与悟读 ……………………………………… 049
  第三节 自然的误读与悟读 ………………………………………… 054
  第四节 重译《道德经》：误读还是进化 ………………………… 059

第四章 美学视角下《道德经》英译研究 …………………………… 067
  第一节 《道德经》的审美信息 …………………………………… 067
  第二节 《道德经》两个英译本在"三美"中的对比研究 ……… 070
  第三节 《道德经》英译的审美再现 ……………………………… 078

第五章　比较视野下英语世界的《道德经》传播研究 …………… 085
  第一节　以马王堆汉墓出土的《道德经》帛书本为底本的英译

     比较研究 ………………………………………………………… 085

  第二节　以郭店楚墓出土的《道德经》竹简本为底本的英译比较

     研究 ……………………………………………………………… 097

  第三节　以王弼《老子注》为底本的英译比较研究 ……………… 108

  第四节　亚瑟·韦利的《道德经》英译比较研究 ………………… 118

  第五节　托马斯·克利里的《道德经》英译比较研究 …………… 127

  第六节　韩禄伯的《道德经》英译比较研究 ……………………… 131

  第七节　迈克尔·拉法格的《道德经》英译比较研究 …………… 138

  第八节　刘殿爵的《道德经》英译比较研究 ……………………… 149

第六章　《道德经》海外传播路径 ……………………………………… 169
  第一节　《道德经》的传播维度 …………………………………… 169

  第二节　《道德经》在西方传播信息 ……………………………… 178

  第三节　《道德经》在西方传播的深度拓展 ……………………… 179

  第四节　《道德经》在西方传播的困境 …………………………… 182

  第五节　《道德经》西方传播路径 ………………………………… 186

  第六节　《道德经》海外传播前景展望 …………………………… 189

参考文献 ………………………………………………………………… 195

第一章

引 言

第一节 《道德经》英译概述

《道德经》是我国文化古籍中的瑰宝,承载了无限的东方智慧和深邃的哲学思想,是中华文明一份珍贵的文化遗产。《老子》的对外翻译始于贞观二十二年,"翻译《道德经》为梵文,以遗西竺"。因此《道德经》的首次外译是翻译成了梵语。在此之后,《老子》在国外的翻译规模逐渐扩大,表现在译入的语种增加,译本的数量增多,影响扩大到世界范围。1868 年,英国牧师湛约翰最早出版了完整的英译本。随后的 150 余年,《道德经》英译本出版了 28 种,译本种类超过 140 种,涵盖了全译本(全译 33 篇的译本)、选摘译本、述译本和其他著述中的零星篇章或段落片段的英译。

国外《道德经》英译及研究主要分为以下三个阶段。

第一阶段为译介肇始阶段(1868—1933 年)。英国牧师湛约翰翻译了《对"老哲学家"的形而上学、政治余道德的思辨》,开创了西方世界完整翻译《道德经》的先河。赫伯特·翟理斯、弗莱德瑞克亨利·巴福尔、老高尔恩、艾约瑟、詹姆士·理雅各、保罗·卡鲁斯、约瑟夫·艾约瑟、L.W.海星格等对文本进行翻译和介绍,为西方社会了解中国文化搭建了很好的平台。

第二阶段为译介发展阶段(1934—1981 年)。1934 年,韦利出版了《道及其力量:〈道德经〉及其在中国思想中的地位研究》。该译文注解详细,力求准确传递老子的原意,开启了《道德经》英译的新篇章。接下来的 50 年间,维特·宾纳、布兰克尼、赫尔姆斯·威尔奇、美阿奇·巴姆、伯顿·沃森等在文本翻译的基础上，从中国文化的视角对《道德经》及其注解进行译介，并从理性和美学的角度深入阐释，具有很高的参考价值，引起了西方汉学界的强烈反响。《道德经》海外译介呈现出一个新的维度。

第三阶段为译介高潮阶段（1982年至今）。斯蒂芬·米切尔、陈张婉莘、梅维恒、厄秀拉·勒古恩、郝大伟、安乐哲等从哲学、亚洲研究、宗教、文学等学科领域对《道德经》进行深入阐释，使得《道德经》在西方世界的传播达到了新高度。但是，由于语言受限制，除汉学家外，国外学者很少涉足《道德经》海外翻译、研究和传播，即便是资深汉学家，大多将主要精力放在重译《道德经》、如何用老子思想来阐释现实社会中的哲学和宗教信仰等问题上，对《道德经》海外译介和传播研究极少涉足，多散见于《道德经》译者在序跋中对翻译的说明、译者互相之间的评价以及译本概貌的描述。

国内学界对《道德经》译介方面的研究主要在翻译层面展开。其中大多数研究集中在某个术语、译本以及翻译策略方面。如《论〈道德经〉中"有""无"之意及其英译—互异与互通的统一》一文的作者吴伟华认为，"有""无"之意所体现的道论各部分既独立又连贯，因此译语应追求各部分之内的一致性以及各部分之间的差异性和互通性，形成较为连贯和准确的译文，便于西方读者理解和引述。此文为《道德经》对外译介研究提供了重要的参考价值。余石屹《保罗·卡鲁斯的〈道德经〉英译本研究》、姚达兑《〈道德经〉最早英译本及其译者初探》、唐雪《文学变异学视域下的〈道德经〉德译研究—以"物"为例》、吴冰和朱健平《道学心论对深度翻译理论缺陷的补苴》、吴伊琳《从双性同体视角看〈道德经〉两个英译版本》对《道德经》不同的译本做了个案分析，从标准、思想、语境、意象的角度对《道德经》的译本进行阐释和比较研究，拓宽了其在翻译研究领域的视域。王汐《实例化、实现化与个体化三维翻译视角—以〈道德经〉英译为个案》、唐睿《概念隐喻视角下的〈道德经〉英译》、施云峰《系统功能语言学视阈下〈道德经〉英译中的试点研究》、吴冰《译随境变：社会历史语境下的〈老子〉英译研究》，从宏观历时视角对《道德经》的英译研究进行了回溯，并指出翻译策略方面的缺陷及成因，这对本课题的研究具有一定的启发作用。

此外，也有学者将《道德经》视为中华典籍，试从典籍翻译视角切入，对翻译方法和翻译策略进行思考。赵彦春和吕丽荣以《道德经》翻译为例,分析了翻译中文学性的丧失,并提出以可拓逻辑为基础的类比法是实现译文文学性的有效手段。常青和安乐哲《安乐哲中国古代哲学典籍英译观——从〈道德经〉的翻译谈起》探讨了中国哲学典籍重译的原因与域境,并围绕如何选择译入语语言的词汇来翻译中国古代的文言文问题展开问答,既揭示了汉语的词源,又探寻了英文的词源。唐婷《操控理论视角下典籍英译研究——以〈道德经〉为例》以操控理论为理论基础,探究意识形态、诗学和赞助者对三个不同《道德经》英译本的影响。

但从跨文化视角来看,对《道德经》在英语世界译介传播进行阐释的研究并不多见,仅有四篇颇具代表性的文献。时宇娇《〈道德经〉在海外译介的原因、历史和启示》梳理《道德经》所蕴含的思想价值及其在海外不断被译介、阐释和传播的原因。吴雪萌《英语世界老学研究》以英语世界老学为研究对象,对英语世界有代表性的老学著作进行梳理和分析。唐雪《1945年以前〈道德经〉在德国的译介研究》总结出1945年以前《道德经》在德国译介的主要特点。这四篇文献的研究主题与本研究最为接近,因此为本课题的深入研究提供了有价值的线索。

综上所述,国内外学者对《道德经》的"走出去"研究已成一定气候,但也存在以下不足。①成果散见于单篇论文的发表,主要是对《道德经》译本剖析,《道德经》在英语世界的译介缺乏全面、系统的研究。②现有研究视域多集中在某个方面的分析和诠释,如翻译或文学批评,大多切入口较小,未能将译介与研究相结合,剖析其内在关联。③对《道德经》传播译本的研究虽有尝试,但大多拘囿于翻译的语言层面,尚未有历时的系统分析。因此,本课题尝试在前人研究的基础上,融合译介学、阐释学、哲学、美学、社会学等多学科视域,在拥有最新一手外文资料的前提下,运用文献学、统计学与文学史、思想史相结合的研究方法,综合宏观构设和微观案例分析,以社会历史及学术思想的发展脉络为背景,对《道德经》在英语世界的译介和研究状况进行较为深入的全方位考量。从宏观的译介谱系到中观的译介模式,再到微观的文本分析以及纵横比较的系统探索,希望有所创新和收获。

第二节　本课题学术价值和应用价值

一、学术价值

通过《道德经》在英语世界的译介与阐释研究的考察，使我们在世界文论范围内，以全球化的视角重新审视中国传统文论的影响及其现代价值，并揭示其世界性意义。这对于化解中外文论之间的矛盾，缓解中国文论"走出去"的焦虑和彷徨，重树文化自信和文化自觉都具有极其重要的意义和价值。

二、应用价值

《道德经》在英语世界的译介与阐释研究探索，不仅成为了解中国典籍在海外际遇的重要路径，对进一步推进中国典籍在异质文化区域的经典重构以及促进中国典籍"走出去"的战略方针，也有着举足轻重的意义。

第三节　研究内容

本书的研究重点在于揭示《道德经》在英语世界的译介及研究情况。作为中华文化典籍的瑰宝，《道德经》在英语世界译介及研究现状如何？中国典籍如何摆脱西方影响的焦虑，真正走出国门，在西方文化空间中重塑经典形象，并在世界文化中占有自己的一席之地？带着这两个问题，本书拟对文化行旅中的《道德经》从语言、文化、美学、哲学、文论思想等各个方面进行考察，以寻求合理的解决方法。

本课题研究难点如下。

第一，资料的搜集、整理及研读的困难。本课题研究时间跨度大，相关《道德经》译介、研究文本及文献数量庞大，卷帙浩繁。需要通过调研、访谈、文献查找、借阅等各种途径搜罗海内外相关资料，并进行甄选、整理、归类、研读、翻译。

第二，阐释和分析的困难。从所收集的海量资料中爬梳出关联点，并由点及面地进行分析并非易事。因西方学界的研究大多根植于西方文论基础上，所以研究涉及中西文论观点异同的比较阐释、译介与研究中有失偏颇的误读与悟读，进而分析它们背后的文化及诗学因素。

本课题运用文学阐释学理论，以中西现代译者间"见异求同"的阐释与对话为推手，系统梳理《道德经》在英语世界的译介及研究情况，深入探索译介中他者误读与悟读张力背后深层的历史语境和文化诗学的入思之路。

第四节 思路方法

一、基本思路

本书的基本思路是：紧扣"《道德经》在英语世界的译介与阐释研究"这一核心，思考《道德经》经历了怎样的译介及研究历程？译者以什么样的身份采取何种翻译策略？译介和传播效度如何，其间有无误读？西方对于《道德经》的研究呈现怎样的特点和范式？对中国典籍"走出去"、异域重构中国典籍的经典形象以及中国典籍与世界接轨等现实问题有何启示？

按照以上思路，本研究拟从学界的热点问题出发，在对大量一手文献进行查找、整理、归纳、分类、翻译及解读的同时，综合中西方文学思想发展的特点，进而将宏观勾勒与微观论证相统一，纵向历时梳理与横向个案研究相结合展开分析和研究。

二、研究方法

（一）文学思想史及文献学相结合的研究方法

本文拟选取中外学界具有典型性和代表性的文献进行考察。笔者在对大量一手文献进行查找、整理、归纳、分类、翻译及解读的同时，综合中西方文学思想发展的特点，探析《道德经》在英语世界的译介和研究的历程、流播的发展规律及特点。

（二）比较研究法

本书在比较文学、比较诗学的视域下，在中西语言文化、中西文论思想、诗学特点等方面多处采用比较分析的方法，探析中西典籍的差异和共核之处，并构建以《道德经》为代表的典籍译介及研究路径。

(三)质性分析与量化统计相结合的方法

为满足深入研究的需要,本书通过对世界最大的联机书目数据库 WorldCat 数据库进行相关主题的搜索,对近三十年来全球英译本的馆藏分布数据进行量化统计,并对其数据进行深入的质性分析。通过考察《道德经》在全球范围内的接受效度,寻求全球化语境下,海外中国传统典籍研究新的增长点及中国典籍"走出去"的合理路径与模式。

第五节 创新之处

一、选题的新意

当前中国典籍"走出去"的呼声日益高涨,然而国内对《道德经》在英语世界的译介和研究进行系统阐述的成果尚付阙如。为此,课题带着现实忧患意识有效地进入译介与研究场域,着眼于《道德经》这一中国传统典籍的译介探索与研究,并解析其中的误读与悟读。这一富有学术前瞻性和时代紧迫感的选题,较有新意。

二、研究视域的开拓

本书突破了国内老学与文学史结合进行注疏考证这一传统的、单一视角研究方式所带来的局限,通过借鉴国外学界的最新译介成果及研究创见,着力探讨《道德经》在英语世界的译介与研究历程及发展规律以及其中的误读与悟读的言述空间及其入思之理。本书始终围绕这一主题展开论述,在中西文论之间展开对话和交流。最后,将研究结果回归到为中国传统文论对外译介和研究的探路方面,打开研究视域,实现中国典籍研究的对外拓展。

三、研究路径的突破

课题试图打破传统研究圈囿,以问题意识为导向,跨越翻译学(译、介)、文艺学(释、研)等学科,从总体谱系解读到个案分析,最后上升到文学理论层面的反思展望,以宏微并观、纵横比较的方式对《道德经》在英语世界的译介研究做全方位观照。

第二章

《道德经》在英语世界的译介

第一节 第一阶段：老子与西方文明初相识(1869—1918年)

在1868—1933年，英语世界共有14个译本问世，分别是：湛约翰《老子玄学、政治与道德律之四边》、詹姆斯·理雅各英译本、乔治·加德纳·亚历山大《老子，伟大的思想家：关于上帝的本质和表现的思想》、保罗·卡鲁斯《老子〈道德经〉》、巴尔福《道书：伦理的、政治的、思辨的文本》、翟理斯《老子遗集》、海森格《中国之光：老子之道》等。这些译本中有8个是从基督教立场解读《道德经》，其余的6个译本虽然基督教倾向不太明显，但某些章节依然有基督教思想的影子。这段时期《道德经》英译的宗教色彩浓厚，缺乏对《道德经》文本本身及背后蕴含的中华文化的关照。

湛约翰为英籍传教士，牧师。他早年毕业于鸭巴甸大学。1852年，加入伦敦会服务。6月28日来到香港，主理英华书院。1859年，赴广州设立会堂，居广州十余年。1897年返回香港。他在港期间，曾担当1865年创刊的《中外新闻七日录》的主笔，对基督教合一堂贡献良多。其著作有：《英粤字典》《中国文字之结构》《康熙字典撮要》《中华源流》《上帝总论》《宗主诗章》《天镜衡人》《正名要论》《纠幻首集》《世俗清明祭墓论》《城隍非神论》。1868年，湛约翰翻译出版《道德经》英译本《老子玄学、政治与道德律之四边》，英文名为 *The Speculations on Meta-physics, Polity, and Morality, of*

"The Old Philosopher, Lao-Ts.[1] 湛约翰的译本有强烈的宗教色彩,《老子》对于《道德经》的"帝"翻译为 God,"神"翻译为 Spirit。这种宗教化的翻译,却成为西方英语世界认识《道德经》的媒介。《道德经》诸类深入中国人民思想生活的道家学说也开始影响西方社会文化和生活。此书为《道德经》英译之滥觞。

詹姆斯·理雅各是近代英国著名汉学家,曾任香港英华书院校长,伦敦布道会传教士。他是第一个系统研究、翻译中国古代经典的人,从 1861—1886 年的 25 年,他将《道德经》等中国主要典籍全部译出,共计 28 卷。理雅各在翻译《道德经》等经典时,与中国学者王韬等人不断切磋,于 1891 年译出《道德经》。王韬之前在上海伦敦传教会开办的墨海书馆工作,1863 年王韬乘船来到香港,担任理雅各的助手。在整个翻译过程中,理雅各始终秉持着严谨的治学态度,除了认真参考和吸取王韬的研究成果外,他自己也十分注重旁征博采,力求持之有据,绝不主观臆断。在他以前别人用拉丁、英、法、意等语种译出的有关文字,凡能找到的,他都拿来仔细比较,认真参考,然后反复斟酌,慎重落笔,甚至常常数易其稿。加上与王韬等人的切磋讨论,就大大减少了可能有的错误,使翻译质量得以保障。理雅各向西方输出的不只是中国的经书,还有中国的宗教以及文化现象。与早期傲慢的新教传教士相比,理雅各对待中国宗教的态度是客观、认真而尊重的,像他那样重学术理性的宗教专著在早期新教传教士中极为罕见。他的论述中见不到对中国的谩骂和无理的攻击,相反,他对中国文化表现出一种亲和态度,体现出苏格兰神学思想的开放性与独立性。他的翻译工作虽然没有完全脱离传教的目的,但是比较尊重中国传统文化典籍的思想与哲学内涵,详细地阐述了老子之"道"与基督教"上帝"之间的本质区别。

1895 年,乔治·加德纳·亚历山大翻译出版了《道德经》英译本《老子,伟大的思想家:关于上帝的本质和表现的思想》,英文名为 *Lao Tsze, The Great Thinker: with a Translation of His Thoughts on the Nature and Manifestations of God*。整本书的翻译中,译者本身起着主导作用。乔治·加德纳·亚历山大将《道德经》中的"道"翻译成 God 或者 Creator。"道"在乔治·加德纳·亚历山大的眼中,成了"上帝"或者"造物主"。万物的统称,是万物的本源,是生态的总概

---

[1] John Chalmers. The Speculations on Meta-physics, Polity, and Morality, of "The Old Philosopher, Lao-Tsze[M]. London: Tubner Press, 1868.

括。天地之初的形态,莫可名也。这混元一体的样态,就是《易经》中的"道"。"道生一,一生二,二生三,三生万物。"从"道"至"万物",万物始有名。"道"即"无","无"是宇宙初始的空间,"无"更是万物生发的本体。从某种程度上说,"无"和康德的"物自体"、黑格尔的"绝对精神"、海德格尔的"存在"等,都是哲学家对生态本源的探索。如果把"道"硬生生地翻译成"上帝",那就曲解了"道"的意义。

保罗·卡鲁斯是美国19世纪末至20世纪初的一位比较哲学家,也是一位积极推动不同宗教之间对话的宗教学者,他与年轻时期的日本禅宗大师铃木大拙合作翻译了《道德经》,并于1898年出版发行。该书详尽介绍了老子的生平以及《道德经》的内容和意义,并将中英文逐字对照,每个汉字上面还做了注音。这是第一个由美国人翻译的《道德经》译本,在美国产生了较大影响。

另外,1884年,巴尔福翻译出版的《道书:伦理的、政治的、思辨的文本》,英文名为 *Taoist Texts:Ethical , Political , and Speculative*;1886年,翟理斯翻译出版的《老子遗集》,英文名为 *The Remains of Lao Tzu*;1903年海森格翻译出版的《中国之光:老子之道》,英文名为 *The Light of China:The Tao Teh King of Lao Tsze* 等,都试图从某些方面找到《道德经》与基督教思想的契合点。但是不可否认的是,这些译本在英语世界与《道德经》为代表的中华思想之间,搭建了一座桥梁。

第二节 第二阶段:《道德经》在英语世界的发展(1919—1972年)

第二次世界大战后,西方世界饱受战争之苦,人们对生活失去信念,对未来感到迷惘。那些男男女女们生活简单、不修边幅,喜穿奇装异服,厌弃工作和学业,拒绝承担任何社会义务,以浪迹天涯为乐,蔑视社会的法纪秩序,反对一切世俗陈规和垄断资本统治,抵制对外侵略和种族隔离,讨厌机器文明,他们永远寻求新的刺激,寻求绝对自由,向体面的传统价值标准进行挑战。上帝已经不复存在,理性也无法拯救人类的心灵。面对战争,学术机构无力,宗教组织瘫痪,无论是学者还是宗教领袖,都无法把人们从战争的阴影中拉出来。西方的文化和社会价值观受到了强烈的冲击。这让无数学者开始反思西方文明存在的缺陷。他们开始向东方文明寻求解决之道。老子的"抱朴守道",让人们认识到遵从自然之法,回归自然无为、少和寡欲的本然状态,便可获得心灵的静谧,便可"为天下谷,常德乃足,复归于朴"。老子的"和谐""无为""德治"思想与"二战"后西方的反战情绪产生了强烈的共鸣。老子思想对于现代文明的启示意义,逐渐被西方世界发掘,其现实意义也逐渐凸显。这一时期老子思想在英语世界的传播得到了长足发展,英译本数量达到 54 种。

1934 年,亚瑟·韦利翻译出版了《道与德:〈道德经〉及其在中国思潮中的地位》,英文名为 *The Way and Its Power*, *Lao Tzus Tao Te Ching and Its Place in Chinese Thought*,亚瑟·韦利出身于英国的 Tunbridge Wells,有部分德国血统。自幼聪颖过人,酷爱语言文学。1903 年,在英国著名的拉格比学校读书,因古典文学优异而获得剑桥大学皇家学院的奖学金。他一直在坚持不懈地研究东方学与中国学,并致力于把中国古典名著翻译成英文。在剑桥学习的 3 年中,他是著名教授迪肯森和摩尔的学生。两位学者仰慕古代东方文明的思想熏陶着他,使他产生了致力于东方文化研究的愿望。共著书 40 种,翻译中、日文化著作 46 种,撰写文章 160 余篇。韦利这位多产的翻译家,被称为没有到过中国的"中国通"。亚瑟·韦利的《道德经》英译本堪称经典之作。自 1934 年首次出版以来,已经再版或重印 23 次,并入选《大众化文库》。亚瑟·韦利在其中一本中增加了对春秋战国时期历史的介绍以及在这种社会现实下法家借鉴道家"一"的思想,并赋予"一"以新的含义,提出了国家统一的主张。韦利这种从宏观到微观的背景铺垫,更能帮助读者了解诸子百家思想的碰撞和融合,了解这些思想的源流演进。韦译的语境构建对深化深度翻译的研究也有重要意义。他定下的翻译目标、采取的语境构建路径以及其中的得失,对于深化深度翻译本质的认识和深度翻译语境构建的方法和模式都有重要的借鉴意义。不仅如此,韦译的语境构建还可以深化我们对翻译本质的认识,丰富翻译的理论和实践方法,有增强译作的跨文化交际效果,对于当今译者,尤其是当前的中华文化外译活动,也有着十分重要的参考价值。

与此同时,很多中国学者也开始尝试《道德经》的翻译工作。1936 年,胡子霖翻译的《道德经》由成都华英书局出版。胡子霖的翻译侧重《道德经》文本中蕴含的影响中国人生活及思维方式的哲学上。1839 年,吴经熊翻译的《老子〈道德经〉》问世。吴经熊是民国时期重要的翻译家和文化传播使者。吴经熊的翻译有

第二章 《道德经》在英语世界的译介

以下特点:一是强调中西思想的相通性;二是注重《道德经》的文学经典型,译文更为通俗易解;三是增加了大量注释,解释中西文明的同源性。1848年,林语堂的译本《老子的智慧》问世。《老子的智慧》除了序论、序文外,设有七章,即道的性质、道的教训、道的描摹、力量的源泉、生活的准则、统治的理论和箴言。每章的具体内容,则是《道德经》的一部分和《庄子》的有关文字,并附有译文。林语堂阐述了老子思想所具有的某些重要特点,并主张结合庄子来研究老子。在《老子的智慧》中,经过林语堂的重新整合,老子看似散乱的箴言成为一套连贯一致、主题集中、条理清晰的哲学思想,既完成对道家思想的梳理与现代重构,同时又契合西方读者的阅读习惯。

1963年,陈荣捷《老子之道》在美国出版。陈荣捷1936年去美国夏威夷,1942年起任新罕布尔什州达特默尔学院中国哲学和文化教授,后任荣誉教授。1951年起,任夏威夷大学《东西方哲学》编辑《中国哲学研究》顾问。陈荣捷在国外弘扬中国哲学60年,著作等身,还从事中国经典哲学的英译。陈荣捷在《老子之道》中所言:"在中国现代历史上,似乎没有哪一场争论战比围绕老子其人其书的争论持续的时间更长,参与的学者更多。"陈氏英译,不仅仅只是译文,为了推阐中国哲学于欧美,为了方便读者,凡与所译之书可能相关而又必要的知识,以及能增进读者对经典全面了解者,无不悉备。

1963年,刘殿爵在美国出版《道德经》。早岁肄业于香港大学中文系,1946年赴苏格兰格拉斯哥大学攻读西洋哲学。1950年起任教英国伦敦大学亚非学院,1970—1978年任伦敦大学中文讲座教授,是英国历来首位出任中文讲座教授的华人。刘殿爵在亚非学院有不少门生,比如,安乐哲教授和尤德爵士夫人彭雯丽等。在1959年,企鹅图书送来一份《道德经》英文译本原稿,让刘殿爵审阅,不过这份原稿由缅甸文翻译而成,内文多有缺失,结果在刘殿爵的建议下,企鹅图书没有接纳这份原稿。翌年,企鹅图书再送来一份修订本予刘殿爵审阅,唯稿件始终是译自缅甸版的《道德经》,翻译质素未能满足他的要求,刘殿爵遂决定自行翻译,经大约五年时间在1963年翻译成《道德经》英文版,后来又花七年时间于1970年出版《孟子》英文版以及花近十年时间于1979年完成《论语》英文版,三大译作全部由企鹅图书出版。邓仕梁教授认为,刘殿爵的译作风格受英国哲学家吉尔伯特·赖尔影响,用字精练澄澈,言简意赅,并以"秋水文章不染尘"一语赞扬他的译作。另外,刘殿爵翻译成《道德经》英文版时,西方刚好兴起嬉皮文化,《道德经》提倡"道法自然"的思想正好透过他的译作进一步向西方传播。单是《道德经》英译本初版,截至20世纪90年代初已在全球售出至少50万本。为表扬刘殿爵在海外弘扬中国文化所做的贡献,香港中文大学在1975年特地向他颁授荣誉法学博士学位。

胡子霖、吴经熊、林语堂等中国译者在翻译《道德经》的过程中,尽可能地保留中国文化特性、语言特征和表达方式,以中国文化为底蕴,向英语世界读者展现中国古代的智慧和哲学。中国学者的加入,让这个时期的《道德经》英译大放光彩。

第三节　第三阶段:《道德经》在英语世界的研究热潮(1973—2010年)

1973年,湖南长沙马王堆汉墓帛书《道德经》的发现,掀起了英语世界研究《道德经》的热潮。这个时期的《道德经》英译本的数量和质量均有提高,译本多达185种。

韩禄伯的《老子道德经:新出马王堆的注释与评论》于1989年出版。韩禄伯出生于美国东部宾夕法尼亚州的卡塔维萨,现为美国达慕斯大学的宗教学教授。韩禄伯教授的中国哲学研究,主要是从道教与佛教入手的。对于嵇康作品和禅家文学的研究,使韩禄伯教授蜚声美国汉学界,但韩氏对马王堆帛书《老子》的翻译与研究,则影响更大。韩禄伯对马王堆汉墓帛书的研究,主要在于《老子》甲乙本。其研究大致可划分为两种:一为文献学的角度,二为哲学的角度。在文献学的研究方面,韩氏的论文包括了版本、分章、异文、时代与流传诸方面,如《马王堆帛书〈老子〉:与王弼本的比较研究》《马王堆帛书〈老子〉的分章问题》《论〈老子〉的分章》《马王堆本〈老子〉的异体字》《马王堆本〈老子〉异体字全表》《马王堆帛书〈老子〉及其时代》《马王堆本〈老子〉及其文献流传的线索》;哲学方面的研究主要偏于理解,一种是对于总体的把握,另一种是对于细部的推究,《马王堆本〈老子〉的哲学:一些初步的意见》属于前者,《道与Field:一个比喻的探讨》以及《〈老子〉五十章:"十分之三"抑或"十三"》当属后者。在此基础上,韩禄伯推出了《老子道德经:新出马王堆本的注译与评论》,此书从1989—1993年,短短的五年间在欧美诸国连出七版。

1985年，约瑟夫在《老子哲学中"无"的作用》文中论述了老子的"无名""无为""无欲"。约瑟夫，美国著名汉学家、美国中国近代思想史研究领域的开拓者和领导者，曾任加州大学伯克利分校"Sather"讲座教授，是美国20世纪五六十年代中国学研究领域最主要的学术代表之一。约瑟夫才华横溢、识见深刻、风格独特，被称为"莫扎特式的历史学家"。约瑟夫尝试用中国文化来解读《道德经》，为《道德经》译介开拓了一个全新的视野。

1989年，葛瑞汉在《道家之争：中国古代的哲学论证》一书中，以"天人关系"为主线，把"道"看作中国哲学的中心，对老子思想进行阐述。葛瑞汉是英国汉学家，1919年7月出生于英国威尔士的珀纳思。葛瑞汉在其学术生涯中，不仅研究哲学本身，对中国哲学也进行了开创性的研究，在中国语言、中国哲学和诗词领域有较多的精品译作。葛瑞汉对中国哲学的特点有较为深切的理解，他认为：中国人看待世界的思维和方式倾向于相互依存，而不是各自独立；整中有分，而不是部分的集合；对立的双方相互补充，而不是相互矛盾；万物是变化的（周而复始的循环变化，并非向前发展），而不是静止的；看重物之用，而不是物之质；关心相互感应，而不是因果关系。他的著作完全立足于中国的经典哲学，从对中国哲学的开创性研究，到对《道德经》的译介阐释，本本堪称极致精品。

安乐哲的译本《道不远人——比较哲学视域中的〈老子〉》在比较哲学的视域下对《老子》进行解读，试图从中国思想文化的视角来诠释《道德经》这部文化经典。安乐哲1947年生于加拿大多伦多，国际知名汉学大师，美国夏威夷大学教授、北京大学人文讲席教授，刘殿爵中国古籍研究中心学术顾问、尼山圣源书院顾问、世界儒学文化研究联合会会长、国际儒联副主席。他翻译的中国哲学经典《道德经》等，不仅解除了西方人对中国哲学思想几百年的误会，清除了西方学界对"中国没有哲学"的成见，也开辟了中西哲学和文化深层对话的新路子，使中国经典的深刻内涵越来越被西方人所理解、所接受。为推动中华文化走向世界，尼山圣源书院与北京外国语大学、夏威夷大学合作，培养国际师资，举办了尼山国际中华文化种子师资班。该班学员以美欧大学教师为主，部分国内教师、博士硕士参加学习，安乐哲教授、布朗大学罗斯文教授以及北京外国语大学田辰山教授担任主讲教师，用英语讲授中国传统经典《论语》《孟子》《孝经》《道德经》等。

这一时期的《道德经》英译和以往翻译活动相比，呈现以下特征：一是翻译主体由早期的传教士、汉学家转变成哲学家、学者、诗人，比起宗教思想的传播，他们更加注重的是《道德经》传递的哲学思想和诗学意蕴。二是他们在翻译的过程中,吸收了《道德经》的最新考古资料及相关研究成果,史料丰富,研究翔实。三是中国学者不断推陈出新的《道德经》译本,使《道德经》英译呈现多元化趋势。

《道德经》作为中国古代的瑰宝,随着翻译活动的兴起,逐渐被西方世界所认知、接受和借鉴,充分体现了道家思想的超越性和巨大的文化价值,在西方文明的花园里绽放光彩。

第四节　第四阶段:《道德经》在英语世界的近十年(2011年至今)

近十年来,越来越多的西方学者出于学术研究的目的,深入探析和解读《道德经》文本中的翻译策略、哲学思想、文学意境等。在研究方法上,也不再是单纯的文本解读、文献考证,而是用西方哲学的概念、范畴和分析方法对《道德经》进行深入的阐释。这一时期,《道德经》研究方兴未艾。

譬如,诸多文章从各个方面对《道德经》进行了研究。先是对《道德经》译本进行分析,探讨了东西方文化差异;再是研究了《道德经》中道教文化、儒家思想、老子思想,指出道教的政治哲学;后来又有文章指出西方学者与东方文化思想的冲突根本,对于两种哲学的比较意义深远;最后,众多文章回归到"道"的本质,对老子思想进行了深入探索,并与外国哲学进行对比,不断探究《道德经》的艺术境界。

Comparison and analysis of selected English interpretations of the Tao Te Ching 一文建立了《道德经》英文译本数据库,记录了大量从1868年至今出版的《道德经》译本。同时,采用整体分析和内容分析的方法,对《道德经》英译本的具体章节进行比较。整体方法侧重于选取章节的整体语义内涵。具体的(语言)分析方法需要使用计算机化的内容分析程序(hyperRESEARCH for Macintosh)❶。通过这些调查,我们对东西方之间的跨文化关系有了具体的了解。

---

❶ Goldin P R. Those who don't know speak: Translations of the 'Daode jing' by people who do not know Chinese (Tao Te Ching, Lao Tzu)[J]. Asian Philosophy,2002(12):56-59.

Those who don't know speak: Translations of the 'Daode jing' by people who do not know Chinese 文中论述了《道德经》英译选集,并从三个方面对其进行了批评:一是过分依赖早期译本;二是它们无法通过任何基本的准确性测试;三是他们扭曲和简化了原著的哲学❶。

Bridging East and West Or, a Bridge Too Far? Paulo Freire and the Tao Te Ching 该文探讨 Freirean 和道家思想之间的主要异同。把注意力集中在《道德经》上,先简要地了解一下这部中国哲学经典著作的起源,然后集中讨论与弗莱雷著作相关的几个主题。詹姆斯·弗雷泽的一篇文章,在弗莱雷的教育学中对爱情和历史的讨论中,三次引用了《道德经》,为研究提供了一个有益的起点。在对弗雷泽的叙述进行总结后,我们更详细地讨论了行动和非行动的意义,认识和知识的本质和作用以及弗莱雷和老子的无知、幸福和教育之间的关系。该结论是:虽然这两种思想体系之间的差异是重要的,必须予以承认,但对这些差异的反思具有很大的教育意义❷。

Travel and Translation of "Tao" in the Western World 该文收集《道德经》在西方世界旅行中"道"的变化,以及"道"翻译的影响因素,展现了"道"在外国文化中的推崇。"道"是道家的一个推崇词,代表了老子关于人与自然的核心观点和思想。从东方到西方,"道"在西方文化和宗教中经历了转变和操纵。在汉译英过程中,"道"受到了译者思想和个人背景的各种影响❸。

Lessons from the Tao for birthing practice 该文认为:《道德经》的形而上学,作为宇宙的基本结构,被用来检验作为创造的出生。从道中汲取关于改变自然的教训,为妇女准备分娩提供建议,也为护理她们的护士和助产士提供建议。这种形而上学的分娩观点与罗杰斯和纽曼的护理理论的兼容性是确定的,并强调尊重形而上学和精神方面的分娩在护理实践的重要性❹。

---

❶ Bebell D J, Fera S M. Comparison and analysis of selected English interpretations of the Tao Te Ching[J]. Asian Philosophy, 2000(10):133-147.

❷ Roberts Peter. Bridging East and West Or, a Bridge Too Far? Paulo Freire and the Tao Te Ching[J]. Educational Philosophy and Theory, 2012(44):49-50.

❸ You Zhang. Travel and Translation of "Tao" in the Western World[J]. Armer Scholars Press, 2015(7):121-128.

❹ Overman B. Lessons from the Tao for birthing practice[J]. Journal of holistic nursing, 1994(12):6-10.

How Taoist is Heidegger? 该文认为:在海德格尔的思想中有很多他经常提到的流派,但有一个他从来没有提到过,那就是道教。奥托·波格勒注意到海德格尔与中国哲学的接触,特别是与老子的《道德经》的接触,对他后来思想的形式和方向产生了决定性的作用。莱因哈德·梅仔细比较了海德格尔的主要文本与《道德经》和各种佛教禅学文本的译文,现在人们普遍认同海德格尔对中国哲学的借鉴[1]。在他后来演讲中反复出现的主题都可以在道教文本中找到。在这些方面,他常常被贴上神秘主义者或非理性主义者的标签,并被他的西方批评者指责。本书探讨了海德格尔思想的一些关键方面,并将其立场与《道德经》的立场进行了比较,以确定海德格尔偏离西方传统而成为道家的程度。

Tao and Zen-And All THat Jazz:*Teaching as Improvisation* 该文认为:虽然教学与即兴创作的并列似乎有悖直觉,但本演讲使用爵士习语来阐明每一种艺术——尤其是教学艺术——在结构与即兴、技术与自由之间,或在禅宗的术语中,形式与虚无之间的紧张关系。通过对爵士乐的结构基础的简要分析,结合《道德经》等东方经典诗歌,说明结构是美术和有效教学的必要基础,但这些活动也可以建立在技术幻觉的基础上。在他们的最高表现形式中,爵士乐和教学都将结构和技巧与审美敏感性和创造奇迹结合在一起,构建了一个内容丰富、令人满意的统一领域[2]。

A Neo-Confucian Criticism of Daoism:*Wang Fuzhi's Contradictory Remarks on the Laozi* 该文认为:王夫之对老子模棱两可的态度是由于他的儒家偏见和未能把握老子思想的广度和深度。从天的角度来看,老子提倡的是适应和不干涉自我修养和治理,总结起来就是"圣人处世而不思,传播而不言"。王夫之则坚持儒道的区别,试图用人性和礼法来补充天道所不能提供的东西。因此,他批评老子狡猾、不负责任。王夫之对老子弱点的批判既不切中痛处,也与他早期对《老子言》的同情评价不一致;究其原因,王夫之未能从儒家和人类中心主义的角度全面把握老子的思想[3]。

---

[1] Chen EM. How Taoist is Heidegger? [J]. International Philosophical Quarterly,2005(3):81-83.

[2] Hanagan,John J. Tao and Zen-And All THat Jazz:Teaching as Improvisation[J]. International Technology,Education and development Conference,2012(3):555.

[3] Tan Mingran. A Neo-Confucian Criticism of Daoism:Wang Fuzhi's Contradictory Remarks on the *Laozi*[J]. Frontiers of Philosophy in China,2022(15):15-18.

第二章 《道德经》在英语世界的译介

Paradoxes in the Textual Development of the Laozi: A Closer Examination of Chapters Eight and Twenty-Four 该文以北京大学收藏的《西汉时期竹牍老子》为例,探讨了《老子》文本发展中的几个悖论。具体来说,该文举了两个例子,说明由于《老子》的措辞最初是为了表达模棱两可和矛盾。在文本的传递过程中,编纂者或评论者修改了一些矛盾,使之更有意义。最终,这些修改取代了原来的文本。该文第一部分考察了《老子》第八章与《北大老子》《马王堆老子》《接受老子》的某些对比差异。第二部分,考察了一些其他的对比差异,从这些相同的版本从第二十四章被讨论。该文认为,这些不同版本之间的差异并不是誊写错误的产物,更确切地说,它们是那些为了使意思更清晰、更明确而修改这些段落的编纂者或评论者的结果❶。

The Laozi and Anarchism 该文将讨论老子的无政府主义和非无政府主义解读,认为老子的政治哲学并不完全符合西方的无政府主义。因此,文中首先简要介绍一下西方的无政府主义,然后提出最强有力的无政府主义解释的论点,并试图找到他们的错误,进行驳斥,最后文中尝试给出一个可接受的非无政府主义解读老子的政治哲学❷。在做第二步和第三步时,以一种与老子文本相一致的方式来建立论点,希望能使人们对老子的政治哲学有一个更深刻的认识,并与老子提出的无政府主义理论的观点划清界限。

A study on the application of Laozi's thoughts on educational leadership and management 该文试图用历史的方法来帮助理解老子或道德经著作中所信奉的哲学与教育领导之间的关系,目的是研究老子的领导思想,找出在现代教育管理中可以应用的思想和方法,并为老子的领导思想提供新的定义和价值。老子生活在古代,这意味着描述他思想的作品很难理解。该文的研究主要以杨居愁的《老子》和毕王的《老子评论》为依据。此外,该文还对其他有关老子管理思想的评论进行了参考和比较。该研究发现,老子的管理思想和哲学思想多种多样。老子关于组织的观点在今天仍然适用。该文强调了灵活性和适应环境的重要性。至于何为领导?老子强调领导的无行动、温柔、谦卑、冷静和消除欲望。此外,在他的用人艺术中,老子坚持领导者必须克服个人对个人的好恶,以确保

---

❶ Cui Xiaojiao. Paradoxes in the Textual Development of the Laozi: A Closer Examination of Chapters Eight and Twenty-Four[J]. Frontiers of Philosophy in China,2017(12):36-37.

❷ Stamatov A. The Laozi and Anarchism[J]. Asian Philosophy,2014(7):69-75.

他们的潜力得到充分发挥❶。

Correlation between Five rules of reading Laozi and Chowon's discourse of Laozi 该研究目的在于厘清李光烈的《老子读五法则》与李忠益的《春元论》之间的关系。这方面有一些翻译和论文,但没有直接比较和分析两者之间的相关性。李光烈和李忠益都是曾在江华岛生活过的江华学校的学生,他们是同一家人、老师和弟子。他们都在否定异端的时代氛围中,从老子身上寻找了一种超越儒学的新世界观。与以往不同的是,在《老子传》中,李光烈将《老子》称为圣人,并将《老子》表述为《圣经》,并否定了儒学本身,其原因是为了接受老子强调现实的思想,而逃避儒家强调原因的思想。李正益在这种影响下对《老子》做了整体的评论。李忠益与春元的老子话语虽有部分差异,但并不完全脱离李光烈的整体观点。因此,研究的结论是,《老子》的读五法则与春元的《老子》话语是紧密相连的,是对朱熹理学和儒家思想的突破❷。

A Study on 19st Korea Confucian Hong-Seokjoo's the view of Laozi-based on practical view of learning 该文认为:洪锡柱是 18—19 世纪韩国的正统儒家。然而,他批评的新儒家主张影响理论李(理)、气(氣)、自然(性)和命运(命),指出他们的空虚,虚假和歧义。他认为他们的学习倾向缺乏他们所坚持的正道的实践。为此,他努力复兴原始儒学。他认为原始儒学有许多实用的原则,尤其是修身治国的原则。他在 Jungro 中说,老子不是异端,老子的道(道)是一样的,孔子是一个,老子的书是培养自己的书和管理一个国家。他认为老子不否认真正的善行(仁)、义(義)、规范(禮),智慧(智),但否认错误在春秋时期。他说,老子是一个仁慈的人(仁者)和"老子"是一本关于管理理论与仁。"仁(慈),节俭(儉),谦虚(謙),没有硝烟(不争)"的原则在"老子"。他说,如果人们有这些原则,那么古代中国就没有分裂。尤其是,他建议所有儒家实践效果空虚到了极点,保持整个静止的"老子"。他对学习保持开放、务实、实证的态度。他认为《老子》是一本异端著作,驳斥了关于老子和《老子》的习惯理论,并建议接受《老子》

---

❶ Wen LS. A study on the application of Laozi's thoughts on educational leadership and management [J]. Asia Pacific Education Review,2008(9):262-269.

❷ Kim, HakMok. Correlation between Five rules of reading Laozi and Chowon's discourse of Laozi [J]. Journal of Yulgok Studies,2020(42):171-175.

和《老子》的实践理论。从这些事实来看,"正 gro"很好地体现了他的实践性的学习观❶。

Laozi's Perspective on the Value 该文认为:老子道(道)不仅是所有存在的普遍规律,也是永恒的道德规律。老子认为,道德的永恒规律是绝对的价值判断标准。在这方面,老子的价值是完美的,或者说绝对的价值判断标准。因此,可以把老子的价值观评价为价值绝对主义。尽管如此,老子还是承认了所有的价值理论。老子的价值思想与人有什么样的价值无关。而老子的价值理想是以道为绝对价值判断标准的价值普遍主义。因此,老子的价值观是价值绝对主义的普世化。如果这两个条件满足,所有人类可以达到的状态"微妙的识别(玄同)",可以圣人,和 value-universalism valuelessism 的形式❷。

The Study of Laozi and Communication between Confucianism and Buddhism in the Late Qing Dynasty 本文研究相互融合的文化内涵关注"交流"(汇通會通)余曰老子之间的平邑和 Yu Chang 的上下文中理解老子古代文献研究❸。宋相峰的《老子张一》、杨文辉的《老子道德经法音》强调对哲学意义的阐释,追求儒释相通。俞越在《老子》的每一章中分析短语,并通过校勘和注释的方法对其含义进行修正。于越继承了戴震、段玉才、王念孙、王寅志等人的"万派古籍学";于有很强的倾向于追求理性而不是旧的材料的意愿。余昌追求老子的本义,广泛采用归纳逻辑,并依赖文字学、音韵学、训诂学等方法。余昌对老子的研究可以定义为乾嘉文献研究的一种更高级的形式:他将乾嘉学派的研究对象扩展到所有哲学家。在宋相峰的《老子章义》中,他以文化的创造者黄帝为标准,将孔子与老子的思想以贵藏为媒介加以融合。他将老子思想与儒学思想融合在一起的方法,在宋学看来,两者具有相同的渊源和取向,可以看作文化诠释学的一种。杨文辉从佛教的角度解读老子,将老子的"有与无""生与死"的观念与佛教的形而上学相融合。杨文辉对老子的解读特别值得注意的是,它从佛教传统中发现了老子形而上学思想的新方面。

Schelling's Understanding of Laozi 该文探讨谢林对老子的理解。本文从

---

❶ Kim,Taeyong. A Study on 19st Korea Confucian Hong-Seokjoo's the view of Laozi-based on practical view of learning[J]. The Journal of Koren Philosophical History,2017(1):25-29.
❷ Jung,Dal Hyun. Laozi's Perspective on the Value[J]. Philosophia,2017(1):69-73.
❸ Jung,Seokdo. The Study of Laozi and Communication between Confucianism and Buddhism in the Late Qing Dynasty[J]. Journal of Confucian Philosophy and Culture,2017(1):139-145.

谢林对老子文本及其翻译的接受谈起。本文主要探讨谢林在《神话哲学》中对老子的论述。然后比较了谢林的评论中提到的一些关键概念：虚无和深渊，名称和概念、性质和自然等，并分析了老子的哲学体系。主要论点是：谢林的浪漫主义倾向意味着他可以对老子有另一种理解❶。

Understanding the Laozi through the Great Learning：The hermeneutic horizon of Yulgok in the Sun-Eon，or the Purified words of Laozi 该文认为：李氏是正统的新儒家学者，《栗谷》对《老子》进行了重新编辑和整理，使其成为新的经典，这是不同寻常的作品。文中旨在探讨理学家栗谷对《老子》关注的原因，以及他对《老子》的新更新是否存在一种潜在的结构或思想以及他对《老子》进行重新编辑的可能。文中通过对《宣言》的分析，认为栗谷之所以关注老子哲学，是因为老子哲学具有修身养性的寓意；他认为老子的玄学思想也是修身养性的理论基础。这表明他的改动和老子重新排列的结构正是从理学视角学习。《大学》强调儒家思想的理想，即修身与治人的统一。董仲基的工作和思想是基于汉代和上公的遗产。再讨论河上公的作品，文中提出了以下两点：第一，Yulgok 和老子两部作品都反映了汉代的政治文化风气。第二，栗谷通过河上公和董氏的视角接受《老子》时，他可以从《老子》修身与治民的统一的学习理想中发现《老子》和《大学》的相通之处。综上所述，有必要从修身与治民的统一角度，阐释《老子》和《大学》的相同点❷。

A Study on Sima Qian's Writing and 'Yijiazhiyan' Examined through the Phrase "Confucian asks Laozi of etiquette" 该文认为：迄今为止，以往的研究主要集中在儒家与老子相遇的真实性上，但它从来没有讨论过，司马迁建立了自己的原则和标准，并且证实了孔子与老子思想❸。

A Study on Literary Paradox of Laozia 该文的悖论不同于逻辑学中的悖论，而是文学上的悖论。有些语句，从表面看来，内容具有相反性或矛盾性，深层的含义却更加准确合理。事物有表象与本质，语言仅表达事物的概念，不一定是

---

❶ Wong Kwok kui. Schelling's Understanding of Laozi[J]. Dao-A Journal of Comparative Philosophy，2017(1)：99-105.

❷ Ze Kim Hak. Understanding the Laozi through the Great Learning：The hermeneutic horizon of Yulgok in the Sun-Eon, or the Purified words of Laozi[J]. Philosophical Studies，2013(1)：80-85.

❸ Kim Leesik. A Study on Sima Qian's Writing and 'Yijiazhiyan' Examined through the Phrase "Confucian asks Laozi of etiquette"[J]. The Journal of Chinese Prose，2019(1)：71-82.

真理或真实,因此,用语言表述事实容易陷入明显的局限。人们洞察事物真实面目后,有时更需要用悖论揭示其本质:不仅使用语言表达表层意味,更需要透过语言表层,运用悖论来表现更加深层的含义。在诸子百家中,老子比其他任何人都更多地使用悖论展示自己的思想。这篇论文针对老子如何通过悖论提出治国方略进行研究。老子的悖论总共三个类型。

第一,我们所认知的现象,经常与事物的本质不一样。老子最典型的句子就是"大巧若拙"。老子用意义完全相反的词语描述现象和本质,指出人们所认知的只是与本质恰恰相反的表象,以此来告诉君王必须准确地洞察国家实际情况。

第二,老子强调"物壮则老"这一规律。这是中国自古就有的思想,它表明事物达到极端的一面就会自然产生回归的反作用力,这是所有事物遵循的自然循环规则。老子以此来劝勉君王不要追求过度的、做作性的治国方式,并说明这种背道而驰的治国方式将带来灾难性后果。

第三,"无为而无不为",这是老子五千言的最高命题。"无为"在文字上看"不做",而最终追求的却是"无事不能成"。君王治理国家,所有的政策与措施就应该顺其自然,才能马到成功。这就是老子所希望的最高治国方略。为了实现这种治国方略,他进而要求君王积极地退让、谦虚、慈爱及俭约。让君王积极追求雌性的柔软性、婴儿般的赤子心、水流般的自然性、溪谷江海般的包容性。这是使君王和国家平安无事、长存永保的原则。因此,老子的这些治国方略是极其现实的,也是非常积极的。

在他的悖理语句里,正反两面词语的指向是非常明确的。正面意义的词语是指君王和国家的走向:君王必须成为真正的君王("大方""大器""大音""大象"),而不是"空壳般"的君王。为了成为真正的君王,必须善于洞察,识破事物本来的真实面目("大直""大巧""大辩")。以此英明的政策来管理国家,君王本人的理想人品("上德""大白""广德""建德""质真")就会与老百姓浑然一体。君王推动国家政策时,必须透彻地把握现实,用更准确、更先进的原则("明道""进道""夷道")施行各种措施。必须以谦逊质朴的态度包容天下,细心周到("疏而不失")地关怀老百姓。这样的国家就会永不衰亡("大成不弊""大盈不穷")。君王所希望的("立""行")国家不断地繁荣发展("全""正""盈""新""得"),君王自己获得真正的成功("明""彰""功""长""知""名""成")。这没有任何勉强做作,全是自然而然发展繁荣("无不为""无不治")。这样的国家,是老百姓人人都幸福、温暖、安全("民利百倍""民复孝慈""盗贼无有")的国家。这就是王弼所谓"崇本息末"的"崇本"方略。

反面词语则集中表达了君王本身要保持的心态和力行的言行。老子要求君王不要做作("企""跨"),不要伪善("自见""自是""自伐""自矜"),不要过度的"有为"。君王不要顽固地执着,一意孤行("无隅""晚成""希声""无形")。君王要谦虚("不武""不怒""不与""为之下"),少做("不行""不见""不为"),淳朴("屈""拙""讷""曲""枉""洼""敝""少"),甚至于愚钝("不德""若谷""若辱""若不足""若偷""若渝""若昧""若退""若类")。这样他的政策松散而宽裕("天网恢恢"),也不必处处标榜人伦价值("绝圣弃智""绝仁弃义""绝巧弃利")。如此进行"无为之治",就是王弼所谓"崇本息末"的"息末"方策。总而言之,老子的悖论具有以下三个要点:一是其悖论有"正言若反""物壮则老""为无为"三种类型;二是老子所说的悖论的确拥有"崇本息末"的含义;三是老子所追求的理想的治国方略具有非常积极而值得肯定的意义与价值❶。

Hegel's Criticism of Laozi and Its Implications 该文认为:从黑格尔对老子的著名批判中可以看出中西哲学的根本差异。黑格尔在《哲学史讲论》中认为,老子的思想还停留在哲学的初级阶段,因为它不能脱离抽象而产生"决心王国"来解释世界的众多。该文参照黑格尔的《逻辑学》等著作,对其哲学体系中"决定"的含义进行了批判,并认为黑格尔在很大程度上遵循了西方哲学的苏格拉底传统,其中定义和决定是知识的关键。然后,转向研究老子的方式,了解苗族天地的"没有希望",并认为老子是提出一个方法,让事情出现的意义本身"没有做任何事情",与黑格尔的方法概念的决心。最后,将老子的"欲"观与黑格尔的"欲"观进行对比分析,认为黑格尔对老子的轻视源于其自身的发展哲学观❷。

Molecuclar Incoherence Continuity and the Perpection of the Laozi 该文认为:《老子》是一本广受欢迎的古代文本,经常被翻译,在两千多年的时间里,它在口译员和翻译者中的受欢迎程度似乎从未衰减。近年来出土的战国(公元前475—221年)和西汉(公元前221—206年)的部分竹丝抄本就证明了这一点,很少有流传下来的中国文本有这么多相应的抄本。老子的流行和相对丰富性,也

---

❶ Ahn, Hei Jin. A Study on Literary Paradox of Laozia[J]. Chinese Studies, 2015(8):11-13.
❷ Kui WK. Hegel's Criticism of Laozi and Its Implications[J]. Philosophy East & West, 2011(3):99-100.

使其文本在中国早期书稿文化形成的理论途径中发挥了重要作用。特别是,老子一直是研究书籍如何从存在的、稳定的、连贯的文本分子(或章)中组合而成的核心。该文以《老子》第13章为例,对《老子》形成过程中的分子连贯性理论进行了重新审视。最终显示文本和修辞模式,其中章法内部连贯是由同样的力量创造的,使章法靠近彼此。从分子水平到有机水平,该文还考察了北京大学《老子》手稿中连词的使用,以说明编辑、编辑和口译人员如何牺牲组织的一个层次的一致性,以达到另一个层次的完美❶。

The Characteristics and context of Doh-ol Kim Yong-ok's understanding of Laozi 该文旨在考察金庸玉对老子的理解的特点和语境。道乐被认为是韩国老庄研究的第二代半代或第三代宗谱学者之一。但是,由于他的演讲和著作很受欢迎,他对公众的影响似乎超过了其他研究人员。因此,对道乐对老子思想的理解进行科学的分析和评价,可以为对老子思想感兴趣的大众和研究者提供平衡的视角,道乐对老子的解读可以细分为三个主题。

第一,他强调了老子思想的价值,因为它可以为我们解决 21 世纪面临的三大挑战提供线索:人与自然环境的和解,宗教与宗教的和解,知识与生命的和解。

第二,关于老子写作时期的争议。文中认为,老子思想的起源形成于春秋时末,转录于战国。对于老子的特点,道乐认为老子包含了统治者等社会领导人必须追求的价值。这是第一章到第三章主要介绍的内容。

第三,仔细解读老子的主要概念。道被视为一个创造性的创造力和 Te(德)作为一个积累的过程,一个人自己的体内堆积这样的创造力。此外,无为(無爲)并不意味着 actionleassness,但"不做什么事错误",而吴(無)是一种无形的意义。徐(虚:空虚),老子的另一个基本概念,是一种常见的地面使一切功能,和 ziran(自然)可以说是状态动词描述 so-of-itself 中一切事物存在的方式。然而,只有通过最大化空性来维持存在的方式,存在的本来状态才能被具体化。在这一点上,它可以再次什么都不做。简而言之,什么都不做并不意味着字面上什么都不做,而是意味着保持空性,空性最终构成"如此之自身"。同样,道乐对老子的理解也有一定的正确性,因为它是建立在自己独特学术基础上的。但随着它在

---

❶ Lebovitzz,DJ. Molecuclar Incoherence Continuity and the Perpection of the Laozi[J]. Early China,2022(1):211-218.

这些积极评价的基础上发展到对老子的解读,这些优点逐渐削弱了它本身的说服力。

A Study on the Relationship Between Yin and Yang in Laozi's Philosophy-In Comparison with the Yi Zhuan 该文认为:老子与《易经》的关系一直是中国古代哲学的重要问题之一。陈谷英说《易经》的阴阳关系源于老子,《易经》是道家而非儒家所写。这一观点颠覆了哲学史上普遍接受的观点,在学术界引起了巨大的反响。文中通过对《易经》中有关老子与阴阳关系的一系列理论进行批判,以"阴阳"与"刚柔"概念为切入点,深入分析二者的关系逻辑。老子的逻辑是阴高于阳,柔高于刚,而《易经》则主张阴阳,柔刚,是平等和谐的,或阴阳和刚柔一致。在这种背景下,《老子》与《易经》是对立的。同时,《易传》试图用阴阳关系来解释世界的变化规律,而老子最终关注的是超越阴阳的物质——道的回归。老子强调阴和柔,暗示阴或女性是道的本质反映。该义最后强调老子的阴阳哲学与《易传》的逻辑冲突。老子的追求最终回到道,也就是阴阳的根源,应该用一个全新的角度理解,这是区别于《易经》的阴阳观❶。

The Characteristics and context of Doh-ol Kim Yong-ok's understanding of Laoz 该文认为:20世纪下半叶的考古发掘告诉我们,老子是一个经过了很长一段时间编辑和发展的文本。因此,流传下来的《老子》包含了许多自相矛盾的内容。就像在《老子》中发现的三个不同版本一样,老子的著作作为独立的文本存在了很长一段时间。据推测,我们现在所知道的《老子》大约是在公元前3世纪,秦始皇时期编写的。如果老子是一个系统的哲学关于"存在"和"不存在",或换句话说,你(有)和吴(無),因为这样的系统是一个主要特点,孙武的军事学校,老子的哲学著作很可能在公元前5世纪已经开始。老子的观点:一是个人主义政治,强调生命的自然过程和精神自由,形成了小团体共同体的理想;二是反对统治者"积极"参与政治。一个统治者必须消灭他任何武断的干预,并遵循理性的制度,与这种制度一起,实行蒙昧主义,以防止任何叛乱的可能性。这种主张"为人民蒙昧主义"和"为统治者铲除专断干涉"的政治理论是非常理想主义的,但同时也是反文化的。它要求统治者和人民都像机器一样盲目,而不是表现他

---

❶ Woo Lim Chae. A Study on the Relationship Between Yin and Yang in Laozi's Philosophy-In Comparison with the Yi Zhuan[J]. The Journal of Asian Philosophy in Korea,2014(1):41-56.

们自己的自主性❶。

The Relationship between the Rhymes and the Logic Development Pattern of "Laozi" 该文认为：《老子》在押韵方面表现出独特的特点。在当前"王弼版"的"老子"，包括81章，一半以上的句子押韵，这导致了读者接受"老子"作为哲学的诗。这一特点告诉我们，从文字的角度研究《老子》，必须有自己独特的方法论。根据上述研究成果（特别是押韵短语），文中讨论了关于押韵和逻辑发展模式之间的关系，"老子"组中出现贾（甲组）楚国竹带。本研究发现：韵文与韵文篇章的逻辑发展模式存在一定的关系。有相对较大的数字之间的差异押韵版出土的郭店和现在的版本。这可能是由于复制错误，但其中一些可能是不同版本的表示方式不同。从韵律的角度来看，《老子》的逻辑发展模式可分为三种类型：三部（首部为绪论，展开部分为推演或归纳，最后部分为总结前几部分的陈述和结论），二部（省略展开部分，直接结束章节）以及韵脚没有意义的"列表"式❷。

Governing Through the Dao：A Non-Anarchistic Interpretation of the Laozi 该文认为：道教的政治哲学常常与无政府主义联系在一起。虽然有一些拓展的论点支持这一结论，但我认为这一立场是站不住脚的，并基于一个假设，即强制权不能通过无为来实施。老子是古典道家的基本政治文本，着重阐述了为什么人们应该对将其归类为无政府主义持怀疑态度。考虑到这种怀疑主义，并认识到无为在无政府主义结论论证中的重要性，文中提供了无为作为一种政治技巧的非无政府主义解释，这与老子的文本是一致的❸。

Wangpi, Summation of Laozi, and Laozi 该文认为：在宋明新儒家建立自己的解释之前，他作为《易经》的诠释者一直保持着斐然的声誉。王弼因对老子的精彩评论而被归为道家。这是对的吗？王弼以向我们展示了他的方向和总结。在此，王弼强调无形无名的地位，直到有形有名才有了今天的世界。无形无名的状态不是绝对的虚无，而是存在的开始和根源。因此，王弼毫不犹豫地给予

---

❶ Park Won-Jae. The Characteristics and context of Doh-ol Kim Yong-ok's understanding of Laozi[J]. The Chung Kuk Hak Po, 2021(9):189-196.

❷ Kyungho Han. The Relationship between the Rhymes and the Logic Development Pattern of "Laozi"[J]. The Oriental Studies, 2016(1):261-269.

❸ Feldt, Alex. Governing Through the Dao：A Non-Anarchistic Interpretation of the Laozi[J]. Dao-A Journal of Comparative Philosophy, 2010(9):323-337.

虚无一种父系出身的地位。虚无是主,主是一,所以虚无在他的结论中变成了一。老子提出了第三种相对关系,这是道。然而王弼让我们在两者之间选择其一。这是一种二元论的区分方式,它在根和枝之间抓住了根。由于王弼的"根枝说"揭示了一种价值判断,它对后来主张理(气)的新儒家具有吸引力[1]。

Is the virtuous person theoretically possible in the Laozi? 该文旨在研究美德的人。现实生活的重要性在老子的观点。使用 De(德)的中国古代文本,我们发现德的意思是一种谦逊和让步的社会关系,这意味着善良的人是美德。此外,德的概念是指有德之人的善良品格。这些"德"的特征都体现在老子身上,老子以与儒家不同的方式创造了"德"的意义。老子创立的概念道(De)的形而上学的基础,道的生存原则——个性化的原则。人的德即道,有德的人要求在行为的动机和结果上不以自私为前提。仁人之德是通过谦让和还原的方式实现的,它暗示着一个人具有善良、可靠和无可争议的品格。老子认为的有德之人,在社会关系中以谦让的方式实践一种互动关系,以公共利益为目标。因此,老子眼中的贤人,为社会形态的形成提供了参考[2]。

The Section Division of the Laozi and its Examination 该文认为:老子早期文本经历了三个阶段:第一个阶段(战国中期)是根据词义进行划分的阶段。第二阶段(战国后期至汉初)是受宇宙命理学影响的老子文本形成时期;帛书 A 版就是它的见证。第三阶段(西汉中期),经帝册封《经书》,文本定稿;以北京大学汉简、颜尊和刘翔版本为代表,并成为接受版。从汉简到刘翔版本,老子的两部分和部分编号变得越来越平衡和对称。丁世民敦促学者们在研究老子文本时要注意所有这些发展[3]。

Examining the meaning of early childhood education in Laozi's Tao Te Ching 该文认为:检视老子《道德经》中的儿童观,并将《道德经》与今天的幼儿教育相结合。本研究发现,老子视儿童为柔韧的存在,而这种柔韧正是生命的象征。换句话说,孩子是自然、是根、是生命、是最接近道的存在。因此,成年人必

---

[1] Geun Jeong Se. Wangpi, Summation of Laozi, and Laozi[J]. Journal of the Daedong Philosophical Association, 2021(6):116-131.

[2] Lee Jinyong. Is the virtuous person theoretically possible in the Laozi?[J]. The Journal of Korean Philosophical History, 2016(6):21-36.

[3] Ding Sixin. The Section Division of the Laozi and its Examination[J]. Contemporary Chinese Thought, 2018(5):176-185.

须把孩子当作自己学习的老师。《道德经》强调心照不宣的教导。老子反对语言的替代逻辑,强调事物必须对立才能共存。《道德经》讲述了一种非人工的教育,帮助孩子自己做事情,相信自己。身体教育和知识教育的局限性也出现在《道德经》中,强调体育活动比努力完成目标更重要。老子的哲学已经存在了 2500 多年,但仍然很新颖,对今天的幼儿教育有很多启示❶。

The Adoption of the Laozi's View on Dao and Qi in Yizhuan and its New Interpretation 该文认为:《易传》是一部具有道家思想的著作,道家思想构成了《易传》哲学的主要框架。他指出,《西游记》中的道气学说植根于老子。老子在中国哲学史上第一次提到道与气,《西游记》进一步发展道与气,使之成为一个哲学范畴。本文着重考察《易传》对《老子》道气观点的采纳,其重点在于《易传》对"道"和"气"概念的理解,并对其进行了创造性的阐释。Yizhuan 从一个新的角度解释世界除以刀气成"物质形态"之前是什么(形而上)和"后续物理形式"(形而下)或物质和现象。《易传》以老子的道观构建了宇宙与自然的概念,为人类社会的发展提供了本体论的基础。在老子中,道与气是不平等的;前者是优越的,后者则是低劣的。《老子》赞美无为自然,与文明的器物保持距离;《易传》则将气视为人类文化的象征,将气的发明者提升到圣人的水平。可以毫不夸张地说,《老子》是道家的经典,《易传》是儒家的经典❷。

Fanwu Liuxing and the "one" in the Laozi 该文认为:到目前为止,大多数的研究都集中在各种文本本身的手稿版本上,但还有另一种考古证据改变了我们对老子的认识:其他几篇宇宙演化论文本的发现,它们都可以追溯到几乎同一时间。虽然这些文本有一些共同关注和假设,但他们也有冲突的立场。因此,我们不应想当然地认为,任何听起来含糊不清的东西,都是在用不同的语言表达同一件事,我们应该对从宇宙学到行动概念等问题上的细微差异进行分析。我们也应该考虑老子本身包含不同立场的可能性。文中分析了一个特殊例子,即"一"在《老子》中的作用。它认为,讨论"一"是一种尝试,试图将原本截然不同的

---

❶ Lim Jaetack. Examining the meaning of early childhood education in Laozi's Tao Te Ching[J]. Korean Journal of Early Childhood Education,2011(1):6.

❷ Jung Byung-Seok. The Adoption of the Laozi's View on Dao and Qi in Yizhuan and its New Interpretation[J]. Journal of the New Korean Philosophical Association,2020(2):91-112.

立场纳入其中,这种立场将"一"视为终极,而不考虑对立的相互依存关系[1]。

Hegel,Schelling and Laozi on Nothingness 该文考察黑格尔和谢林对老子"物"的论述,并将其与两位西方思想家对"虚无"概念的理解联系起来。这一探索表明,黑格尔更多地将"无"视为与"有"没有什么不同的逻辑概念,而谢林在他的"神的力量"理论中将老子的"物"等同于第一力量。本文将进一步审视或推测三位哲学家如何处理"无为"的问题。最后,它将强调谢林和老子关于意志或欲望(于)在我们对虚无的认识中的作用的观点之间有惊人的相似之处:虽然谢林的第一潜能是一个"不愿意的意志",第二潜能是"愿意的",因此是存在的开始。老子认为,没有欲望,我们可以看到终极的奥秘,而有欲望,我们只能看到事物的外部边缘。老子与谢林的不同之处在于,谢林的哲学中不存在"自愿的上帝"[2]。

A Preliminary Investigation on the Theoretical Foundation,Ways of Thinking, and Characteristics of Laozi Ethics 该文认为:道教是中国哲学的主流之一。近年来,儒家伦理学和佛教伦理学有了许多研究成果。但令人遗憾的是,道家伦理学的发展研究有限。这并不意味着道教对伦理问题的讨论毫无贡献。文中旨在以老子的哲学洞见为基础,探讨道家伦理学,揭示老子核心思想的道德意蕴。这样,我们可以为道家伦理学的研究铺平道路,使《道德经》实至名归[3]。

State Maternalism:Rethinking Anarchist Readings of the Daodejing 该文回顾了西方关于道教与无政府主义政治理论关系的论述。我们特别关注罗杰·艾姆斯对道教的无政府主义的解读以及亚历克斯·费尔特最近提出的反对将道教解读作为无政府主义的对比论点。以《道德经》为中心,我们认为,一方面,老子的政治理论不像艾姆斯所认为的那样容易与无政府主义思想协调一致;另一方面,我们对 Feldt 关于老子的圣贤统治者必须保持强制控制能力的观点表示异议。与艾姆斯和费尔德特的观点相反,我们认为,与其他更多的道家家长式思维的推断(如《韩非子》)相比,老子的圣人统治者更适合被塑造成一个母性的监督者。在将老子的思想解读为一种国家"唯物主义"的形式时,我们的目标是为

---

[1] Perkins Franklin. Fanwu Liuxing and the "one" in the Laozi[J]. Early China,2015(1):52-61.

[2] Wong Kwok Kui. Hegel,Schelling and Laozi on Nothingness[J]. Frontiers of Philosophy in China,2018(12):78-93.

[3] Lin Chien-Te. A Preliminary Investigation on the Theoretical Foundation,Ways of Thinking, and Characteristics of Laozi Ethics[J]. Universitas-Monthly Review of Philosophy and Culture,2015(11):44-60.

早期道家政治理论的细微差别发出更鲜明的声音[1]。

St. Thomas' Natural Law and Laozi's Heavenly Dao: A Comparison and Dialogue 该文的基本关注点是老子的天道与圣托马斯的自然法的比较,以达到对话的目的。从哲学意义上讲,老子的道的概念包含三层意思:第一,是指永恒的自我表现和创造性的根本实相;第二,万物的起源;第三,宇宙万物的形成规律。对于这最后的意思,老子通常用"天道"来代表宇宙万物,包括人,都必须遵守的自然规律。对于人类法律,他选择了一个关键的立场,他说,"法律对象越多,强盗和小偷就会越多"。然而,在他的影响下,黄老道家和法家发展了他们的实证法哲学[2]。

相比之下,圣托马斯的自然法是根据人的理性本性而制定的人的行为准则。因此,圣托马斯把重点放在人的理性本质上,人的理性本质既包括"存在"方面,也包括"应当"方面,两者既密切相关,又有一定区别。从"存在"来看,自然法则说,所有人都渴望本性的善;正如他们的"应该是",所有人都应该做好事,避免做坏事。

这一对比研究将首先集中于老子的"道之生万物"与圣多马的"神之爱与智慧"如何成为秩序与法律。然后,我们将比较老子的自然法则(人类也应相应地生活)和从中启发的技术以及圣托马斯自然法则的原则。我们将讨论圣·托马斯的思想之间可能的兼容性和对话,这是天主教的基本思想以及老子的思想,然后是环老道教和宗教道教。

Laozi's Stillness (Jing): The Principles of the Feminine and Its Ontological, Epistemological, Developmental, Political Implications 该文认为:老子本体论的特点是"道"与"物"的二元论,以及"道"对"物"的支配。在这种二元论中,"静"是典型地将自身与女性联系在一起的关键概念之一,它在本体论上暗示,包括人类在内的所有事物在生命周期结束后都要回到自己的道路上来。因为这世界的方式存在,老子敦促人们(统治者)理想的圣人,在实践中培养空旷和宁静的心境,意识到培养和体现"方式"不作为(思想)的方式,这是停止所有物理和精神活动。当"静止"和"不行动"被用于政治领域时,它还包含了"容忍"和"公平"的

---

[1] Flavel Sarah, Hall Brad. State Maternalism: Rethinking Anarchist Readings of the Daodejing[J]. Dao-A Journal of Comparative Philosophy, 2020(7): 251-261.

[2] Shen Vincent. St. Thomas' Natural Law and Laozi's Heavenly Dao: A Comparison and Dialogue [J]. Universitas-Monthly Review of Philosophy and Culture, 2011(5): 165-173.

概念。这反过来又使统治者和被统治者之间的上下级关系合法化。与此同时，它也为老子的社会分工和机会保障学说奠定了基础。此外，当静止意味着谦逊的概念时，在国际关系中，它就成为使强国对弱者的统治合法化的基础❶。

The Viewpoint of Dao and Qi by Laozi 该文旨在厘清《老子》中出现的"道"与"气"这两个概念的含义，并回顾这两个概念之间的联系。在老子之前，道和气已经有了各自的用法。"道"之所以成为中国古代哲学中最好的范畴，主要是因为它借鉴了老子的思想。道已被广泛用于根据其上下文作为代词表示宇宙的操作规则、终极真理、存在的基础。所有生物的起源，个人和社区的普遍规则依赖于他们的生活。虽然"气"最初的意思是碗，但它也被用来表示物品或配件等具体物体。在某些情况下，"气"的含义被扩展到性格、个性或慷慨。然而，有具体形状的物品一般被称为"气"。道是无形且抽象的，气是有形而具体的。本文旨在研究老子如何通过什么样的思辨将这两个不同的概念联系起来，以及这两个概念之间的联系体现在什么样的方面，这是最基本的批判思维。以道为思想支点的老子对气的迷恋是什么原因？气作为一个哲学问题是在什么样的时代环境下出现的？战国时期，由于奴隶制社会的崩溃，手工业的大师级工匠成为自由人，手工业作为一种新的经济活动主体，取得了巨大的进步。

随着私营部门的生产技术不断发展，用新材料和生产方法制造的新产品和武器开始展现其效果，像碗这样的日常工具也变成了生产者展示个性和技能的手段，而不仅仅是日常必需品的功能。随着工艺的发展，手工业发展到手工艺的水平，但它实际上变成了制造尖端武器的摇篮。在老子看来，每一项技术进步都只是一种人类利用狡猾的技能和智慧破坏简单木材的活动。他将自己对简单木材流失的恐惧，寄托在"气"的符号上，并认为恢复道可能是根除以"气"为象征的文明的毒素的唯一解毒方法。这是探讨老子道气观点的基础。老子认为，气本身就是一种能使他所追求的道的对比效果最大化的手段，并成功地确立了与道相对应的一种不可动摇的哲学范畴——气❷。

---

❶ Lee Sungryule. Laozi's Stillness（Jing）：The Principles of the Feminine and Its Ontological, Epistemological, Developmental, Political Implications［J］. Universitas-Monthly Review of Philosophy and Culture，2019(9)：218-231.

❷ Jung Byung Seok, Kim Young Chui. The Viewpoint of Dao and Qi by Laozi［J］. The Journal of Asian Philosophy in Korea，2018(1)：271-296.

The Metaphysics of Awareness in the Philosophy of Laozi 该文认为：认真阅读老子的《道与道的力量》，可以产生一种意识的形而上学。这是把老子描绘成神秘主义者或宇宙学家的说法，并将他的方法以人为中心而进行的。结果表明，老子作品中的三个中心思想都可以理解为与意识属性有关。这三种思想就是道、归和无为。"道"指的是觉性本身，"归"指的是觉性在活动与静止之间摇摆的方式，"非行动"指的是觉性如何在行动中表达自己。这种解释与道家提出的一种生活方式相吻合，这种生活方式将人类的存在带入与世界的和谐关系中[1]。

Laozi, Zhuangzi and Nietzsche-The Reinterpretation of the Philosophy of Laozhuang 该文用尼采的哲学和思想方法解释中国的老庄哲学。该文的主题建议是：为什么要以尼采为解读老子、庄子哲学的标准？老庄哲学与尼采哲学又有什么相通之处呢？其方法和哲学背景具有尼采哲学与老庄哲学的"同一性"。老子哲学与尼采哲学是相互契合的。老子的道与政治思想与尼采的自由解放观念有一定的一致性。庄子与尼采在自由观念、无为观念和语言观念上有密集的互义转换。庄子以其自由的世界观念意图极端相对主义，尼采则为新世界和人民反抗统治者和现存阶级的新形势。

综上所述，笔者有以下感受。

第一，老庄哲学与尼采哲学的比较具有深远的意义。

第二，老庄哲学具有极端虚无主义倾向，尼采有了新的观念和世界建构。

第三，之后需要在诠释学比较的基础上，通过文本与历史语境的意义差异来实现对尼采与老庄哲学的同一性研究[2]。

Seeing and Hearing in the Laozi and Zhuangzi and the Question of Authority and Authenticity 该文探讨了《老子子代》和《庄子子代》中视觉隐喻和听觉隐喻的意义。虽然这两部作品都贬低了感官的作用，但它们仍然使用了大量与感官经验相关的隐喻。

On Laozi's Ethical Thoughts 该文认为：老子本身就有完整的、鲜明的、深刻的道德思想。他以道为本，提出了汉语意义的道德和形而上学原则。同时，他

---

[1] Giles James. The Metaphysics of Awareness in the Philosophy of Laozi[J]. International Philosophical Quarterly, 2014(1):435-451.

[2] Lee Sangok. Laozi, Zhuangzi and Nietzsche-The Reinterpretation of the Philosophy of Laozhuang[J]. Journal of the Studies of Taoism and Culture, 2011(1):201-237.

还对道德自我的构建和功能进行了一系列阐述。他在批判儒家礼教异化的同时,又对伦理异化进行了反思。老子区分了智性知识的形式与德性知识的形式,也区分了智性能力与德性能力。他发起了对美德和道德领域内智力滥用的深入考察。他发展了一种广泛而具有超越性的仁学原则,以对抗早期儒家的仁学观点,即爱的分化。最后,他的道德思想启迪了现代环境哲学话语❶。

The Characteristics and Significance of Ham Seok-Heon's View of Laozi 该文探讨了咸锡宪从40~50岁开始关注和谈论的东亚思想中关于老子的几个基本立场。文章认为,咸锡宪的老子观在西阿尔对老子的探索中具有重要意义,并从以下四点进行阐释:①politico-philosophical 批评不作为;②尊重生命和生态环境的特点;③批评文明危机的特点;④和平思想的特点是在这种背景下发现的。咸锡宪通过《老子》阐明了他的批判对象和意图对象。和老子一样,他也认为伤害来自人为,而和平来自自然。基于这一原则,他建议批判性地彻底消除人为因素,并投入自然发生的生活中。他强调的 Ssial 就像自然本身,因此它是一种不应该被剥削或被武力压迫的存在。因此,他告诉他的听众,让 Ssial 保持原样,而不是强行激怒它。他相信世界和平 Ssial 可以住的地方没有依赖别人只会实现,当 Ssial 离开,因为政治将继续诚信,生活与生态将自动保存,文明的掠夺自然的将最小化。如上所述,咸锡宪对老子的理解是一种非常接近宗教信仰的观点❷。

The Aphoristic Way:Lev Tolstoy's Translations of the Dao De Jing 该文考察了列夫·托尔斯泰将中国古代道家经典——老子的《道德经》从英、法、德三种语言翻译成俄文的过程,并描述了一位权威的俄罗斯作家首次全面参与到一个不断发展的全球知识分子网络中来。文中认为,托尔斯泰把老子塑造成俄罗斯和欧洲的世界性哲学先祖,以及对基督教和西方文明未来进行重新思考时的意识形态盟友。托尔斯泰在19世纪七八十年代精神危机时期第一次接触《道德经》,援引老子来干预左拉和大仲马之间关于现代化的争论。以托尔斯泰与俄罗斯东正教的论战为背景,解释他对道、道与神的亲缘关系的理解。进而探讨了托尔斯泰是如何利用《道德经》劝诫当时的中国知识分子顾宏明接受对帝国主义的

---

❶ Xie Yang Ju. On Laozi's Ethical Thoughts[J]. Universitas Monthly Review of Philosophy and Culture,2015(9):327-351.

❷ Sung Lee Jong. The Characteristics and Significance of Ham Seok-Heon's View of Laozi[J]. Journal of the New Korean Philosophical Association,2016(1):283-307.

非暴力抵抗的。托尔斯泰在翻译《道德经》时的挣扎体现了一种思想困境：在试图表明基督教教义对普遍真理没有垄断的过程中，托尔斯泰忽略了老子文化背景的特殊性❶。

The Other China Model: Daoism, Pluralism, and Political Liberalism 该文以比较政治思想为研究对象，将老子的《道德经》与约翰·斯图亚特·密尔的《自由之子》进行比较，以阐明《道德经》中的某些核心政治思想及其在密尔的《政治自由主义》这一具有里程碑意义的文本中的处理。尽管这两种文本在倡导大众代表、公众辩论和合法权利方面存在分歧，但都反对威权主义、统一性、父权制、审查制度、伤害、暴力和浪费。一种合理的解释是，在现代西方自由主义出现之前，一种独特的、本土的、非西方的自由主义模式通过老子的思想在中国存在了几个世纪❷。

Meditation and Mind Healing in Laozi Philosophy 该文从治疗的角度考察了老子的哲学，并强调了中疗这种治疗方法。通过冥想，我们首先理解并接受我们的问题。然后，为了达到最高的精神境界，我们应该开始清空我们的头脑。通过清空心灵的过程达到平静的心。作为一种治疗方法，老子建议清空、禁止竞争、保持低调和温顺❸。

Heidegger and the Chinese Method of Truth 该文认为：海德格尔为什么倾向于老子、庄子、禅宗？为什么海德格尔的哲学如此受欢迎？海德格尔与老庄哲学在方法和哲学背景上具有"同一性"。但问题在于海德格尔在没有考虑东方哲学内容语境的情况下所采用的思维理性。老子和海德格尔的哲学是相互影响的。老子的"存在"或"存在"概念会被海德格尔借用。庄子给了海德格尔关于真理、干净、理性的"开放"的一系列概念。他通过《庄子》发展了"御"的概念。综上所述，提出三点：第一，老庄哲学对海德格尔的哲学来说是如此之少；第二，海德格尔后期哲学受到了老庄哲学的"无"与"有"概念的影响；第三，之后需要在概念比较的基础上，通过英、荷、汉两种语言的意义差异来实现海德格尔与老庄哲学

---

❶ Chu Jinyi. The Aphoristic Way: Lev Tolstoy's Translations of the Dao De Jing[J]. Comparative Literature Studies, 2021(7): 291-317.

❷ Joshi Devin K. The Other China Model: Daoism, Pluralism, and Political Liberalism[J]. Polity, 2020(10): 417-436.

❸ Hyun Park Seung. Meditation and Mind Healing in Laozi Philosophy[J]. The Study of Confucian Philosophy and Culture, 2016(1): 246-251.

的互同一性❶。

Inquiry into the Relationship between Dao and Discourse/Language 该文将重新解读老子和庄子的文本,区分道语与明语,结合当代西方语言哲学的一些新见解。在老子和庄子的眼里,话语/语言与道有一个相互关联的维度,从而导致一种新的途径来解决道的可理解性的困境。这种将道与语言的意义构成联系起来的新方法,反过来又为重新解读当代西方哲学的语言转向提供了新的可能性❷。

Creativity and Diversity: Generating a Universe in Early Daoist Texts 该文认为:从老子开始,大致可以分为三个部分:宇宙论,政治和实践。宇宙起源论是根源,它为政治实践和身体实践提供了基础。文中提出的问题集中在宇宙学上——这些文本提出的模式是什么?关键概念是什么?这些文本讨论的内容是从老子的道家哲学发展而来并加以扩展的吗?为了回答最后一个问题,不仅需要研究宇宙演化学,还需研究政治和实践❸。

The Similarities and Differences between Laozi and The Constancy of Laws Regarding the Cultivation of Rectification and Calmness 该文认为:在先秦时期,人们就已经意识到修正养正的重要性。清心、弱志、全爱、大公、慈悲、克制的核心观念,指的是修正平定前的必要修炼,修正平定后的可能成就,构成了道家思想的基础。作为马王堆版《老子》的一部分,《律》与其他三部分密切相关,虽强调"道"的概念,但仍包含"正"和"静"的要求。特别是道的修习者必须无所不在、无所为、无执念、无私欲,以端正、冷静、公正、理解的方式治理国家,这也体现了修正的修养。《老子》与《律恒》的异同表现在二者的继承与发展以及各自的道的意义上。他们都强调道,强调修行人守道,强调处世克制;它们在矫正、平静、理解、公正等方面的意义各不相同❹。

A Study on the Deification and Mythicization of Laozi 该文旨在考察老子

---

❶ Lee Sangok. Heidegger and the Chinese Method of Truth[J]. Journal of the Studies of Taoism and Culture,2011(1):182-196.

❷ Xingyuan C A I. Inquiry into the Relationship between Dao and Discourse/Language[J]. Universitas Monthly Review of Philosophy and Culture,2011(11):278-295.

❸ Small Sharon Y. Creativity and Diversity:Generating a Universe in Early Daoist Texts[J]. Journal of Chinese Philosophy,2019(12):4-6.

❹ Kuo Lihua. The Similarities and Differences between Laozi and The Constancy of Laws Regarding the Cultivation of Rectification and Calmness[J]. Universitas Monthly Review of Philosophy and Culture,2019(9):319-337.

神化和神化过程中的历史、教义和哲学意义。老子,古代的大师,被认为是道教经典《道德经》的作者。老子作为一个历史人物来获得神圣的属性,超自然性质逐渐在中国和他甚至是在排名最高的道的表现,宇宙的终极现实的内容基本上是描述为自发性(Ziran,自然)。老子的神化在中国始于汉代后期,最晚的时候,一直发展到中年,佛教的广泛传播刺激和加速了它的发展。老君是老子的至尊神,是道的显化(又称道之神),它与佛陀一样,是永恒的、无所不在的存在,最终导致宇宙万物的救赎。通过展示"老军"关键属性的形成和演变过程,文中试图阐明道家(上清道家、灵宝道家和天师道家)以及道家和佛教之间的相互对话——兼收和对立——最终导致了围绕唐的道家统一体系的建立。研究通过考察道教最高神老君特征的形成过程,力图揭示道教主要从南北朝到唐代在教义和制度方面的特征。道家通过赋予老子(或道之神)救世的卓越属性和能力,力图证明道家在普世救世方面的优越性。"老君"观念的形成和演变,导致了道教三位一体的形成,即"三清"。"三清"是基于Dao的问题的普遍原则和绝对的真理永远存在过去未来没有时间和空间的限制,它体现为各种神拯救所有人的化身。最高神的概念和特征在道教教义和制度的框架中发挥了作用,使其成为比佛教更普遍的宗教(大乘教)❶。

A Paradox of Virtue:*The DAODEJING on Virtue and Moral Philosophy* 该文在阅读《道德经》第38章的基础上,探讨了美德与道德动机的关系。老子提出了一种可以被称为"德性悖论"的观点,即有意识地追求德性会导致德性的减少。文章旨在说明老子对人的德性和人格的批判以及他的道德观,对包括德性伦理学在内的现代道德哲学中普遍存在的一种道德思维方式发出了挑战❷。

A Dream of Dark Reason 该文认为:每一种哲学都是比较哲学。尽管存在风险,还是应该进行比较。许多学者抱怨比较哲学缺乏精致,但他们可能没有意识到,他们复杂的哲学也是比较哲学的一种形式。每一种哲学之所以是比较哲学,是因为哲学不仅追求克拉拉,而且追求特殊性。差异式哲学,例如,康德最著名的命题是:"没有内容的思维是空的;没有概念的直觉是盲目的"可以转化为"没

---

❶ Choi Soobeen. A Study on the Deification and Mythicization of Laozi[J]. Journal of the Studies of Taoism and Culture,2017(6):281-296.

❷ Yan Hektor K T. A Paradox of Virtue:The DAODEJING on Virtue and Moral Philosophy[J]. Philosophy East & WEST,2009(4):56-69.

有女性的男性是空的;无是瞎的",老子说。文中将老子、庄子的哲学思想与康德的"我能知道什么""我应该做什么""我是什么""我希望什么"四个问题进行了比较。

The Transformation of the Structure of Wuwei(无为)*and Ziran*(自然)*in the 『Laozi*(老子)*』and the Duality of Political Thought* 该文认为:《老子》中无为、自然的结构已经从郭店期的单层结构,到马王堆的三层结构,最后到北京大学手稿和收稿期的双层结构。这种结构上的转变,表明了政治思想(无为、自然)的性质和内容发生了变化,委托人、代理人和客体之间的关系也发生了变化。郭店时期的政治思想渗透着统治者的"以道为本,不干涉为本"。而在马王堆《老子》中,继增加第 51 章和第 70 章的上半部分后,又融入了"唯君专制"的政治思想。当然,在第 51 章的下半部分提到"道"的武威也被增加了。然而,上面和下面的部分是由一个划分标记,因此,被视为单独的章节。在《北京大学手稿》和收到的版本中,51 章的上下部分被融合为一章。这似乎是试图通过武威的手段来遏制或打破人为因素❶。

A Probe into the Highest Artistic of Lao Zi 该文认为:老子的最高艺术境界是伟大的音乐有最微弱的音符,伟大的形式超越了形状。这与他哲学的核心思想相联系。"伟大的音乐"和"伟大的形式"是"伟大的美",因为它们符合自然。这就是道之美,体现了老子对含蓄美的追求。这建立了中国传统美学的审美境界:文字有尽头,而信息则没有尽头❷。

Taoist Philosophy of Ge Hong 该文认为:道教是一种名为"道"的宗教。显然,道是道家哲学的核心范畴。道原是先秦时期的一个哲学范畴,在中国哲学史上产生了重大影响。后来,老子被早期道教接受为宗教派别领袖,许多人对老子的《道德经》进行注解。道成为道家的核心教义,老子的哲学范畴也完全被道家哲学吸收。这一范畴是人类感知网络的结构,是在一定历史时期建立起来的,反映了当时人们的感知。

此外,道教哲学吸收了先秦老庄学派到两汉道教黄老学的几个哲学范畴,从

---

❶ Yi Seungryul. The Transformation of the Structure of Wuwei(无为)and Ziran(自然)in the 『Laozi(老子)』and the Duality of Political Thought[J]. The Dong Bang Hak Chi,2019(8):357-346.

❷ Yang Rui. A Probe into the Highest Artistic of Lao Zi[J]. International Conference on Education Reform and Management Innovation,2017(7):263-379.

而提高了道教哲学的理论水平和道教的宗教性。在此背景下,葛洪的道教哲学及其著作确立了魏晋时期的道教哲学思想体系,对推动汉代道教黄老学的宗教化和方化起到至关重要的作用。本文探讨了所谓"道"在章中的地位,以及葛洪对"道"的新诠释。通过这些特点,我们将考察魏晋道家哲学真正的思想范畴以及葛洪在发展道家哲学方面的理论贡献❶。

Laozi, founder of Classical Chinese Taoism in the light of newly discovered historical documents 该研究不仅分析了所有已知的历史来源,还有中国考古研究新发现的与老子著作有关的文本。在特定的地方与大师(老子)的生活,谁写的这部著作?为什么他的著作直到公元前3世纪末才在中国官方哲学界为人所知?对这些仍然经常被误读的事实进行新的阐释是很重要的,因为《道德经》中包含的哲学观点正在成为越来越多的话题启发,不仅对中国哲学,而且对全球的后现代哲学都是如此❷。

Journal of Korean Classical Literature 该文探讨了老子和庄子的作品中所表达的空性思想以及朝鲜和中国的相关寓言故事。只要生活在地球上,我们就不能摆脱吃好饭、穿好衣服的欲望,才能长久生存。但问题是极端的欲望导致了与他人的冲突。为了解决这一问题,以庄子、李光中、朴智元的寓言故事为研究对象,阐释了老子、庄子作品中所表达的空性思想。最后,得出结论:即使贫穷,我们也应该有简单的生活方式,以挣脱资本主义和母性主义不断欲望的枷锁❸。

该研究延续了重点从国电版(郭店本),和丝绸手稿版(帛书本)北大竹版(北大本)和敦煌版(敦煌本),以及从实词、虚词。此外,为了增加研究结果的置信度,还考虑了方差和差异替换。结果,老子被发现的序列版本国电版丝绸手稿版/北大竹版王弼版(王弼本)敦煌版,与前面的文献一致。在此之前,出版的时间只能依靠现有的禁忌词或字母形式来确定。然而,本文证明了版本的顺序可以用文本语言学所理解的替换来解释。本研究的意义在于,基于这些发现,为进一步研究汉语奠定了坚实的基础。

---

❶ Hyun Lim Tea. Taoist Philosophy of Ge Hong[J]. The Journal of Humanities Studies,2017(1):56-71.
❷ Carnogurska Marina. Laozi, founder of Classical Chinese Taoism in the light of newly discovered historical documents[J]. Historcky Casopis,2009(1):19-41.
❸ Kim Young. Journal of Korean Classical Literature[J]. Journal of Korean Literature,2004(1):259-263.

Naming the Unnamable：A Comparison between WANG Bi's Commentary on the Laozi and Derrida's Khora 该文将王弼对"道"的诠释与德里达对 khora 一词的分析进行比较。这两种情况都包含了一个文本,它将自己呈现为对另一个文本的评论,即王弼的《老子》和德里达的《蒂迈乌斯》,后者的内容被宣布为难以捉摸和难以理解。我分析了这两种尝试之间的类比,以传达不可言说的东西,以及强调 ipseity 或 otherness 的哲学差异,这是驻留在话语边缘之外的东西。在本文的分析基础上,笔者认为文本与主题的同源性、语言策略和常用隐喻具有决定性的相似,而形而上背景则是文本与主题的主要区别。然而道假定了一种自我秩序的和谐能力,而 khora 则以绝对他者的概念为中心,他者的不可说性是一种不断地将自己从任何决定中移除的实体,它恰当地包含了对自己的剥夺❶。

A Study on HanDynasty DaoJia Thought through "Change" and "Field"：Centering on HwangLaoxhe 该文以变易和场域为标准,对汉初具有政治影响的黄老羲进行了考察。《黄老羲和》是道家思想的一种形式,起源于《老子》,传入汉代,作为道家思想的一种形式而存在。重击(黄)指 HwangDi(黄帝),老(老)是指老子(老子),但老子的影响是巨大的。与先秦时期的老庄思想不同,黄老羲思想早在汉代就出现了。这种政治影响在道家史或政治史上都是罕见的。这是道家在政治和社会方面第一次也是最后一次走到第一线产生影响。这一特点引起了这项研究。他们想要探索周围的变量以及其中发生的变化。为此,文中简单地界定了 Change 和 Field 的意义和价值。汉代道家思想贯穿于"变"的工具之中。研究汉代初期道家思想的变迁。在这种变化下,我们发现了被称为道家的"主体"与周围的"场"之间的关系。从中我们可以看出道家思想和汉代社会的变化,发现我们可以找到的"模式"❷。

Conflict and Integration of Two Human Nature Theories in the Philosophy of Han Feizi 该文认为:虽然战国时期的百家哲学家对人性的看法各不相同,但他们的共同之处在于,为了创造一个理想的社会,所有的人都应该为共同的理想而奋斗。然而,韩非子不仅受法家的影响,还受荀子、老子的影响,将两种不同的

---

❶ Cho Eun Jeong. The Sequence of Editions of "Laozi" Seen from the Perspective of Text Linguistics[J]. Korea Journal of Chinese Language and Literature,2015(1):436-456.

❷ Sam Kim Dug. A Study on Han Dynasty DaoJia Thought through "Change" and "Field":Centering on HwangLaoxhe[J]. China Knowledge Network,2019(6):219-241.

人性理论融合在一起形成了自己的哲学。一方面,这片土地上的人们应该拥抱他们获取利益和拒绝伤害的欲望。通过让人民追求他们的欲望,统治者被赋予了训练人民的工具——奖惩。统治者通过惩罚人民的不良行为和奖励人民的良好行为,可以按照他或她的意愿教育和训练人民。韩非对人的本质的理解似乎反映了荀子的理论,强调人性道德的缺失和教育的需要。另一方面,韩非的理想统治者思想是一种没有或至少表现出任何偏好或特点的理想统治者思想。通过对一个人的欲望完全保密,统治者可以保持对他的臣民的控制,因此他可以控制他的王国的政治权力。这种神秘的、中立的或普遍适用的统治者的思想可以解释为老子的影响。韩非子将两种相互矛盾的人性理论融合到他的政治理论中,创造了一种统治者不被置于一条可衡量的增长线上,如果失去了自己的地位,就无法回到修身的轨道上来的模式。统治者,被置于权力的顶峰,只能向下坠落,他的失败,并没有办法再爬起来——导致了一场残酷的斗争,以争取最大的权力[1]。

Cosmogony and the Origin of Inequality: A Utopian Perspective from Taoist Sources 该文研究了古典的、中世纪早期和中世纪的道教来源是如何将不平等理论作为宇宙演化过程的结果的,以及这些相同的来源是如何通过逆转这些过程来消除不平等的。文章的第一部分从《老子道德经》和《庄子》以及中世纪早期嵇康(223—262年)和包敬言(公元3世纪至4世纪初)的著作中探讨乌托邦。由此,产生了一些道教乌托邦的共同主题,即社群主义的原始主义,对知识的谴责以及对宇宙演化论回归的非文明计划的认可,该计划旨在回归自然自发的黄金时代。文章的第二部分主要探讨九世纪成熟的乌托邦思想。同时在阐述前人观点的基础上,对道家的乌托邦话语提出了两个新的观点:一是区分自然发展的智能与人为发明的人类知识;二是坚信一个理想的社会可以通过参与现有的政治结构来实现。结论探讨了道教乌托邦和早期现代与现代欧洲的相似之处,挑战了道教无政府主义的欧洲中心观念的有效性[2]。

Non-violencing: Imagining Non-violence Pedagogy with Laozi and Deleuze 该文探讨了非暴力作为一门教育学科所面临的挑战。在非二元性的概念框架

---

[1] Jung Dan B. Conflict and Integration of Two Human Nature Theories in the Philosophy of Han Feizi[J]. Journal of the Studies of Taoism and Culture, 2021(6): 146-173.

[2] Steavu Dominic. Cosmogony and the Origin of Inequality: A Utopian Perspective from Taoist Sources[J]. Medieval History Journal, 2014(11): 229-246.

下,老子和德勒兹观点之间的这种跨文化对话阐明了在教育话语中将暴力改革为非暴力。非暴力是一种转变,它为非暴力理论提供了研究空间,使其成为开放式、不确定性和动态的。利用老子的道教来检验阴阳宇宙论,以说明暴力/非暴力的连续统一体。从"不行动"的概念出发,他认为"非暴力"不是暴力的对立面,而是一种"不行动"的积极行动。托奇博士借鉴德勒兹的理论,将非暴力与"平民主义""少数主义"和"多样性"等概念联系起来。非暴力并不是一种东西。动名词形式的暴力是一种特殊的活动,目的是防止暴力以任何关系形式发生。这个由非暴力创造的开放式空间有助于想象一种全新的人类互动方式。为了促进这种跨文化对话,威廉乔纳学院教师倡议项目(TIP)被强调为一个模范项目,强调暴力/非暴力二元性和非暴力教学法的不确定性、不完整性和矛盾性。这项跨文化、哲学的研究将为教育者提供突出的认识论和教学框架,以推动非暴力教育领域的发展❶。

Agricultural Ethics in Early Chinese Perspective:*Some Issues* 该文讨论的不是泛泛地勾勒出传统东亚人对人性、自然、其他物种等的看法,而是考虑一些美国农民面临的一系列问题,并考虑东亚传统将如何应对这些问题。早期的东亚思想家们也在努力解决一些类似的问题。孔子认为,周朝的灭亡是由于人们忽视了自身的内在联系和人际关系、责任和利益。墨子的"不义之财"教导告诫人们不要过分重视自己的家园和亲人,要像对待自己的利益一样对待邻居的合理关切和利益,并最终共同努力获得双赢的结果。老子和庄子的道家观点涉及以地球为中心的伦理,认为人的关系超越家庭和社会领域,延伸到自然和本体论领域。这些早期东亚的哲学立场提供了有趣的替代方式来概念化我们自己,我们在世界上的存在,我们在自然生态系统中的土地上的农业实践以及其他农民,这些值得进一步探究❷。

What's in a Dao？:*Ontology and Semiotics in Laozi and Zhuangzi* 该文考察了冲突的本体论假设背后的一个可以找到"道"这个词。"道"这个术语收集各种可能的本体论含义的历史过程,可以被认为是一种哲学立场。如果哪一个条

---

❶ Tocci Charles, Moon Seungho. Non-violencing:Imagining Non-violence Pedagogy with Laozi and Deleuze[J]. Journal of Philosophy of Education,2020(2):228-239.

❷ Tompson Kirill O. Agricultural Ethics in Early Chinese Perspective:Some Issues[J]. Agricultural Ethics in East Asian Perspective:Some Issues,2019(9):231-256.

款必须使用在讨论非物质必然隐藏,至少他们解释的本质产生的哲学可能不符合 fully-adumbrated 系统,这并不会减少它的潜在用途[1]。

Market Relations as Wuwei：Daoist Concepts in Analysis of China's Post-1978 Market Economy 该文展示了"无为"及其相关概念是如何在中国社会科学和共产党杂志最近发表的有关中国市场经济和国家经济关系的分析中得到应用的。这种对传统概念的使用,部分取代了"经济学"中的马克思主义术语。在讨论这些概念在2000—2008年发表的5篇文章中的应用时,还提出了《道德经》的经济理论[2]。

Dao is the Opposite of God The Criticism of purposeful Action in Laozi 该文认为:"道"一词最初的意思是一种方式、一种过程或一种指导,非常接近于有目的的行动——一种达到既定目标的规定过程。它恰恰是被挑选出来、被珍视、被渴望、被保留而不是被丢弃的东西。道教使用的术语"道"是一个具有讽刺意味的用法:使用它故意的字面意思相反的一点——真正实现价值的方式是通过我们做的不是价值,真正的方式是一个 anti-way,目的在于放开的真正实现目的。"目的"的定义排除了"无目的"。但这种关系是不对称的;无目的并不排除有目的。相反,它包含、允许、甚至产生目的。目的的结构要么排斥无目的的事物,要么从属于无目的的事物。但即使只是从属关系,而不是被排斥,无目的也不再是真正的无目的,它变成了达到目的的工具,完全被目的所渗透。因此,一神论的宇宙是一个最终完全取消无目的性的宇宙,也因此破坏了所有形式的包容性、非二元性和非个人性。目的性与无目的性的关系比表面看起来要复杂得多[3]。

---

[1] Fried Daniel. What's in a Dao?：Ontology and Semiotics in Laozi and Zhuangzi[J]. A Journal of Comparative Philosophy,2012(12):419-436.

[2] Barbalet Jack. Market Relations as Wuwei：Daoist Concepts in Analysis of China's Post-1978 Market Economy[J]. Asian Studies Review,2011(1):335-354.

[3] Ziporyn Brook. Dao is the Opposite of God The Criticism of purposeful Action in Laozi[J]. Deutsche Zeitschrift Fur Philosophie,2022(1):261-284.

第三章

《道德经》在英语世界的误读与悟读

第一节 "道"的误读与悟读

一、"道"的释义

"道"是老子哲学中的最高概念,也是老子哲学中最为根本的概念。"道"是宇宙万物本原。天地之初的形态,莫可名也。这混元一体的样态,就是《易经》中的"道"。"道"超越了世俗社会生活,接近本原之道、自然法则之道、规律之道。天地万物始于道,"道生一,一生二,二生三,三生万物。""道"就是"一",是一个统一体"一"。而这个"一"化为"二"。"二"即阴阳二气。阴阳二气相互作用变成"三"。"三"化生出宇宙万物。"道"是老子哲学的开端,"道"与"一"实际上是两种不同的表现形式而已。"道"即"有",即"无","无"中生"有",即"天地之始""万物之母"。"有"是说"道"包容万物,无处不在,"周行而不殆",独立而长存,永远不会消失,宇宙中的一切始终都在它的规律中运行。从"道"至"万物",万物始有名。"道"即"无","无"是宇宙初始的空间,"无"更是万物生发的本体。"无"是说"道""视之不见""听之不闻""搏之不得";"惟恍惟惚";"无状之状,无物之象",是超感觉、超经验的。我们要用"常有"和"常无"的概念去领悟"道",那样也就可以懂得它既无形无迹又无所不在。从某种程度上说,"无"和康德的"物自体"、黑格尔的"绝对精神"、海德格尔的"存在"等,都是哲学家对生态本源的探索。

"有"和"无"是对立统一、相辅相成的,是"道"的两个方面,两个名称。"道"是物质又非物质,是精神又非精神。"道"是一种存在的境界。"人法地、地法天、天法道,道法自然。"天地人都以"道"为法则,"道"则是任其自然。"万物恃之以生而不辞,功成而不有。衣养万物而不为主……万物归焉而不为主。"从这里我们可以看出虽然"道"是万物的本原,"道"衍生了万物,但是"道"并不是世界的主宰。世界万物的生长及变化都是顺其自然,这个是不需要"道"来进行主宰或者是由"道"来控制的。这样看来,"道"就是"自然","道"又是顺其自然,因此"道"是"无为"。但是,"道常无为而无不为",这里说的是"道"又是"无不为"的,就是把一切都想到了,解决了。这是因为"道"是宇宙的本源,世间天地万物皆是从"道"中衍生出来的,"道"也就自然是"无不为"的。"为"是遵循顺应自然规律的"为"。"无为"就是不能为违背自然规律的"为"。"无为而治"出自老子的《论语·卫灵公》:"子曰:'无为而治者,其舜也与夫何为哉？恭己正南面而已。'"孔子的"无为而治"并不是无所作为,无所事事,恰恰相反是有所作为或大有作为,是"有为"。其实,"无为""有为""不为"构成了处理事情的三分法,"无为—有为—不为",其中"无为"是一个顶端,是一种理想状态。

宇宙万物,一切的"有"都是从"无"开始,而最终归于"无";宇宙万物的所有运动都是从静止开始的而最终又归于静。这就是"道",是规律。"反者道之动"是老子最精彩的哲学思想之一,他不仅认识到现象背后最普遍的东西,而且认识到自然界中一切事物的运动和变化,其中有一个总的规律就是"反"。"反"字可以作"相反",又可作"返回"来理解。事物向相反的方向运动和发展的同时,又总要返回原来最初的状态。老子"反者道之动"的"反"包括以下几层含义。

(一)循环运动之"反"

"道"的运动是循环反复的,循环运动是"道"所表现的一种规律。第一,反本归初。老子认为,天下之物的运动特点是"复"。"复"也就是反复循环,即事物的运动最终都要回到本初的出发点,而这个出发点就是我们所说的精虚渊源的"道"。第二,"反"蕴含了化解矛盾的方法。社会里"善恶并存,是非相依,福祸相邻,纷纷扰扰,无时而宁,治之而愈乱,防之而益危"。老子认为,根本问题在于人类真朴之性的丧失,逐于外物而不能反本。所以,根本的解决方法是"见素抱朴,少私寡欲,绝学无忧",消减这种矛盾存在的条件,把事物推向一个更高的发展层次,提出了一套取法于大道和自然的根本治理办法。第三,妨正转反。"持而盈之,不如其已……功成身退,天之道也"。老子认为,事物转化是有条件的,如果人主动接纳它的否定性因素,进行局部的、及时的、不断的自我否定,不使自身的行为失去控制,那么就可以使事物的否定性转化在自身内部进行,不会引起根本性、整体的变化,而这就是辩证法。

(二)对立转化之"反"

第一,相反相成。"有无相生,难易相成,长短相较,高下相倾,音声相和,前后相随。"这段话就是说,有与无、难与易、长与短、高与下、前与后等现象既相互对立,但是又相互依存,这无疑是永恒的道理。在老子看来一切事物的运动变化过程都是在相反相成的状态下逐步完成的。看起来完全相反的事物,事实上都是相辅相成的。

第二,由反入正。"曲则全,枉则直,洼则盈,敝则新,少则得,多则惑。"既然对立事物总是向着自己相反的方向转化,那么为了达到正面目标,就必须从反面入手,走迂回的路。

第三,物极必反。"祸兮福之所倚;福兮祸之所伏。"老子发现,一物之中包含着否定性因素,在事物发展和转化过程中起着决定性作用。也就是说,当该物发展到极点时,否定性成分变为主导,该物便转化为其反面。

二、"道"的误读和悟读

斯坦纳认为,译者是目标语言和原文的读者,而且是第一读者,必须具备一些特殊的能力"更能完全深入地掌握一段文字,要完全发现并理解能够体现其生命的东西,这个过程却只可意会难以言传"[1]。西方译者潜意识中受基督教义的影响,把"道"翻译成 Logos,Existence,Way。

Logos 即逻各斯,是欧洲古代和中世纪常用的哲学概念。一般指世界的可理解的一切规律,因而也有语言或"理性"的意义。赫拉克利特最早将这个概念引入哲学,在他的著作残篇中,这个词也具有上述多种含义,但他主要是用来说明万物的生灭变化具有一定的尺度,虽然它变幻无常,但人们能够把握它。在这个意义上说,逻各斯是西方哲学史上最早提出关于规律性的哲学范畴。亚

---

[1] 肖水来,孙洪卫.释"道"有道,"道"亦可道——从斯坦纳阐释翻译学的角度看《道德经》中"道"的翻译[J].湖北社会科学,2009(6):36.

里士多德用这个词表示事物的定义或公式,具有事物本质的意思。

Existence 即存在。存在是不以人的意志为转移的,包括物质的存在和意识的存在,包括实体、属性、关系的存在。人的意志本身也是一种存在,人思维的、虚幻的东西也是一种存在,属于意识的存在。虚拟世界也是一种存在,它是人的意识世界的外化,本质上仍然是意识的存在。虚拟世界的载体是物质的存在。存在是一个哲学概念,按照 20 世纪西方存在主义哲学家的定义,是具有难以改变,但能够改变的特性。而相对于存在的不存在则是具有难以控制,但能够控制的特性。而两者的界别存在于正反面上。但此界别中的正反面本不存在,故分辨的方向只在乎于其外延对该物所产生的影响。

西方唯心主义哲学家认为,无法被感知的事物,无法证明其存在,贝克莱的命题:"存在就是被感知"。《存在与时间》的作者海德格尔认为:"存在"既是最明了的概念,也是最晦涩的概念。现实中,大多数人自认为"存在"这一概念是自明的,也是最清楚的,故无须发问"何为存在"更无须去研究何为"存在",可哲学的终极任务本来就是要解释:"何为存在",作为思考者,如果你把"存在"这个最晦涩的概念误认为是简单、明了、无须解释的,那么你注定就犯大错了。

Way 即"道路",道本义为道路。由道路之义可引申做动词,表示取道、经过。由道的本义还可引申出抽象意义的方法、技艺、规律、学说、道义等意义。《论语·卫灵公》:"道不同,不相为谋。"此道即指思想学说。道也特指道家、道教等。典籍中还常以"有道"指政治清明的局面。因道有道路、方法等义,所以可以引申作动词表示疏通,此义一般读 dǎo,再引申又有引导、开导等义。此音后世多写作"导",乃道的分化字。

"道"译成 Way 带有着浓厚的西方宗教色彩。《新约·约翰福音书》提到:"I am the Way and the truth and life"。此处的 Way 是耶稣引导世人通向真理之路。《牛津高阶英汉双解词典》中"Way"的意思是:道路、方式、方法等。这种解释与《道德经》中的"道"的内涵和外延都有一定的差异。"道"是一种哲学概念,兼有本体论、宇宙论,且指涉道德哲学和生命哲学。从"道"到 Way,意思出现了偏差,意蕴产生了变化,哲意出现了缺失。

"道"译成 Logos,最为接近原义。姚小平认为,希腊语源 Logos 是与"道"最接近的对等词。他认为,首先作为哲学范畴,"道"和 Logos 在"法律、法则"等义上可以对应;其次,Logos 和"道"词源虽不同,但却都有"言说"的意思;最后,在最直接的"道路"一义上,"道"也可以与 Logos 相对应❶。张隆溪也认为,"叔本华曾引用西塞罗的话说:'逻各斯'这个希腊词既有理性的意思,又有言说的意思。斯蒂芬·乌尔曼也评论说:'逻各斯'作为一个众所周知的歧义词,对哲学思想产生了重大影响,因为它具有两个主要的意思,一个相当于拉丁文 oratio,即内在思想借以获得表达的东西;另一个相当于拉丁文 ratio,即内在的思想本身"❷。"道"和 Logos 都指的是思想和言语的复合体,但是"道"和 Logos 的文化内涵和思维方式却有着不同。Logos 强调语言与理性、逻辑的关联。这种关联性是西方人对理性和逻辑等问题探求,有着根深蒂固的历史渊源和文化根基。Logos 指的是理性和真理。相较而言,中国之"道"有着不同的致思方式。这种差异的根源来自中西方对二元范畴关系理解的偏差。"天"和"人"的二元关系,就呈现以 Logos 为基准的理性世界和以"道"为主导的经验世界的关系。

理性是人类具有的依据所掌握的知识和法则进行各种活动的意志和能力,从人类的认识思维和实践活动中发现出来的,主宰人类的认识、思维和实践活动的主体事物,西方哲学中的理性概念源于古希腊语的逻各斯。据英国语义学家奥格登和理查兹考证,古希腊的赫拉克利特最早使用了"逻各斯"这个词。赫拉克利特认为:逻各斯是天地万物具有的一种隐秘的智慧或理性,是统帅世间万物生灭变化的根据或规律,也是每个人生存活动的依据。根据人们的约定俗成,智慧或理性是主宰人类的认识思维和实践活动的个别主体事物。古希腊的斯多葛学派认为:其包含内在的和外在的两部分内容,内在的逻各斯是理性和本质,外在的逻各斯是传达理性和本质的言说。理性和言说(理性活动)都是逻各斯的观点包含着理性同理性活动是同一个事物的认识错误。斯多葛学派的代表人物芝诺认为:理性是神的属性和人的本性。古希腊的阿那科萨哥拉指出:物的"种子"是存在物的"始基",人的感官只能认识具体的事物,唯有"理性"是揭示"始基"的可靠工具。古希腊的苏格拉底指出:人人都有潜在的德性,只有理性才能使个人潜在的德性实现出来,成为现实的德性或善。阿那科萨哥拉和苏格拉底所言说的理性不是指人类的认识能力或主体事物,而是指具有发现实体和产生意念知识能力的认识思维活动或本体事物。

---

❶ 姚小平."道"的英译和圣经中的"道"——汪译老子及"译可译非常译"译文读后感[C]//罗选民,屠国元.阐释与解构:翻译研究文集[M].安徽文艺出版社,2003.
❷ 张隆溪.道与逻各斯[M].南京:江苏教育出版社,2006.

经验是由人生经历总结而来,实践是认识的来源,而经验只是认识的初级阶段,必须不断深化才能成为人生阅历;知识是人类对物质世界以及精神世界探索的结果总和及经验的系统固化;唯有将经验与知识相结合,于人生经历中灵活运用所学知识,方可最大限度地激发潜能,展现能力,丰富阅历。经验是个性化的,持久的不断积累;知识是普世化的、理论式的系统总结。

理性世界是建构在人的意志基础上的世界。经验世界是建立在人的社会活动基础上的世界:一个探求事物的因,另一个注重事物的果。这种理性思维和经验思维恰恰是东西方思维模式根本上的差异。这种差异直接导致东西方哲学的不同。从苏格拉底到康德再到海德格尔,西方哲人不停地思考一切现在的根本。这个"根"是我们经验世界所无法认知的。只有在经验世界外,诉诸理性,方能找到答案。中国古人更为注重事物的结果,想要达到的是"知行合一"的境界。我们所有的"知"是为了"行",一切的"知"要和"行"融为一体,而"行"能更好地检验"知"的准确度。所以,实践出真知。

"Dao"是中国译者的首选,源自"道"的汉语拼音。"Tao"则是"道"拼音和英语音标的结合。这种译法舍弃了目标语言中的词汇,采用异化的方法输入了源语的信息,最大限度地传递了"道"本身固有的内涵。在英语中,t 是发清辅音/t/,而 d 发浊辅音/d/,所以 Tao 在语音学上比 Dao 有优势,通过语音进行了补偿。在斯坦纳看来,"翻译是一种双重进入的行为,必须维持形式和意义上的平衡。"[1] Tao 通过语言补偿,实现了形式和意义上的平衡,因而成为较为流行的翻译。汪榕培认为,Tao 早已作为借词引入英语。例如,《牛津英语大词典》(第十七卷)指出:"Among the sentences of Lao Kium, there is one that is often repeated…:Tao, says he, or Reason, have produced one, one have produced two, two have produced three, and three produced all things。《韦氏新国际词典》(第三版)这样描述:Taoism a. the unitary first principle which all existence and all change in the universe spring; the unconditioned unnamable source of all reality that transcends being and nonbeing by order of the universe; b. the eternal order of the universe."《兰登书屋英语大词典》如下定义:"①(in

---

[1] Steiner, George. After Babel: Aspects of Language and Translation. (3rd ed.) [M]. Shanghai: Shanghai Foreign Language Education Press, 2001.

philosophical Taoism) that in virtue of which all things happen or exist;②the rational basis of human activity or conduct;③a universal, regarded as an ideal attained to a greater or lesser degree by those em-bodying it."《牛津哲学辞典》的解释是:"Tao (Ch,the way) is the source and principle of the cosmic order; the constant flow of the life force (chi) in unceasing · 141 · change.""The tao of humanity and that of the universe are one, and in this lies the key to a completely satisfying and harmonious human existence, The 'easy way' of Taoism is one of being in tune with nature and the universe."

第二节 "德"的误读与悟读

一、"德"的释义

"德"是中国道德哲学的一个重要范畴。《说文解字》[卷二]:"[彳部]多则切(dé)德,升也。从彳悳声"。[卷十]"[心部]多则切(dé)悳,外得於人,内得於己也。从直从心"。桂馥《说文解字义证》:"古升、登、陟、得、德五字义皆同。"德的古字形从彳(或从行)、从直,以示遵行正道之意。也有人认为"德"的本义是登上、升。"德"常用于指道德、品德,引申指有道德的贤明之士。"德"是美好的,故又引申有恩惠、感恩。又引申指客观规律等意义。德在古代文献中也与"得"相通,表示"得到"。

《国语·晋语》指出:"同姓则同德,同德则同心,同心则同志""异姓则异德,异德则异类"。由此可见,"德"源自同姓氏族或宗族之间的血缘共同性。西周时期"以德配天"的提出,"德"从血缘共同体转向自然的天命。先秦时期,儒家构建了以"德"为纲领的道德哲学体系,这种是对自我德性的修养成为"德"存在的根本依据。而以老子为代表的道家对"德"的理解和界定和儒家不同。"德"是《道德经》的核心哲学范畴,其存在与"道"密不可分。《道经》阐述道学的基本学理和主要概念。《德经》是道学原理的应用与实践。在老子看来,"道"和"德"既相异不同而又相通相同。"道"注重的是理论知识,"德"强调的实践应用。老子说,"道生之,德畜之,物行之,势成之。是以万物尊道而贵德。"在老子看来,无形无象、无可名状的"道"既是宇宙万物存在的本原和变化运行的普遍规律,也是其保持自身天然本性的内在根据;而"德"则是"道"在万物中的具体存在与表现,是因于"道"而获得存在的原因和发展根据;"道"和"德"的关系是体用合一的关系,即"道"是"德"之本体,"德"乃"道"之应用、显现❶。《韩非·解老篇》提出:"道有积而德有功;德者,道之功。""道"是"德"的前提,"德"是"道"的体现,"道"与"德"相辅相成。王弼提出:"道者,物之所由也;德者,物之所得也。由之乃得,故不得不尊;失之则害,故不得不贵。"由是观之,"道"导致了"物","物"导致了"德"。所以,(人)遵从了"道",也就是无为而治("道"本身/自己)就能带来"德"。陈鼓应认为,"'道'是指未经渗入一丝一毫人为的自然状态,'德'是指参与了人为的因素而仍然返回到自然的状态。"❷

老子认为,"生而不有,为而不恃,长而不宰,是谓玄德。"生养了万物而不据为己有,推动了万物,而不自恃有功,长养了万物而不自以为主宰:这就是最深远的"德"。《说文》曰:"玄,幽远也。黑而有赤色者为玄象。幽而入覆之也。"玄象,即指天象。古人观天象,观到极远处,古洞洞的,什么也看不见了。故而将黑色与玄连在一起。"玄"字在汉语中有两个含义是比较基本的,一是指境界幽远,二是指带光亮的深黑色。这两个含义其实也是相通的,辽阔夜空中的那种幽远、深黑就是一种所谓的"玄"色。《易·坤》有"天玄地黄"之句,《诗·小雅·何草不黄》有"何草不玄,何人不矜"、《诗·豳风·七月》有"八月载绩,载玄载黄"之句,这都是从颜色的角度用"玄"的。老子所说的"玄",是"玄"的本有义,即"幽远"。浩渺的宇宙,幽远无尽,潜藏着神幻莫测的玄机奥妙,所以老子说"玄之又玄,众妙之门"。在王弼看来,"'玄'是形容一种'冥默无有'的状态,是不可称谓之称谓;'玄'不同于某一具体事物之名称,而只是对'无'、'道'的一种形容。"❸顺应万物本性,遵从万物规律,是谓玄德。只有真正做到了"玄德",方能"有为",臻于至善。

"上德不德,是以有德;下德不失德,是以无德。上德无为而无以为;下德无为而有以为。上仁为之而无以为;上义为之而有以为。上礼为之而莫之应,则攘臂而扔之。故失道而后德,失德而后仁,失仁而后义,失义而后礼。夫礼者,忠信之薄,而乱之首。前识者,道之华,而愚之始。是以大丈夫处其厚,不居其薄;处

---

❶ 赵素锦.《道德经》"德"之伦理意蕴[J].华中科技大学学报,2011(5):3.
❷ 陈鼓应.老庄新论[M].上海:上海古籍出版社,1992.
❸ 王弼.王弼集校释[M].北京:中华书局,1980.

第三章 《道德经》在英语世界的误读与悟读

其实,不居其华,故去彼取此。"具备"上德"的人表现为外在的有德,因此,实际上是有"德";具备"下德"的人表现为外在的不离失"道",因此实际是没有"德"的。"上德"之人顺应自然无心作为,"下德"之人顺应自然而有心作为。上仁之人做事,顺应自然。上义之人做事,是有意为之。上礼之人有意为之,没人回应,于是就扬着胳膊强引别人。所以,失去了"道"而后才有"德",失去了"德"而后才有"仁",失去了"仁"而后才有"义",失去了义而后才有礼。"礼"这个东西,是忠信不足的产物,而且是祸乱的开端。所谓"先知",不过是"道"的虚华,由此愚昧开始产生。所以大丈夫立身敦厚,不居于浅薄;存心朴实,不居于虚华。所以,要舍浅薄虚华而取敦厚朴实。

《上德不德》这一章在通行本中被列为《德经》的开头。老子主张"道"的属性表现为"德",凡是符合于"道"的行为就是"有德",反之,则是"失德"。"道"是客观规律,"德"固然是"道"在人世间的体现。因为"德"有上下之分,"上德"完全合乎"道"的精神。老子认为"上德"是完全合乎"道"的精神。21章曾写道:"孔德之容,唯道是从";28章说:"为天下溪,常德不离,复归于婴儿""为天下谷,常德乃足,复归于朴";51章说:"生而不有,为而不恃,长而不宰,是谓玄德"。以上所讲的"孔德""常德""玄德"都是指这里所讲的"上德"。从政治角度去分析和理解所谓"上德",我们认为它不同于儒家所讲的"德政"。老子批评儒家"德政"不顾客观实际情况,仅凭人的主观意志加以推行,这不是"上德",而是"不德";而老子的"上德"则是"无以为""无为",它不脱离客观的自然规律,施政者没有功利的意图,不单凭主观意愿办事,这样做的结果当然是无为而无不为,即把"道"的精神充分体现在人间,所以又是"有德"。

"常德"也为老子所称道,其义几近于"上德"。"知其雄,守其雌,为天下谿。为天下谿,常德不离,复归于婴儿。知其白,守其黑,为天下式。为天下式,常德不忒,复归于无极。知其荣,守其辱,为天下谷。为天下谷,常德乃足,复归于朴。朴散则为器,圣人用则为官长,故大制不割。"韩非对"常"的解释为:"唯夫与天与地之剖判也具生,至天地之消散也不死不衰者谓'常'。""常"与天地并生,"常"乃永恒,生生不息之意。"常德"就是天地之德,如婴儿般质朴的状态。只要能做到"为天下谿""为天下式""为天下谷",就能"常德不离""常德不忒""常德乃足",自然也就能"复归于婴儿""复归于无极""复归于朴"。"为天下式,常德不忒,复归于无极。"这里是强调榜样的力量,得道之人要实施无言之教,而不是将自己的观点强加于人,这正体现了老子无为而为的处世哲学,他强调不能将人的思想引入歧途,以让人对道的理解不出现差错。人是有欲望的动物,贪慕荣华富贵是人的本性,人只有认识到荣华富贵终归恢复为无,才能泰然处之,无所不容无所不能容,才能达到道的境界,修得圆满。然而,修得圆满后也不是大功告成了,也必须继续保持对道的理念的坚守,否则又会进入从无到有的循环往复之中去,所以,保持对道之理念的坚守是十分必要的。

"上德不德,是以有德;下德不失德,是以无德。"陈鼓应先生将这句话解释为"上德的人不自恃有德,所以实是有德;下德的人刻意求德,所以没有达到德的境界"。曾仕强先生将这句话解释为"有上等德行的人他是不在乎有什么德行的,这样的人才叫作有德;常常告诉自己我不要失德,不要让人家看到我的修养不好德行很差,这种人就是无德"。

道作为产生一切的本体它本身不是冉从什么东西中而获得的,所以叫"上德不德";因为它不是从比它更基本的东西获得但却能够产生出其他东西,所以说,"是以有德"。"下德"指从"生生"的链条中由上而获得,如果失去了,就叫"失德"。由于"下德"是获得的,因而也会失去,这是道的运行特征。如果"下德不失德",由道而德,及其下德的得失变化所体现的道也就不存在了,从而由道而德的"生生"也就没有了,亦即"是以无德"。老子"上德不德,是以有德;下德不失德,是以无德"句是讲由道而德的形上学中,上德与下德的关系问题。"上德不德,是以有德"是指有的人具有非常高明的品行,这样的人心中所想、所言、所行都达到合道的境界,因而根本不需要进行规范。正因为他达到了合道的境界,因此才会有高明的品行。孔子曾说过"吾十有五而志于学,三十而立,四十而不惑,五十而知天命,六十而耳顺,七十而从心所欲,不逾矩。"从他的"七十而从心所欲,不逾矩"这句话中可以看出,他是在七十岁才达到合道的境界,正因为他达到合道的境界,他心中的念头和他的言行才会皆以大道为准则,他才能完全顺自己的心意去做事而不会逾越规矩,也就是做到了"上德不德,是以有德"。"下德不失德,是以亡德"是指下等的行为准则对任何事、任何行为都要进行规范。有了这些规范后,也就有了很多限制,"德"就转变成为一成不变的准则,人就会一味地遵守规范,就会只知其然而不知其所以然,就不会真正懂得什么才是高明的品行。如此一来,"德"就会表面化,就会变成一种仪式,进而就会变成"礼"。长此以往,人们就会只注重表面,不懂真理,就会变得虚伪和愚蠢。

二、"德"的误读与悟读

安乐哲和郝大维提出《道德经》旨在:"强调对'中心'的参与,并由此形成一种创生的意向,以便个体能够对构成其经验域的那些特殊事物始终保持由衷的鉴赏心态,即如何最大限度地取益于个体。"为此,他们将《道德经》的题目译为"Making This Life Significant"。阿瑟·韦利对《道德经》的翻译是"The Way and Its Power"。在韦利看来,"德"(Power)来源于"道"(The Way)。安乐哲和郝大维译成"The Classic of This Focus and Its Field"。把"德"翻译成"Focus",就是把"德"看成现象的焦点。"道"翻译成"Field"就是把"道"看成一个场域。"德"是"场域"的焦点。这是用西方哲学的视角来理解中国的"道"和"德",在信息传输的过程中,其实,慢慢失去了老子的本意。

在《道德经》第38章中,"德"被称为"上德"。"上德不德",指的是达到德的境界的人不自恃有德。陈柱说:"天地生物,德之至大也,而天不自以为德,物亦不知其德,此上德不德,所以为德也。"❶安乐哲、郝大维将之译为:"It is because the most excellent do not strive to excel that they are of the highest efficacy."
"上德之人"此处翻译成"the most excellent",指的是最杰出、最优秀的人。这句译文想要表达的是:"最杰出的人是不显山露水的人。"这在传递过程中存在误读。"上德"之人是最具高尚品德的人。这种品德,不为人知,自己也不需要别人知晓,于无声处达到了最高的"道",最美的"善"。阿瑟·威利的译释为:The man of highest "power" does not reveal himself as a possessor of "power"; therefore he keeps his "power". 这句话的含义是:"最有权势的人并不向外人显示他的权威,但是他的威严不露自现。"这样的翻译也有待考量。此处,"上德之人"和"有权势的人"不可等同。一个重在"权",一个贵于"德"。一个显示的是权威,保持的是权威;一个自恃的是德,存有的是德。可以说,阿瑟·威利的翻译并没有完全传递"上德不德"的本意。

那么,"上德无为而无以为"在西方又是如何理解的呢?安乐哲、郝大维的译文为:"Persons of the highest efficacy neither do things coercively nor would they have any motivations for doing so." 这句话的英文意思是:"那些有效率的

---

❶ 冯达甫.老子译注[M].上海:上海古籍出版社,2007.

人从不勉为其难做事情,也不因为某些外在动因来做事情。"此处,将"无为"理解成"不受内因控制,不受外力挟持",并没有传递出"无为"的本意。"无为"指的是不违背事物的客观规律,要应时、适势,最后达到"有为"。长时期的蛰伏,是为了有朝一日可以有所建树。正如楚庄王,三年蛰伏,一鸣惊人。阿瑟·威利的译文为:The man of highest "power" neither acts (does not act separately and particularly but only applies the power in a general way) nor is there any who so regards him(as a possessor of power). 这句话的英文释义是:拥有最高"权力"的人既不行动(不是单独行动,而是只以一般方式运用权力),也没有人这样看待他(作为权力的拥有者)。在阿瑟·威利看来,"无为"是 no-ac-tion,但不是字面上的"什么都不做",他特别说明是"不单独不特别去为,而是仅在大体上合于德而为"。安乐哲、郝大维用 non-coerciveaction 来翻译"无为",他们也说明这样的非强迫行为是与"德"相一致的。

第三节　自然的误读与悟读

一、"自然"的释义

《道德经》的自然思想是"万物负阴而抱阳,冲气以为和",天地人是交互一体的,故曰"道即自然"。这是关于万物起源的生态伦理以及认识论的逻辑基础。在老子看来,天地是万物的统称,是万物的本原,是生态的总概括。天地之初的形态,莫可名也。这混元一体的样态,就是《易经》中所说的"道"。"道生一,一生二,二生三,三生万物。"从"道"至"万物",万物始有名。"道"即"无","无"是宇宙初始的空间,"无"更是万物生发的本体。从某种程度上说,"无"和康德的"物自体"、黑格尔的"绝对精神"、海德格尔的"存在"等,都是哲学家对生态本源的探索。这些哲人们来自不同的空间,生于不同的时间。然而,他们对万物本源的寻究之旅从未停息,且万法万物磅礴,形态万千,最终均化为"一"。从生态视角来解读,也就是说,人,作为万物之一,同于生态自然,归于生态自然。这和深生态学主张人类和非人类在本质上是平等的这一思想内核认识上很一致。奈斯说过:"从原则最大化的多样性和最大多样性包含着最大的共生这一假定,我们能

第三章 《道德经》在英语世界的误读与悟读

得到原则最大化的共生!"❶我们应该跳脱人类"小我"思想,树立博大的天地情怀,以一种忘我精神,自觉把自己融汇于万物之中,众生平等,一起相忘于江湖,实现人与自然共逍遥。

二、"我"与"自然"关系层面的不同

梭罗与老子自然观的差异,根源来自东西方文化思想缘起不同。从"我"与"自然"关系层面上看,"天人合一"为中国传统生态思想的精神主线。"天人合一"指的是人与自然万物的合而为一。"道"生万物,人与自然同源于道,并与道合一,宇宙自然与人类自身是一个和谐的有机统一体。人与自然之间都是依"道"的本性而产生,处于一种自然而然的本然的状态之中。"天人合一"是贯穿《易经》《老子》生态自然观的主线。

《易经》有云:"立天道曰阴阳,立地道曰柔刚,立人道曰仁义。"天、地、人三者各行其道,却又彼此相连。天地之道主外,人之道主内,二者缺一不可。《易经》中的"天人合一"思想,简单地说就是:人本是万事万物中的一分子,从属于天,所以天、人原本就是合一的,不可分割。如果详细来说,天性就是人性,天道就是人道,天德就是人德,这样,就将天文和人文紧密地联系在一起。比如,乾卦,就自然现象而言,初九的爻辞是"潜龙勿用"龙指东方的苍龙七宿,地上的龙蛇以及人所具备的龙德等。冬至后,天上的苍龙七宿便看不见了,地上龙蛇之类也开始冬眠,而人也因为气候寒冷,潜居在家,因此说是"潜龙勿用"。到次年惊蛰,气候开始变暖,万物萌生,天上的苍龙七宿又冉冉上升,地下冬眠的龙蛇也开始苏醒,这时,人也开始从事耕作,因此,乾卦九二爻辞说"见龙在田",说明天上人间的事情都是一样的,这就是"天人合一"最简单的内涵。

老子思想之最高蕲向则在于"天人合一"。《道德经》的自然思想是"万物负阴而抱阳,冲气以为和",天地人是交互一体的。这是关于万物起源的生态伦理以及认识论的逻辑基础。老子又提及:"道生之,德蓄之,莫之命而常自然。长之育之,成之熟之,养之覆之,生而不有,为而不恃,长而不宰,是谓玄德。"老子竭力主张尚法自然,尊道贵德,而达于天人合一之境界。

---

❶ Arne Naess. The deep Ecological Movement: Some Philosophical Aspects[M]. N.J.: Prentice Hall, 1998.

老子生态自然思想,达至"天人合一"的精神境域。这里的"天"就是指自然。在老子眼里,人与天地万物浑然为一,没有丝毫之分离。人未回到最纯真自然的境域,方能保持人性之完善,方能与自然和谐共存。人要保持无知无欲的状态,真人是保持本性淳朴之人。庄子在谈到真人时说:"何谓真人?古之真人,不逆寡,不雄成,不谟士。"此处的真人也是老子追求的人性至臻至善的自然之境。

老子的这种"天人合一"是难能可贵的。《天下》中提到"漠无形",就是要把人之生,人之死,融入宇宙大地之中,达到我即世界。它在精神上将"人"提升到"宇宙"与"天"的高远境界,从而体现出一种向上的清灵的积极的人生,而不是向下的令人窒息的消极人生。

与中国"天人合一"自然观不同的是,超验主义受康德先验主义和浪漫主义的影响。❶ 超验主义强调万物本质上的统一,万物皆受"超灵"制约,而人类灵魂与"超灵"一致。超验主义认为自然是超灵的。自然是赋有生命的。超验主义主张回归自然,接受自然,达至精神的超然。爱默生是超验主义的倡导者,他认为自然包括一切与我们分开的"非我"。人分为"肉体"和"灵魂","灵魂"是自我,"肉体"是"非我"。自然是呈现在"心灵"中的客观实体。"心灵"通过"肉体"生发"自然",犹如"生命之树新发枝叶"。❷ "心灵"是绝对本源,要确保"心灵"与自然相统一。

爱默生的超验自然思想深深影响了梭罗,梭罗在瓦尔登湖畔践行了爱默生的思想。"我们只有通过永远不停地灌输和浸染我们周遭的现实,才能理解一切圣洁和高贵的东西。宇宙不断地、顺从地适应我们的想象;不管我们走得快还是走得慢,脚下的道路已经为我们铺好了。那么,让我们穷其毕生而领悟想象吧。诗人或艺术家还从来没有过这么公正和高尚的境界,但是至少他的后代能够达到这一步。"

梭罗认为,人通过"呈现的现实"才能理解万物的本原,那"圣洁和高贵的东西"。宇宙从属于我们的"心灵",自然是精神的存在,是超验的宇宙精神的物化与象征。自然是物质世界之外的图景,是心灵的表象。人灵魂中的那种直觉感知能力可以沟通个人心灵与超灵,并使两者得以交流,由此达到个人精神与宇宙

---

❶ 张世耘. 爱默生论自然与心灵:知识论再解读[J]. 外国文学,2018(5):80-91.
❷ Emerson, Ralph Waldo. The Collected Works of Ralph Waldo Emerson. Vol. 1. Ed. Alfred R. Ferguson[M]. Cambridge: Harvard UP, 1971.

精神的统一。

三、"社会"与"自然"关系层面的不同

"社会"与"自然"关系层面上，老子寻求的是心灵的庇护，于云海之巅，苍茫问道，跳脱社会，回归自然之境。老子要做的则是在"有为"和"无所"之间，得保全、得自由、得有所为也。

万物存在皆有意义，这是人与物所共同的本原之道，道通万物而为一，遵循物的物性，任物各是其所是，任人各行其职。这样，物与物之间的对立，人与人之间的对立，物与人之间的对立都会消除了，进而达到"无己""丧我"的境界，实现"道"的关照，人与物进入道通为一的精神高度自有的天地，达到高度的自有和美。老子孜孜追求的是"心灵"的高度，不为"社会"所累。老子不求"达则兼济天下"，老子求的以"无为"为"有无"，以"无为"入"有为"，达到一种平衡，有所作为。

梭罗在瓦尔登湖畔的独居，践行的是深层生态学理念，其凭借理性的力量，超越感性经验与知性逻辑的屏障，直面社会与自然被遮蔽的本真存在。梭罗离群独居，亲近自然，最终目的是回归社会，找到解决社会存有的问题。他在瓦尔登湖开始的实验始于1845年7月4日，终于1847年9月6日。梭罗在给布雷克的信中提到了他从经验中提炼真理的方法，"我给你建议一个主题吧：走进大山对你意味着什么，你就用同样的方式准确完整地对自己述说一切——再三回到这篇文章，直到你觉得你经验中所有重要因素都包含在里面了，你觉得满意了为止。你翻阅过山岭，这就是一个很好的理由，因为人类总是要翻山越岭的……只有在回家以后，我们才算真正翻越了山岭，如果我们真能够翻越的话。山说了些什么？山干了些什么？"梭罗生活在资本主义快速发展的年代，人们追求财富的积累、物质的享受，几乎忽视了自然对于人的意义，也没有考虑过破坏自然的后果，人们眼中所见的只是"长满金钱的果树"。梭罗为每一棵被砍伐换成金子的果树感到忧心忡忡。梭罗为每一个沉浸于物质享受的灵魂感到痛心疾首。梭罗认为，这种物质至上的价值取向导致了人精神的贫瘠与虚无。他要回归自然，重拾失去的灵魂，让人类不仅在瓦尔登湖"诗意的栖居"，而且能够在地球的任何角落过上诗意的生活。

"实际上，一个孜孜矻矻忙于劳作的人，根本没有闲暇每天关注真正完整的生活；他没有能力维持与别人的人际关系；他的劳力在市场上会贬值。他除了当

一台机器,根本无暇顾及其他……我们天性中最精致的果实,就像果实上的粉霜一样,只有仰仗最细心的呵护,才能保留下来。"

物欲横流让人类终日忙忙碌碌,没有片刻时间来思考人生。人类在通过财富的道路上走得太急,走得太快,沿途的风、花、鸟、木都如浮云般飘过。可是,当你在康科德的小镇上走一走,在瓦尔登湖畔留一留,或许才会发现,那些曾经的浮云才是一生最宝贵的财富。面对橡树的砍伐,野鸭的捕杀,面对在人类面前手足无措的自然,利奥波德不禁疾呼:"歇一下!"❶近百年来,人类物质文明走得太快,请歇一歇、等一等我们的自然,等一等我们的灵魂。

四、和谐与共情:共建生态文明大家园

马克思在《1844年经济学哲学手稿》中指出:"人靠自然界生活。这就是说,自然界是人为了不致死亡而必须与之处于持续不断的交互作用过程的人的身体。所谓人的肉体生活和精神生活同自然界相联系,不外是说自然界同自身相联系,因为人是自然界的一部分。"❷马克思充分认识到自然对于人的重要性。人在自然界中生存。人是自然界的一部分,人依靠自然界。

我们人类身处地球整体的生态环境中。人是地球生态的一分子,共同构成了一个大的生态圈。这个大大的生态圈就如同一个大家园,家园里面有人类、动物、植物、微生物等。一个家如何才能发展?只有家庭成员的每一个分子彼此和谐,方能共生。人若想真正走进自然的心,需要完全了解自然、融入自然。人要把自然当成自己,喜自然所喜,哀自然所哀,与自然共情。正如季羡林所说:"人与人和谐,人与自然和谐,人内心和谐。当下很多人的和谐观还仅仅局限在前两个层面,罕见有人关注到'和谐'的真正基础——'人内心和谐'。而正是这个'人内心和谐',又使得恩师回到了思考这个问题的起点。"人与自然的和谐不可浮于表面,流于形式。人和自然应是心灵的和谐,要实现同频共振。

当我们人类做到和自然和谐共情,就可以让自然处于"自然而然"的境地。我们日出而作,日落而息。我们与天地万物,和谐为一。但是,我们的和谐与共情,并非放任自然不管。如果完全放任自然不管,就可能出现荒山无人治理,良

---

❶ 利奥波德.沙乡年鉴[M].北京:中国文联出版社,2018:56.
❷ 利奥波德.沙乡年鉴[M].北京:中国文联出版社,2018:63.

田无人开垦的情况。老子的"无为而治"并非无所作为,而是顺势而为,"无为"的最终目的是"有所为。"因此,我们在尊重自然、保护自然的前提下,要有所为。我们要积极发挥人类的主观能动性,把人与所有物种、生态系统的利益密切联系在一起,共同建设生态文明大家园。

党的十八大以来提出:自然是生命之母,人与自然是生命共同体,人类必须敬畏自然、尊重自然、顺应自然、保护自然。要坚持人与自然和谐共生,牢固树立和切实践行"绿水青山就是金山银山"的理念,动员全社会的力量推进生态文明建设,共建美丽中国,让人民群众在绿水青山中共享自然之美、生命之美、生活之美,走出一条生产发展、生活富裕、生态良好的文明发展道路。

建设生态文明,是关系人民福祉、关乎民族未来的长远大计。生态文明建设关乎经济建设、政治建设、文化建设、社会建设的各方面和全过程。无论是中国古代的老子,还是美国近代的梭罗,都坚持倡议:要从美学视角关照自然,用平等的态度对话自然,用和谐的思想圆融自然。人与自然和谐统一,共情共生,中西生态思想在此处交汇。

第四节 重译《道德经》:误读还是进化

一、《道德经》汉译的诠释学研究

口译是一门学科,与之相关的两个概念——笔译和口译,通常都是口译技能。笔译更强调实践分析,而解释作为一个理论体系,更具有权威性和稳定性。另外,从解释的角度进行的研究过于宽泛,多采用历史、哲学等多个学科的理论进行整合,诠释学的研究较为具体。有鉴于此,本研究主要从解释学角度进行分析。

二、解释学与翻译研究的结合

有"解释学"+"翻译"+"解释"+"翻译","论解释"+"翻译"+"解释","翻译"+"解释"+"翻译","hermeneutics"+"translation"和"hermeneutics"+"translation"作为主题检索词检索中国学术期刊全文数据库,通过系统整理,分别获得230、699、85、260、335、96篇和2篇文章。通过对上述文章的整体分析,我们发现这些研究基本上可以分为两大类:第一类是诠释学与翻译关系的理论探讨;第二个范畴是运用某种解释学理论对某一(范畴)翻译和译者进行个案分析。考虑到相关文章的数量较多,本书仅以北京大学图书馆确定的《中文核心期刊书目(2011年版)》中的相关文章为例。第一类可分为以下几种类型:一是阐释学理论应用于翻译的介绍与批评、相关的书评、阐释学与文学翻译相结合的分析以及译者视角的研究;二是将个别解释理论与翻译研究相结合,如伽达默尔的解释理论、艾柯的解释理论、利科尔的解释理论和姚斯的接受理论。第二类研究可分为以下几种类型:一是翻译诠释学的某些翻译,如儒家经典的翻译、诗歌翻译和中国传统经典的英译;二是一个或几个译本的诠释学研究,如《齐武论》的翻译研究、《庄子》的翻译研究、《论语》和《三国演义》的翻译研究等。对译者翻译风格的解释学研究,如庞德的诗歌研究、冰心的翻译研究、莱格特的翻译研究、戈德布拉特的翻译研究等。

三、阐释学与《道德经》重译的结合研究

在中国期刊网全文数据库进行文献检索,检索关键词为"陈(全)解释学"和"道德经",共发现优秀硕士论文19篇,优秀期刊论文6篇。这些从诠释学角度对《道德经》再译的研究主要包括以下几个方面:介绍性的博览会;翻译多样性研究;译者主体性研究;关键词研究;翻译比较研究;翻译个体,如罗姆斯、安、林、迈克尔、詹姆斯;分析某一解释理论的应用,如伽达默尔理论和斯坦纳理论。

通过对文献的比较分析,笔者发现,从诠释学角度对《道德经》的再翻译研究并不少,但仍存在以下问题:一是研究不够系统、重复较多,如绪论论述与译者主体性的理论分析和阐释基本一致;二是一些从诠释学角度对《道德经》的再翻译研究多局限于技术分析和解释,缺乏系统的理论框架;三是一些文章将《道德经》翻译的意图解构为非结论性翻译的旋涡,这与《道德经》作为中国文化经典的事实和地位不符;四是对中国译者的研究有限,主要集中在林语堂的翻译上,对中国译者及其翻译的研究更是少之又少。针对这一点,这本书以整个中国译者社区为目标,分析和分类重新转换版本的《道德经》,赫希的二分法的"意义"和"意义",并使翻译行为背后的原因的深入分析基于有关案件及其控制因素。《道德经》的汉译与中国道教经典的"西传"。

四、《道德经》的中文重译:"误读"还是"进化"

《道德经》的中文重译本身就是一种诠释。然而,口译也有不同的方面,正确

的口译是演变,错误的口译是误读。关于对与错、进化与误读的区别,本文主要参考赫希的意义与意义的二分法。

(一)Hersch 的解释观

1967年,为了回应伽达默尔的《真理与方法》中对作者初衷的解构,赫希发表了《解释的有效性》一书,大力捍卫了作者的初衷,弘扬了伽达默尔所拒绝的传统诠释学的客观主义精神。为了奠定其观点的基础,他截取并修改了著名语言学家、哲学家阿斯特的解释理论的三要素。在阿斯特看来,"词语、意义和精神是解释的三个要素"。词语的解释是解释其他词语的词语和内容;对意义的解释是对与段落相关的意义的解释;对精神的解释是对其与整体理念的更高关系的解释"。这三个要素构成了解释的三种类型:字面解释、意义解释和精神解释。赫希将解释的要素简化为两个,即解释和意义。意义和意义是不同的。"意义在于作者用一系列符号表达的东西……意义是指意义与人、系统、情境或完全任意的事物之间的关系。真正改变的不是文本的意义,而是文本对作者的意义。"关于意义的确定性有两种误解:一是人们误以为意义经验的不可复制性就是意义本身的不可复制性;二是人们把准确理解的不可能误认为是理解的不可能。意义本身总是可决定和可再现的。因此,判断文本意义的唯一标准就是作者的意义,而作者的意义则是一种表现形式,即表现为"亲和力"。

赫施将文本意义的确定性限制在作者意志的类型上,也就是说,限制在意义作为一个整体范式上。同时,他将意义定义为阐释的对象。这样,解释就具有了广义的性质,因为它的对象本身就是广义的。在此基础上,他明确了解释和批评的特殊点。本文的意义和意义分别是解释和批评的对象。释意是揭示意义,批评是阐发意义。这些规定清晰地揭示了解释和批评各自的特点。解释的对象是文本的意义,确定解释必须基于对象的文本,而批评的对象是文本的意义,这也决定了批评必须从某个文本之外的世界入手。

(二)汉语重译《道德经》中的"误读"

Hirsch 在他的书中没有提到翻译,因为他的重点是阅读和欣赏文学作品,他没有对解释进行详细的分类,比如,什么是对的,什么是错的,但他的理论为我们提供了一个视角。根据这一观点,中国人对《道德经》的重译也可以进行分类。在翻译解释的基础上,本文的意义,不符合原文的字面意思,被认为是误读,而基于这个文本的意思翻译,这是植根于这个文本意义的解释,被认为是"进化"。然而,误译有两种类型:故意误译和无意误译。从演化的角度来看,有意误译更为复杂。

1. 基于传感器"误解"

误译是基于作者和原文的,它有两个层面,一是纯语言层面,即词汇和句子逻辑语义的误译;二是文化层面,即语言中隐含的文化因素的误译。偶尔的误译是不可避免的,无论是新手还是学者都是如此。一般来说,误译往往是译者粗心大意的结果,也就是说,误译是无意的。在长时间的翻译中,我们总能发现一些不经原文仔细考虑就难以发现的误译,这就是为什么它们能逃过编辑的眼睛。然而,文化误译并不是由疏忽造成的,而是由于译者缺乏目的语的文化信息造成的。这两种误译都可以归类为误解。

《道德经》中文重译中的"误读"就是对"道""德""天下""玄""素"等关键词的"误读"词汇和短语的意义是复杂的,向读者呈现的意图类型可以是直接的、肤浅的、词典意义以及内涵、情感和联想意义。意图类型的边界在于语境,如果不考虑语境,就不可避免地会发生误译。例如,陈立生在他的翻译中将"宣"翻译成"暗",这显然不符合"宣"在全文中的意图类型。此外,中国早期的译者经常使用"Virtue"来翻译"Virtue",而不考虑词语的具体语境。"德"的西方含义与中文含义不一致。也有人怀疑《道德经》中的数字"千"在许多中文译本中被翻译成"千",因为"千"在古代汉语中只是一个近似的数字。

在《道德经》的汉译本中,经常出现对某些句子的误读。这种"误读"是指由于没有弄清句子或句子的结构成分而造成的误译。例如,在"hold an elephant, the world goes"中省略的主语实际上是一个人,但在中文翻译中,有的指的是一个人,有的指的是两个人。此外,文化"误读"是指由于不了解目的语文化或出于自身考虑而从自身文化的角度误读目的语文化。例如,出于这样的考虑,吴京雄的翻译就表现出了更多基督教倾向。

总的来说,《道德经》的中文重译版本与西方版本相比,基于意义的"误读"较少。与文本误读相比,词汇和句子层面的误读较多。词汇层面的误读比句子层面的误读要多。

2.《道德经》中文版"误读"的原因

对《道德经》中文版的"误读"有许多原因。一是原文存在虚假词语和一词多义现象。同法录字作为古籍用字之一,内涵丰富多样,外意复杂,是汉语言文字的一大难点,也是古籍阅读和翻译困难的重要原因。《道德经》中虚词的出现频率很高,如"德""倾"等,给译者带来很大的困难。一词多义是语言中普遍存在的一种现象,它不仅涉及词性的转换,而且涉及意义的选择。译者需要根据整体语境对某些意义的限制来选择不同的意图类型。脱离语境的翻译倾向必然会造成大量的误读。例如,"道"这个词在整个文本中会有不同的含义。译者有必要根据《道德经》全文选择一种恰当的理解。"误读"的第二个原因在于古书的存在。例如,第一章"道能道,无常道"也可以理解为"道能道,无常道""道能道,无常道"。我欲观其形,也可理解为"故昌物,欲观其术";通常,我想看看他们在做什么。为了判断译文的正确性,我们需要考虑整个语境。点击阅读的方式多种多样,但根据整个章节,一定会有一个更合理的。否则就是误读。"误读"第三个原因是文化差异。《道德经》蕴含着道家思想的精髓,是中国特有的,体现着中国先民的世界观和哲学思想。所谓"无为""纯朴""道""德"等思想虽然与西方基督教思想有一些相似之处,但其具体的表达方式是独特的,任何类似西方基督教的翻译都是不可取的,否则就是文化上的"误读"。这种文化误读在《道德经》的早期西方翻译中较为明显,在《道德经》的后期汉译中较少出现,但也不乏存在。例如,吴敬雄的版本就具有一定的宗教特色。幸运的是,他的版本中有大量注释来解释它。与西方版本的《道德经》相比,中国版本的《道德经》受意识形态的影响和出版机构的操纵较少。

(三)《道德经》汉译的进化

一般来说,《道德经》的中文译本大多是以进化的方式呈现的。这里的"进化"并不意味着以后的版本比以前的版本更好,也不意味着以后的版本在绑定方面比以前的版本更好。相反,它意味着后来的版本在保持文本意义的同时,加大对文本意义的解释力度,并从文本之外的世界看待文本。

1.《道德经》汉译的"进化"倾向

作为一部历史经典,《道德经》在创作时有自己的思考和视角,但作为两千年后的翻译家,他也必然有自己的思考和视角。同时,社会情境和政府情境是不同的,所以在翻译时必须进行开放和批判的口译。口译是用新概念暗示意义的尝试,而翻译是用新概念表达意义的尝试。口译者面临的任务是找到与其他概念相对应的手段,将那些与原文等价的假设和意义传达出来,但不同的口译方法揭示出来的文本是完全相同的。不同的解释可以相互协调,这说明文本的意义是在确定的基础上确定的文本,后来翻译结合社会和经济的需要,翻译指的是国家政策,和 re-endowed 道德赋予了新的含义,从他们自己的角度来看,这是中国所做的努力 retranslators 的《道德经》。

国外出版的汉译本,在 2000 年以前,基本上都有较强的学术倾向,如 bear 翻译、《咏慈禅》翻译、《吴刘典论》翻译、《唐子章》翻译、《张霍华德》翻译、《张中元》翻译、《林振书》翻译、《丁青河》翻译、《尼清河》翻译、《唐子章》翻译等。杨晨翻译张万申,陈金良翻译和亨利翻译等。后来的版本只有史福望的版本、陈立生的版本、李祥福的版本和黄继忠的版本是学术性的。大多数译本很受欢迎,如杨晓林的、陈超秀的、张托马斯的、徐谷牧的和林德利的。在对学术倾向的翻译中,考虑了许多文化因素,并添加了许多注释和学术来源。通俗翻译往往侧重于词语的转换和内容意义的本地化和普及化。在中国出版的 19 个译本中,学术倾向的比例非常小,多为流行版本或英汉对照类的译本,比如,顾丹柯译本、马德五译本、姜成安编译本、汉佳译本、《大道流行》编委会译本、王国振译本、王善江译本、陈路林译本和陈乃扬译本等。

国内外出版的华人《道德经》译本中含有宗教色彩的重译本有吴经熊译本、欧阳辛农译本和远牧师译本。在这些译本中宗教因素有些只是在前言或后序中提及,有些隐含到译文中,色彩都不十分鲜明,很难提取。但是,从最早一个译本算起华人《道德经》重译的倾向性是从宗教性到世俗性转变、从哲学性到日常性转变、从理论性到实用性转变、从专业性到普及性转变。如顾丹科版、马德武版、姜承安版、韩佳版、编委会版《大流行》、王国真版、王善江版、陈绿林版、陈乃阳版等。

在国内外出版的《道德经》中文版中,具有宗教元素的重版有吴景雄版、欧阳新农版和袁神父版。在这些翻译中,有些宗教因素只在前言或序言中提到,有些则在翻译中隐含,不是很明快,很难提取。然而,自《道德经》最早的翻译以来,《道德经》的重译呈现从宗教到世俗、从哲学到日常、从理论到实践、从专业到大众的趋势。

2. 冯家福翻译的例子

冯家福的《道德经》翻译是"进化"的典范。《老子:道德经译》由冯家福和简·英利斯合著,1972 年在纽约 Vintage Books 出版。冯家福在一个富裕的家庭中长大,在私立学校接受教育。后来,他在杭州的一座寺庙里学习打坐,成为道家

第三章 《道德经》在英语世界的误读与悟读

文化的忠实信徒。他在北京大学、西南联合大学和宾夕法尼亚大学获得宗教研究硕士学位。他将自己对道家思想的理解融入美国文化,并建立了几个道家中心在各地授课。他的重要译著有《道德经》和《庄子内经》,他去世时留下了《黄帝内经》等英文手稿。他的妻子简·英格利希是美国威斯康星大学的物理学博士。她热爱东方文化,曾教授"东方思想与现代物理"课程,《道德经》的翻译自出版以来一直很受欢迎。

冯家福重新翻译版本被认为是一种模型的"进化"在于翻译传达文本的意义通过直译策略,因此,读者不质疑原文的可靠、权威性和确定性的类型。直译一般强调逐字翻译,冯家福的重译也不例外。例如,以万物为谦水利,万物无争中的数字直译为万,虽然万物一词只是一个近似的数字,却不失原文的意思。此外,关键词的直接翻译往往以直译的方式进行。例如,Hold fast to the center 被翻译为 Hold fast to the center,而 middle 被翻译为 center,而不是 middle,也不是 balance。此外,对《道德经》某些章节意译的解读,也为翻译提供了更广阔的解读空间。如"玄女"转化为"女""母",延伸为女性生殖特征。"丑"一词被翻译成"丑",与"美"相匹配,使翻译更流畅,更容易被目的语读者接受。

冯家福采用了结合翻译,即"中译西译",所谓"中译西译",是指中国人(或中国人)负责英语翻译,西方人负责翻译语言的整理,当然包括图片和装饰。冯家福的翻译就属于这一子模式。冯家福对中国文化的沉浸,他和他所受的教育为以语意为基础的原文翻译成英语提供了最初的可信度,而英语对他母语的掌握又增加了翻译的权威性。这种模式在一定程度上消除了人们对单一外国译者对原文解读的可靠性的怀疑。冯家福重译被列为"进化"典范的原因在于翻译中潜台词因素的设置为翻译的呈现和解释提供了更多可能性和机会。潜台词包括前言、后记、封面、标题、投稿、插图、注释等。它通常被解释为一种方式或工具来解释作者或文本中没有提到的观点。冯家福重译后的第二文本如下:封底主要是黑色和白色,扉页是简要介绍老子《道德经》,封底是译者的笔记和出版笔记,主要内容是冯家福的《道德经》在普通中国书法,冯家福的翻译版本的翻译和英语的插图。画的主要内容多为自然景物,如树林、树枝、树叶、垂柳、花朵、溪流、田螺、雪、石洞、石头、鸟、欧式房屋、门窗、蜡烛、脚印等,它们都不是人的图片,这与《道德经》的文本是一致的,因为《道德经》自始至终没有明确地指向任何特定的个人。而且,这样的自然景物所营造的意境简单、空洞、宁静,更容易吸引普通读者的眼球。

总的来说,冯家福的重译不仅通过直译策略和合作翻译模式来保持文本的意义,而且通过意义策略和潜台词设置技巧来加强意义的阐释,这样就可以在文本之外的特定世界中看到原文。

总之,在简要回顾国内相关研究的基础上,笔者对赫尔希的《道德经》重译理论在中国的"误读"和"演变"倾向进行了分类,并对冯家福的重译进行了详细分析。"误读"主要表现在语言意义层面,"进化"则主要表现在文化批评层面。事实上,它们是同一枚硬币的两面。前者负责确认规章制度的权威性,这是基础,而后者负责公开批评。随着社会的发展,《道德经》重译的汉语主要由"进化论"构成,因此更多的翻译以传达道家的"智慧"为主,而不是刻板的学术和哲学或宗教观念,以语言通俗易懂为主,便于阅读,分散在心理学等各个学科中,教学,管理,生动的形象来展示,但误解是必然存在的。因此,中国对《道德经》重译的批评还有很长的路要走。

第四章
美学视角下《道德经》英译研究

第一节 《道德经》的审美信息

一、《道德经》的语言美

《道德经》属于古汉语散文体,古朴而庄重典雅,同时又具有诗歌般的气质,凝练而意蕴深远。《道德经》言简意赅的语言艺术主要体现在语音、用词、结构方面,这就是《道德经》语言美的审美构成。

语言的语音美依托文本的音乐节奏,时而悠扬,时而婉转。语音美藏于文本的物态形式中,旨在与文本的形式和意义配合,所以它常因自身的精微而被忽视。汉语是声调语言,主要依靠四声体现抑扬顿挫的音乐特征,掌握节奏,展示音美。汉语的音美主要体现在叠音词上,这是汉语基本由单音节构成的特殊美,以获得视觉和听觉上的美感,如"绵绵若存",连绵不绝的样子,展现的正是"道"的无穷无尽。汉语的单音节的重复使用就会出现叠音词,这会增添文章的生动形象感,而通过单音节的重叠来拟声,其拟声的音质和节奏会令人有身临其境之感。然而,汉语叠词的艺术魅力以及其拟声词的音韵美,都会在英译过程中淡化。

《道德经》是文言文,讲究浓缩和雅化,所以选词精练也是体现其语言美的关键。汉语言文字是形声、象形、会意的综合,所以文学作品中的汉字含义往往超出其本义而借用其引申之义,以此产生具体的意象。例如,"见素抱朴","朴"本指未雕刻的木,"索"本指未染色的丝。"朴"就体现了汉语声、象、意的结合,声体现在该字左右旁都以"u"为韵母,而"卜"则为象形字以表示龟甲上烧出的裂纹,与"木"结合则表示原木上的纹路,由此可知,只有未劈砍和雕刻的木头才能显现其原始纹路,所以,"朴"表示为未雕琢的木,引申为赤子之心。《道德经》借用这两词的引申含义以表示纯洁自然的本色之心,而现代汉语多将两字合并为"朴素",以表质朴、俭朴之意。

语言艺术的结构美包含了句子、语段和篇章,句子组成语段,语段是不完整的篇章,篇章是完整的语段。例如,"甘其食,美其服,安其居,乐其俗。"该句由三个简单的动词、代词和名词组成一句完整的话,这是汉语语言结构的特色之处,而此句的结构美,体现在对称方面,就连词语的语法功都对得很工整。"下士闻道,大笑之,不笑不足以为道。故建言有之:明道若昧,进道若退,夷道若纇。"在这个语段中,老子以明与昧,进与退,夷与纇这些构成矛盾的事物双方,说明事物相反相成的变化规律。四字句是汉语文言文的特殊形式,它简明、整饬的语言形式不仅传递了汉语语言美感,而且浓缩了一个现象、一条哲理。"知不知,上;不知知,病。夫唯病病,是以不病。圣人不病,以其病病,是以不病。"这是一个完整的章节,整体结构紧凑有力,其中的"病病"不是相同性质的词,而是动词与名词的结合。老子以对比句式力陈哲理之言,随意而严谨,这也是"人贵有自知之明"格言的出处。

二、《道德经》的模糊美

《道德经》的审美信息除了文本中的语言美外,还包括超越文本语言的模糊美,它主要涉及意象、意境、意蕴三个方面。简言之,汉语的模糊在于意美。

"知我者希,则我者贵,是以圣人被褐怀玉。"老子用玉表现圣人的特别,而不是选择石头、花草之类的物体,这是因为"玉"的意象更为高远。老子以"怀玉"与"被褐"进行对比,表示圣人虽身着布衣却尊贵高尚,同时此处的"怀玉"引申为怀揣着知识和才能。老子用物象与作者的意结合,创造出意象美,流露出老子对统治者的失望情绪,并希冀幻想中的圣人能成全他的政治理想。因此,汉语的意象与选词有很大关系,语言艺术的意象美需要以涵韵丰富的词语为联想基础的,继而以巧妙的手法写出言有尽而意无穷的境界美和意蕴美。

"上善若水"它的含义是最善者的品行如水一般。老子用四个字涵盖了深刻的意蕴,引发审美主体无尽的想象,给人一种特殊的审美享受,同时构建了唯美的意境。老子以水的特性喻人的高尚品德,认为最善的人应该像水一样流动,处最自然的位置,以润泽万物,洗涤污浊,所以水的德行最接近"道"。老子以自然之象喻哲理之思,以创造优美、深远的意境。"道冲而用之或不盈,渊兮似万物之宗。挫其锐,解其纷,和其光,同其尘。湛兮似或存,吾不知谁之子,象帝之先。"作者用三个长短句说明了"道"是空虚无形、用之不竭的,而虚空、深远、若隐若现则是老子心中"道"的身影,体现"道"的繁美意境。《道德经》不是描绘山水意境,而是抒写哲理意境,耐人深思。

意蕴美,又称情感美,是比语言表层下更婉曲的含义。"希言自然""希言"不是普通民众应该少说话,而是老子对政令繁苛的抨击,要求统治者少施政令,善待民众,以顺应自然的"无为"之心治理国家,才能得"道"。老子指责繁重的经济剥削对民众造成的无情压力,表露了作者的政治情绪。"天下有道,却走马以粪;天下无道,戎马生于郊。"作者用戎马的生死反映着"有道"与"无道",这是老子反战思想的表述。老子选择战场上的无辜生命—戎马,而不是无生命的兵器,这更能体现战争的残忍和无情,这简单的描述道尽了千言万语的玄机。

三、《道德经》的风格美

文学风格的审美构成包括文采、情调、气势和韵味等,而译者的感官不能直接欣赏作品的这些风格要素,它需要译者对作品的艺术特性进行整体把握。风格美由语言美和意美综合养成,是文本中更高层次的审美信息。风格美是作者的创造个性通过言语体现于文学作品中的,能引起审美主体的审美享受,所以,文学作品的风格美需要审美主体进一步品评其表现效果,即审美感受。

审美主体需要从语言、文体和意美等方面感受《道德经》的风格美。以《道德经》中关于"道"之特性的描述为例:"道之为物,惟恍惟惚。惚兮恍兮,其中有象;恍兮惚兮,其中有物;窈兮冥兮,其中有精;其精甚真,其中有信。"此语段的语言精简,逻辑清晰,具有诗歌般的文体气质,体现的是质朴的理智之美,幽远的朦胧之美,这些都是该句的审美特性,也是给予审美主体的审美感受。审美主体于有限中体会无限,又于无限中落实有限,这种虚实结合的风格美正是《道德经》的整体美学风格,即"在朦胧里演绎清晰,在疏放中孕育意境"。正如苏东坡之言:"静故了群动,空故纳万境",这种以"空"溶"万境"的意美展现了空灵的审美效果,给人以优美的审美感受,并烘托了《道德经》的悠远气韵。

第二节 《道德经》两个英译本在"三美"中的对比研究

一、音美在《道德经》两个英译本中的对比分析

许渊冲认为,我们在翻译诗词时要尽最大的努力去将意、音、形三美都表现在译文之中,文学翻译讲究的是对美的追求,它所要达到的最大目标也是美,翻译诗词的时候要尽可能做到对词、意和味三点的传递。要使译出的诗有味道,译者不但需要传达原诗词的内容意蕴,而且要传达出其声韵之美。翻译诗词时之所以会变得很难,是因为要想对原文的意和音都做到对等的翻译,并且同时达到两者的完美结合和传达,是很难做到的。赖斯把文本的类型分为几种,主要是注重对信息的发布告知的一类,对原文的美学和情感的传播这一类文本及具有鼓动性和指导性质的一类文本,其中表达型文本可传达文学的美,它可以带给文学翻译一些启示。依据赖斯的观点,诗歌属于文学体裁,表达型文本适用于它。诗歌中的文字与非文学作品中的是不同的,它要求意义和声音的紧密联系,诗歌的声韵可以传达出诗词的情感层面,可以起到对诗词节奏的快或慢、语调的高低或轻重的调节作用以及反映声音的重复之美,从而诗词具有如音乐般的美感,读起来悦耳流畅。《道德经》属于文学体裁,韵文哲理诗体,其语言精辟,语词内涵深刻,句式短小整齐,具有韵律美、修辞丰富的特点,因此翻译《道德经》难度之大可想而知。下文将从其诗词节奏和押韵两方面对所选两译本进行比较分析。

(一)押韵

例1:《道德经》第8章:居善地……动善时。

许渊冲:
The place should be low,
themind broad, the gifts kind,
the speech trus tworthy,
the rule sound,
the deed well-done,
the action timely.

Moss Roberts:
For position, favor lower ground;
For thought, prof undity;
For engaging, gentility;
For speaking, credibility;
For ruling, authority;
For service, capability;
For action, suitability.

《道德经》第八章这一节选部分,字数都为三个字,结构相似都为"x 善 x",且其声调平仄分明,读起来朗朗上口。自《诗经》的出现后,我国诗歌的韵律便开始不断发展,唐宋时期达到鼎盛,中国的诗词歌赋也越发具有美的特性。许和罗的译文,共同点在于都做到了结构和句式的统一,许用了"the n. ＋adj."的结构,罗用了"for＋n. ＋n."的结构,他们对译文的处理让译文读起来在音律上很整齐而且显得十分和谐。许译文中每一句的句末押韵整齐,broad、kind、sound 三个词押/d/的韵,trustworthy、timely 轻重音谐调,使得译文具备了音美。罗的译文,在字数处理上则更为精简,达到了与原文的字数完全对等,最出彩之处在于对译文尾韵的处理和末字词性词形的统一,押一致的尾韵/ty/,使译文语音和谐。

(二)节奏

诗歌的美离不开意美、音美和形美,三种美的兼备才使得其达到赏心悦目和怡情。诗歌的音美方面对押韵和节奏有严格要求,二者可以使诗歌读起来更加抑扬顿挫。在中国古代诗歌中,擅长对押韵和节奏的处理,这两方面也是展现音韵美的地方,主要表现在诗人们对平仄和四个声调上的处理。汉语和英文有着不同的押韵方式,尾韵(每行的末尾押韵)是汉语的主要押韵方式,比起英文中的押韵来说,汉语的押韵单一得多。英文中的押韵方式比中文要复杂多样,我们常见的是英诗中的押头韵。在头韵中词首有同样的辅音,而根据其押韵的元音辅音的不同,又可以细分为准押韵、辅音韵、反韵和押副韵,反复也是押韵的一种,例如,"the sea, the sea"。诗歌的节奏,体现在重音的使用上,用音节划分诗歌的重读,英诗中有抑扬格和扬抑格等不同类型的音步(韵律单位)。

例 2:第 33 章:知人者智,自知者明。胜人者有力,自胜者强。

许渊冲:
It needs observation to know others,
but reflection to know oneself.
Physically strong, one can conquer others;
Mentally strong, one can conquer oneself.

Moss Roberts:
Knowledge knowsothers,
But wisdom the self.
Power conquers others;
But strength the self.

例 2 中,原文的一二两句重音大致对应,"知人"与"自知""智"与"明",三四句中的"胜人"与"自胜""力"与"强",这些词轻重音相对,且末字隔行押韵,加上其结构相似,使原文读起来节奏紧凑,哲理层层推进。比较许和罗两者的译文,二者都做到了将原文的末句隔行押韵,许译文一三、二四末字的"others"和"oneself"与罗译的"others"和"self",在词性的对应关系上,许和罗译文也做到的相同词性的对应,结构安排上许做到了一二两句和三四两句的相一致,罗则是一三、二四句的结构一致,从而使得译文读起来节奏整齐,音律协调。

例3:第41章:大白若辱;大方无隅;大器晚成;大音希声;大象无形;道隐无名。

许渊冲:
So purity seems soiled,
A large square seems cornerless,
A great vessel is the last completed,
A great sound is inaudible,
A great image is formless,
An invisible law is nameless.

Moss Roberts:
Pure white seems impure,
Broad planes lack angles,
Great works take time,
Mighty voices rarely sound,
Grand vision has no set design,
Unknown the Way and thus unnamed.

例3是《道德经》行文中典型写作手法的体现,文中多为三言或四言的短句,使得原文读起来简短流畅,富有节奏。对于四字格或者四字成语的翻译处理,实属有难度,译文很难做到在节律和轻重音上的把控。对于四字格的处理,罗的译文基本做到了字数的一致,且每行译文基本上是抑扬格的音步,单词的轻重音交错,这样使译文读起来有着与译文一样的气势和声音节奏之美。许的译文在字数上虽未完全一致,但大致也做到了精简,只是读起来的节奏感和紧凑感稍差一点。

二、形美在《道德经》两个英译本中的对比分析

诗词的形美,体现在其构建方式之上,包括作者对诗词形式上的排列布置和对仗及每一句诗词的长度和总体的行数句数。对于诗词翻译的形美上,只要在译诗的时候在形式上处理得好,那么就基本可以做到这一种美的展现。《道德经》行文特点多为三言四言句子,少数散句,文章布局形式与诗词歌赋极为相似,形式上的美学特征鲜明。形美在许渊冲提出的"三美论"中虽处于文学翻译的第三位,但不代表它就是翻译时可直接放弃的,译者还是要力争做到译文形式上的美的传达,形美给读者以审美的享受,给译文披上华丽整齐的外套,给人以视觉上的审美,使读者有想要阅读的欲望。对于形美,译者很难做到完全形式上的对等,只要根据原文的结构,灵活的处理译文的形式,就能使译文可以获得与原文

的最佳近似度。下文将从《道德经》的行文语言特点和修辞手法出发,举例分析两英译本在形美之上的再现。

(一)排比

通读《道德经》,排比为其应用最多的修辞手法,许多章节的句式结构一致,这一修辞手法使《道德经》字句有这整齐的对仗,使得句子的长短也错落有致,并且在阅读时顿挫相结合,行文通畅有力。

例1:第12章:五色令人目盲;五音令人耳聋;五味令人口爽;驰骋畋猎令人心发狂;难得之货令人行妨。

许渊冲:

The five colors may confuse the eye.
The five sounds may deafen the ear.
The five tastes may spoil the palate.
Riding and hunting may madden the mind.
Rare goods may tempt one to do evil.

Moss Roberts:

The five colors bring blindness.
The five tones deafness,
The five flavors loss of savor,
Racing and hunting loss of reason,
And rare goods shameless action.

许和罗的译文,都对原文排比结构有着准确的把握和传达,许在译文处理中,句子都用了主谓宾的结构,且都有情态动词"may",展示出了原文"令"字的语义;从字数上看,原文每句平均六字,译文每句大约七字,译文在每行字数和长短上大致做到了近似。罗的译文,句式处理上也同样用了主谓宾结构,只是在原文"令"字词义上的处理运用了"bring"和"loss of",在每行句子的字数上使用词数平均六个,同样做到了与原文形式上的大致统一。

(二)对偶

例2:第58章:祸兮福之所倚,福兮祸之所伏。

许渊冲:

Weal comes after woe;woe lies under weal.

Moss Roberts:Good fortune stands beside ill fate;Beneath good fortune ill fate hides.

在《道德经》文本中多处运用对偶这一修辞手法,其句子字数相等,结构相同,平仄相对,语意相反或相关。文中使用对偶句可以给原文的结构带来形式上的整齐和结构上的一致。许译文用"weal"和"woe"两对反义词,译出原文中的祸与福,罗用了"good fortune"和"ill fate"来翻译原文中的反义词,两个翻译者在词性上都做到对等。对于句子的字数多少和长与短,许是四字对称,很难完全做到的译文字数与原文字数的一致。

(三)反问

例3:第10章:载营魄抱一,能无离乎?专气致柔,能如婴儿乎?涤除玄鉴,能无疵乎?

许渊冲:

Can body and soul united,
Never sever?
Can the controlled breath,
Be softened as a baby's?
Can the purified mental mirror,
Be free from blemish?

Moss Roberts:

The new-moon soul aborning holds to Oneness;
Can you keep it from being divided?
To center all breath-energy, to work gently
Can you keep as if newborn?
To purify the eye within,
Can you keep without stain?

例3是《道德经》第10章中的前六句,此章原文全部采用了疑问句结构,每句平均四个字,结构十分紧凑,反问的语气引发读者反思。观察两者的译文,虚的翻译和罗的翻译共同之处在于译文都使用了由can引导的疑问句。不同点在于,许直接将一个句群直接以疑问句翻译出来,即一二小句合并为一句来翻译,而罗的译文则是遵循原文模式,每一小句逐一翻译。字数和句子长度上,许比罗的简洁些,但结构处理上罗稍胜一筹。从整体上说,两个版本的译文在文字含义和句子语气两方面都是忠于原文本的,这也是对原文形式之美的传递。

(四)叠词

例4:第58章:其政闷闷,其民淳淳;其政察察,其民缺缺。

许渊冲:

If the government is lenient, the people will be simple.
If the government is severe, the people will feel a lack of freedom.

Moss Roberts:

Under rule restrained but caring,
Simple and wholesome stay the ruled;
But under rule that probes and prods,
They connive and they contrive.

例 4 中,原文中用了好几个叠词,这种同词的重复堆叠可以使原文读起来顺口流畅,同时看起来具有形式美。叠词的主要形式有 AA、AAB、ABB、AABB、AABC、ABAC、ABCC 等多种形式,《道德经》中有多处运用到叠词形式,这些叠词的使用,使文章音韵和谐,内容丰富,且极富形象性和建筑美。闷闷二字意思相同,指的是治国之君无为不言、无欲无求;淳淳的意思是很朴实,主要是指百姓们的厚实的性格;察察,是指古时的那些帝王们对于国家的管理上很严苛;缺缺,形容百姓们变得不再淳朴,很狡黠好动心机。两译者的译文,许在处理叠词上,将四个叠词以同样一个英语单词翻译为"lenient""simple""severe""lack of freedom",而罗的翻译有所不同,罗运用了"A and B"和"A but B"的结构,将他们分别译为"restrained but caring""simple and wholesome""probes and prods""connive and contrive",在叠词处理上,罗的译文更贴近原文的形式。

(五)顶真

例 5:第 16 章:知常容,容乃公……没身不殆。

许渊冲:
Those who understand will pardon,
and to pardon is justice.
Justice is perfect,
and perfection belongs to heaven.
Heaven is the divine law,
and the divine law is eternal.
Men may pass away, but the law will never.

Moss Roberts:
Knowing order means acceptance;
Acceptance, magnanimity;
Magnanimity, totality;
Totality, accord with heaven;
Accord with heaven, with the Way;
With the Way, long-lasting life;
The self submerged will not miscarry.

顶真这一修辞手法,在《道德经》原文中也多处可见,它可以使文章环环紧扣,文理严谨而周密层层推进,增强文章理据性,且使文字看起来连贯。许和罗的译文,都按照原文的修辞手法和形式处理了译文,且都做到了以头一句的结尾词作为后一句的开头,在每句句子长短和整体译文结构上,排列大致工整,从而较好地移植了原文的形式,展现了原文的形美和写作手法之美。

三、意美在《道德经》两个英译本中的对比分析

(一)深层哲理之美

词可以承载意义,它是一句话的句意基础,是构成语言的基本单位,词义分为语法上的意义和词汇方面的意义,词汇意义主要是指词的概念上的意义,它是人对同一语言共同认知的产物,包括对客观物质和主观心理这两方面的反映,概念意义可以反映出词中存在的感情色彩。

例如,"道"的意思是有原理、规律等;"常道",指普通规律、原则。许译的"道"为"divine law",罗(以下统称 Moss Roberts 为罗)译的"道"为"Way"。罗认为,道即是"Way, driving force, common path",是一种按常规运行,永无止境,不停运转,无限循环的支配运营万事万物和宇宙的力量。索绪尔的符号学中将符号解释为两层意思,即能指和所指,语言有着两面性,一面是语言的纯物质面的概念,一面是其心理层面的概念。"way"作名词有"方法、道路、途径"之意,罗将"道"译为"way",不仅给人以中国哲学深奥之感,还体现出中国道家思想中道性的永恒。"道"是《道德经》的中心概念,对它翻译时既要能做到对表面的浅层意思的体现,也要能给读者品味到它所包含的深一层的含义。许渊冲眼中的"道",是抽象的、无形的、无止境的和无边际的,它源于万事万物,它似乎是不存在的,却又具象于实物中,它既可以凸显外在,又能含蓄其中。"divine"作形容词意思是"神圣的、极好的","law"意思是为法律、法则等。许译的"道"比较贴近现当今的时代读者,读者阅读起来更加轻松理解其字面意思。这样的道,使人不自觉想到法制社会的法律,它制约和指导着万事万物的发展运行,许认为它与无为、不争、无欲、知足相关联,正因为有了它,社会才能和谐有序。罗将"常道"译为"common lasting Way",许译为"common law",二者都将"常"译为"common",都共同展现出了第一个道和第二个道的不同。

"无名"和"有名",意为"无形"和"有形",这里的"无"指的是天地浑然一片的状态,"有"指的是万事万物开始萌生和他们的根源,他们反映着对立统一的规律,既相互对立又相互依存的,如第二章中老子所言"有无相生"。罗将两者译为"present"和"absent",表层意思是"出席"和"缺席",是两种相反的现象,展现出了有和无的对立关系。而许没有直接翻译出有和无,他用了"nameless"和"named"来展示天地之始时的状态。"妙"意为微妙,"微"是边界之意,而"玄"本

指深黑色,这三个词都是对第一章中"道"的描绘和形容,指出了"道"的浩瀚无边、玄妙深远。许将这三个词分别译为了"internal mystery""external manifestations"和"essence",这样的翻译恰到好处,而且妙和微有着相对意义,一个指道的内部神秘,一个指道的外在表现,然后由内到外描述出道的本质。罗将这三个词分别译作"seed germs""finite course""dark recess",使得道更加具象,似有形而非有形,道的产生就如同种子萌芽一般,道似乎是有边界可寻的,但又如黑夜一般漫无边际。Moss Robexts 认为,将妙译为"seed germs"与万物的翻译"ten thousand things"刚好产生共鸣。

(二)文化差异之美

"天地"的翻译,罗译为"sky and land",许译为"heaven and earth",罗的翻译和许的翻译差异在于"sky"和"heaven",sky 贴近中国文化,而 heaven 则有天堂、天国之意,含有西方的宗教色彩。Ron Scollon 和 Suzanne Wong Scollon 指出,我们所需要考虑的文化的首要方面是它的历史和世界观。东西方文化和宗教不同,天和地在东西方各自有自身的文化,许翻译时考虑到了外国读者的文化历史,罗忠实传达出原文本的文化。

(三)无为而治

《道德经》的第 2 章、第 3 章中都含有老子所倡导的"无为而治"的思想。"无为"就是无论是治国还是管理人员都应当采取不去加以干扰和强加管束的策略,而应该让他们各自顺其自然的发展。这里的"无为"主要是指君子统治天下时,应该让老百姓如自然万物般自由发展而不加以操控。林语堂认为,其文所指为圣人为政就要净化民心,是人民保持无知无欲的天真状态,从而不去争抢不去偷盗,达到无为而治。两位译者对"无为"和"圣人"的翻译,许将他们译为"without interference/no interference"和"sage",而罗则译为"under-acting/without lead/under-govern/not striving"和"man of wisdom/wise man"。许将其直译,使得译文通俗易懂,而罗指出为的古意是在描述一只手牵引着一只动物,因此,他用了复合词的形式,展现出掌控这一动作形象。总之,两者的翻译,许译为名词,罗则用动词来表静态。

第 5 章主要论道的万物平等的思想,告诫统治者要如同天地般公平公正,对世间万物都不偏不倚,处于中立立场;而圣人,也要有人人平等的思想,就如同现在的法律面前人人平等。不仁,指不仁慈;刍狗是指一种老百姓在古时候,过节祭祀的时候人们要把草扎成狗的模样;守中,中通冲,指内心的平定安静,守中意为使自己的内心保持虚静。罗眼中的中,与中国古典哲学中的中庸之道一般,就如同射击的靶心,也可以指内心以及事物处于极端之间。罗和许译的刍狗,都极为接近,对于不仁一词的翻译却大为不同,罗将其译为"refuse kin-kindness",而许译为"ruthless",两者刚好意思相反,传神之处是罗加了一个动词"refuse",仁的翻译又用了复合词,使得"不仁"这一词词义上更贴近于原文,展现出了不仁这一举动的客观性。对于守中的翻译,罗译为"guard his inner state"(守卫内部状态),许译为"take the mean(取平均值)",作名词有平均值之意,相比之下,许的翻译较为直白,罗的翻译更为深刻且贴近原文的深层含义。

(四)意象之美

在《道德经》文本中,老子多处使用了生活中常见的事物来例证道的深刻哲理、做人的道理、治国之要素及宇宙的奥妙等。这些事物是中国自古诗词典籍中所说的意象,也传达着中国人对美的传达和审视,中国人对美的概念涵盖在了意象之中。汪裕雄认为,中国传统美学有着"尚象"思维,中国文学讲究的是语言文字和意象之间的互相映衬。要领悟中国文学作品中的意象之美,就得对该意象背后的深远历史文化进行挖掘,从而能深刻领会。要理解意象,就得寻清其象征意义及象征符号,也就是它在文本中的意义和在大的文化背景下的意义。

例如,《道德经》第8章:上善若水,水善利万物而不争。本章表达了老子眼中水的崇高品质,最善良的人就如同水一般,无私且不与万物相争,虚静低调,谦卑有涵养,水之德近乎于道。上善,即是最善。对于上善的翻译,许译为"The highest good",罗译为"Perfect mastery works",许直译了上善一词,罗没有直接翻译,而是用"Perfect mastery works"来代指上善。对于"不争"的翻译,许译为"without taking or contending",罗译为"In adverse relation never",相比之下,罗的翻译较为难懂,许的翻译相对简单易读,罗试图传递着《道德经》原文本简短耐读的特性。

第三节 《道德经》英译的审美再现

审美再现是译者完成译文的最后的一步,也是接触读者的最近一步。文学翻译过程涉及形式的关系、内容的转换、文化问题以及更高层次的意象、意境和风格的转换等问题,所以文学翻译属于"翻译艺术创造的综合层级"。翻译美学注重的是文学翻译中艺术语言的转换和再现,基于现代美学基本理论的文学翻译原理,同时从美学层面上剖析文学翻译之所以达到成功的奥秘。所以,从指导原则的角度出发,提出文学翻译的审美再现手段,并以《道德经》关键字的译例为研究对象,以用于指导文学翻译实践,及文学翻译素养的提高。

一、翻译审美再现的手段

(一)模仿

翻译审美再现的手段是模仿,而模仿可以分为"外模仿和内模仿"。模仿的关键是对原语的移情感受,即强调对原语的移情感受、感同身受;重视原语中的物象选择,因原作的物像选择直接体现作品的意象、意境和象征的艺术构建;重视用译语语感对原语文辞实现"动态对应",即词语的选择。所以,作者的情感、物像选择以及文辞修饰都是模仿所涉及的方面,都是以译者对原语的移情为基础的。审美主客体的属性和对翻译有一定的限制作用,只有充分调动审美主体的"心理模仿",发挥主体的"才、情、知、志",才能"袭故而弥新"。

1. 以原语为依据的模仿

以原语的审美信息特征和结构为依据再现审美信息,这是原语与译语具有民族文化相通的一面,也是"可译性"的依据。文学翻译属于高层级,对文字表层的依附越小,非形式的模糊因素就越大,这就加大了文学翻译中文化层面的可译性。因为翻译以原语为模仿基础,所以这种模仿往往需要译者的匠心独运。古汉语文字有其特有的修辞格—"联珠"即是其一,属于古典修辞学,可以构成特殊的文字形式美,是归类于"对称""和谐"的形态范畴。英语中没有"联珠"的修辞手法,但是英语也有上述范畴的文字美形式,译者可以以原文形式美为参照依据,进行对应翻译,这是语言之间的互补。

2. 以译语为依据的模仿

以译语的语言结构特征、表现法和社会的接受倾向为依据,调整原语的审美信息类型和结构,即发挥"译文优势",但是恪守语言的规范性也是其基本的审美原则。在翻译过程中以译语为依据,译者需要洗刷"翻译味",既不要刻意带上原语结构和用词味道,又不损其结构和文化上的内涵,其中的平衡点需要译者的恰当把握。中文注重的是主体性,即使是物也可以作为句子的主语,而若英语中的主语是物体的话,多数采用被动语态,这是英语逻辑性的体现("拟人"手法不在该陈述范围)。所以,在译成英语时,要注意时态、人称以及有无主语的情况,这是与中文在语法上的不同点,但是一切以英语语法规范为依据。

此两句中都缺少主语,直接以动词衔接整句。英语中的动词是不能做主语的,所以译成英语时应该将适当添加主语。大多数译本都是采取添加主语——"he"或者"one",主语的添加更符合英语语法的规范。

3. 动态模仿

动态模仿,也可以叫优选模式。动态模仿以动态对应为基础,具有很强的原则性。这是上述两者的综合,译者在翻译过程中选择更能传达原作美的方式,这要求译者有灵活的应变能力。动态模仿需要合乎原义,需要灵活处理形式美,需要注重译语的最佳可读性,并寻求高层次上对原文美的模仿,即追求行文风格。

动态模仿需要在意义和节奏感上寻找对应,也需要在总体风格和词语运用上模仿原文特色。译文应模仿原文叠字的形式美,体现智者自谦的语气态度,表现出老子甘守淡泊朴素,不愿意随波逐流的思想。上述的译文都体现作者的情感、思想和态度,以对比的手法体现作者的与世俗人的不同。但是,原文的叠字形式美在一定程度上都有缺失。辜正坤用"sober and complacent"对应"昭昭"——智慧光耀的样子,以"clever and capable"对应"察察"——严厉苛刻的样子,以"slow-witted and clumsy"对应"闷闷"——淳厚宽宏。此译本用两个意思相近的单词尽量还原原语的叠字美,但是政治的严苛却没有译出来。

(二)重建

重建或称为改写,是翻译过程中最高形式的变通,是不同于模仿的艺术创造。重建可以摆脱原语的形式束缚,充分展现译者的审美理想,体现译者的艺术气质和品位。重建不是完全摆脱原语的限制,天马行空,而是需要基本贴近原义,即"原汁原味","汁"承载审美信息的物质形态,"味"是原文的美(意境、意义)。翻译艺术的审美再现允许重建,因为重建属于艺术原创。所以,成功的重建尽力保证形式与内容的结合和统一,又不失译文的优势,以确保原作的美感,再现于译作之中。《道德经》的第二十二章首句:"曲则全,枉则直",即"委屈反而能保全,弯曲反而能深知"之意,这是老子揭示对立事物相互转化的运动规律,并推动事物的变化和发展。哲学意味深远的文章也是英译的难度所在。H. G. Ostwald 的译文是:"What's half shall become whole",这改写得有些过头,不能忠实传达保全与弯曲的含义。Victor H, Mair 译成:"If it is bent, it will be preserved intact.",此译文基本虽然表达了字面意思,但是含义不如原文深厚。Arthur Waley 将此句译为:"To remain whole, be twisted."言简意赅,充满哲学的睿智和诗的凝炼,更加符合原文的形式和非形式美,这就是成功的重建或改写,达到"原汁原味"的艺术效果。

二、《道德经》关键字英译

(一)"道""气""象"英译审美实践

《道德经》文约义丰,隐含丰富而精深的哲学思想和美学思想。老子建立了一个以"道"为中心的哲学体系,它提出了一系列范畴,如"道""象""味""有""无""无为"等,这些都是《道德经》中非常重要的关键字。有的关键词本身是美学范畴,有的在后来的发展中从哲学范畴发展成美学范畴。老子美学中最重要的范畴不是"美",而是"道""气""象"这三个互相联结的范畴,关于"道""气""象"这组范畴的论述,成为中国古典美学关于审美客体、审美观照以及艺术生命等一系列理论和命题的发源处,如"澄怀味象""气韵生动""境生象外"等。

"道"是老子哲学的最高范畴。道是混沌未开之状,是宇宙万物的根源,它没有主观意志,是永恒运动的。《道德经》中的"气,象,有,无"都是与"道"紧密联系。《道德经》的英译研究也从这具有代表意义的关键词开始,因此"道"被英译成多种表达:英国教士 G. G. Alexauder 受西方意识形态的影响,将"道"理解为"God"所说之话;D. C. Lau 认为"道"具有内在规律性,他把"道"译成"way";Archie J. Bahm 用"nature"表示"道"是抽象的自然之事。崔长青认为"道在英语中不可能找到一个完全对等的词语,指出"way"等译法太过于简单,不能体现其他方面的含义,比如,规律、准则、本源等,然后指出"Tao"是最佳译法。现在,"Tao"已作为一个专门的词条收纳于英美的词典里,并被英美人所接受。张凤仙首先解释了"道"在中国的含义,然后回顾了"道"的翻译史共分三个阶段:从早期阶段的"Truth""Vervbum""logos"到传统译法"Way",到最后的"Tao"最终被英美人承认。因为"道"的哲学含义太深、不是个别单词所能代替的,所以"道"译成"Tao"比较妥当、谨慎,即取其音译作为专门的词条为人所理解,更加贴近老子原义。

"道之为物,惟恍惟惚。惚兮恍其中有象;恍兮惚其中有物。窈兮冥兮,其中有精;其精甚真,其中有信。""道"包含了象、物、精三种物质。"精也者,气之精者也。"所以"精"就是"气","气"属于"道"。"万物负阴而抱阳,冲气以为和。"这是老子的宇宙发生论,说明万物的本体和生命都来源于"气",万物都包含有阴阳两个对立的方面,并在"气"中得到统一。中国美学贯通一体的是"气",它产生所有命题和范畴的根本是"生命美学"的根源。"气"的英译也是个难题。Waley、legge、Susuki 等将"气"翻译成"breath",即呼吸之气。呼吸之气是维系生命的气,但是过于具体化,不能体现"气"的哲学意义。Goddard 把"气"英译为"chi",这是采取音译方法,是更为可取的英译法。因为,"气"更接近抽象的哲学涵义,与"道"一样很难在英语语言中找到对等的单词来充分表述其深层意味,所以,音译法比较适合"道""气"等这类哲学涵义颇深却无具体可感形象的词。

中国古典美学认为,"象"必须体现"道"与"气",并依附于"道"和"气",才可成为审美客体。如果离开了"道"和"气","象"就没有了本体和生命,成为毫无意义的躯壳。魏晋南北朝时期的美学家宗炳讲"澄怀味象",这就是审美观照,而其"味象"的目的就是观道。也就是说,审美观照的实质不是审视物象的形式美,而是把握物象的生命和本体,这时的客观物象才是属于审美观照的审美对象。审美观照不能被孤立的"象"所局限,而应该寻求"象外之象",即老子所说的"虚空",也就是唐代的"意境",方可进入对"道"的观照。所以,《道德经》中的"象"不仅表示具体可感的物像,而且附加着哲学意味,使客观物像具有生命气息,但是在英译过程中,译文无法将这种意外之意传达清楚,表述透彻,所以这就是翻译审美过程中的审美主体受制于审美客体的非形式系统,在一定程度上会造成文化内涵的缺失,而且这也是英译过程中不可避免的情况。辜正坤和刘殿爵将"象"译成:images—形象,Waley、Legge 将其译成:forms—形式,这些译文都只是体现了"象"是客观物像这一层含义,而没有体现出"象"作为审美对象所隐含的生命之气,而这一层含义也是英译再现所无法企及的。

(二)"味"英译审美实践

"道之出口,淡乎其无味,视之不足见,听之不足闻,用之不足既。"老子的"味"不仅是美学范畴,而且是审美标准,此句中的"淡乎其无味"不同于"五味",它是一种审美的享受。"无味"不是没有趣味,不是对美感的否定,而是提倡一种特殊的美感,即平淡而清新的趣味。关于"道之出口,淡乎其无味"的英译,辜正坤的译文为:"But Tao, coming out of the mouth, is tasteless."Waley 译为:"How difference the words that Tao gives forth! So thin, so flavorless."Legge 译为:"But though the Tao as it comes from the mouth, seems insipid and has no flavour.""taste"是味道、审美或体验之意,而"flavor"是风味、口味的意思。

"flavor"表示食品的味道,即"五味",而"taste"可以表示抽象的涵义,如"失败的滋味",这是心理感受层面上的"味"。因此,此句的"味"用"taste"代替,以表示审美之味、体验之味,更符合"味"的哲学意义。"为无为,事无事,味无味。"老子认为最高的"味"就是一种恬淡的趣味,是一种韵味、品味。"味"作为美学范畴,逐步成为中国古典美学的一个重要范畴。

(三)"妙"英译审美实践

"故常无欲,以观其妙","妙"源于自然,体现"道"的"无"的性质,所以,审美主体要用生命体悟其玄妙之处。老子提出了"妙"作为一种审美范畴,它是通向整个宇宙的本体和生命,必须超越有限的物象才可把握。"道法自然",老子称赞"古之善为道者,微妙玄通,深不可识。"这说明"妙"是超出有限物象达到极致的境界。"善为道者"之所以"妙",主要在于取之于道,超出有限的象,也是妙不可言的。在《道德经》的第一章中,老子提出的"妙"与"徼"的含义是相对的。Legge、Waley和刘殿爵将"妙"分别译为"mystery""Secret Essences""secrets",虽然三者取词不同,但其表达涵义都是接近于"神秘或秘密"之意,而将"徼"分译成"fringe"—边界,"Outcomes"—结果,"manifestations"—显示。这三组翻译都没有很明确体现"妙"与"徼"的对比含义,而且两字还隐含着一个共同的含义,即"出处,本源"之意,所以在英译此类含义丰富而又意思模糊的关键字时,译者可以采取"隐"的审美原则,即译文不采取"字对字"的直译,而应隐藏其字面意思以模糊的方式处理—"sense for sense"(意对意),这能够将原字的字面意思模糊化,而取其抽象的哲学含义。辜正坤将"妙"和"徼"理解为"无"和"有"之意,这就增强了两字的哲学意味,所以他将"妙"译成"nothingness"以对应于"existence"。

(四)"有""无"英译审美实践

"无名天地之始,有名万物之母"。"无"用以表述天地混沌未开的状态,是宇宙的本源和实质,引申为规律,原理。"有"用以命名宇宙万物产生之根本,是可识可见有形象之具体表象。例如,"天下万物生于有,有生于无。"此处的"有"与"有名万物之母"中的"有"相同,是可感可见的具象事物;"无"与"无名天地之始"中的"无"相同,此处的"无"指超越现实世界的"道"。《道德经》中的"有"和"无"都具有哲学上的意义,都无限接近于"道"的含义,所以,"有""无"的英语选词也应该体现出哲学意味,给读者留下抽象和睿智的深度。

第五章

比较视野下英语世界的《道德经》传播研究

第一节 以马王堆汉墓出土的《道德经》帛书本为底本的英译比较研究

一、韩禄伯的《老子道德经：以新近发现的马王堆帛书本为底本的新译》之"老子的哲学"

（一）道

理解老子哲学的起点在于理解他的"道"究竟意指的是什么。"道"是老子给终极实体起的名字，尽管老子继续指出他并不知道"道"真正的名字叫什么，但他还是勉强给它取名为"道"。对老子而言，"道"就是实体，或者说是实体的层面，它先于万物而存在并且使其发生。"其他的所有东西"乃是天与地之实体宇宙，它们之间蕴含一切，即中国人所谓的"万物"。在某种意义上，"道"如同一个巨大的子宫：它是空的，而且本身没有什么差别，在本质上是一样的。然而，它蕴含了种子样或者胚胎样的万物，而"万物"从"道"生如同婴儿从其母体孕生。

但是"道"并非简单地生万物。在其生万物之时，它继续在某些方面呈现各种不同的能量或力量，一种并非静态而是不停移动变化的力量，它以某种方式，一种与其真正的本质相一致的方式从内推动每一件事的成长和发展。万物之"道"根本上是道家所谓的"德"。但是请注意，老子在其《道德经》文本中是以两种方式来使用"德"的：有时"德"意指蕴含在万物之中的这种生命能量；但是在其他地方"德"似乎意指"道德",儒家是在这层意思上使用"德"。

因而似乎很明显,"道"是一个雌性的、母性的实体。因此,老子在第1、20、25、52、29章这5个地方将"道"意指为"牝"或"母",并没什么令人惊讶的。

《道德经》中论述"道"之本质的关键章节有第1、6、14、16、21、25、34和52章。"道"之无私的"母性"在第34章得到了最佳描绘,读者在其标准文本和马王堆文本中可读出不同的东西来。陈荣捷以《道德经》标准文本为底本的英译文本如下。

(1) The Great Tao flows everywhere. It may go left or right. 大道氾兮,其可左右。

(2) All things depend on it for life, and it does not turn away from them. 万物恃之而生而不辞。

(3) It accomplishes its task, but does not claim credit for it. 功成不名有。

(4) It clothes and feeds all things but does not claim to be master over them. 爱养万物而不为主。

(5) Always without desires, it may be called The Small. 常无欲,可名于小。

(6) All things come to it and it does not master them; it may be called The Great. 万物归焉;而不为主。

(7) Therefore (the sage) never strives himself for the great, and thereby the great is achieved. 是以圣人终不为大,故能成其大。

在马王堆《道德经》帛书本中,该章的第3行和第4行与标准本差别很大,而且第5行中的短语"则恒无欲也",显而易见,与其他行不相称。如果没有它,第4行和第6行则与第7行和第8行是完全平行的。陈荣捷的马王堆《道德经》译本该章译文如下。

(1) The Way floats and drifts. 道汎呵。

(2) It can go left or right. 其可左右也。

(3) It accomplishes its tasks and completes its affairs, and yet for this it is not given a name. 成功遂事而弗名有也。

(4) The ten thousand things entrust their lives to it, and yet it does not act as their master. 万物归焉而弗为主。

(5) Thus it is constant without desires. 则恒无欲也。

(6) It can be named with the things that are small. 可名于小。

(7) The ten thousand things entrust their lives to it, and yet it does not act as their master. 万物归焉而弗为主。

(8) It can be named with the things that are great. 可名于大。

(9) Therefore the Sages' ability to accomplish the great. 是以圣人之能成大也。

(10) Comes from his not playing the role of the great. 以其不为大也。

(11) Therefore he is able to accomplish the great. 故能成大。

有一个类比可有效地帮助我们确切地看清"道"究竟是什么东西,以及它是怎样发挥作用的。在类比中,"道"像一块被忽略的未被开垦的地,地里长出的各种各样的野花代表着万物。如果你冬天去这样一块地里,那你看到的仅仅只是褐色的土或白雪。这块地在本质上与生命无差别的"空"的所有形式是一样的。但是,如果你在五月或六月回到那块地去,你会发现地里发生了巨大的变化,里面长满了各种各样的野花。这些野花,如其本来,是"万种"不同的花,有不同的品种,而且每一种的颜色和形状也是独特的。现在你明白了,冬天似乎没有生命力的东西在本质上正如一个生殖力旺盛的子宫,其内蕴含着万物的种子和根茎。

然而,地的工作并没有随着春天的创作而结束,因为地继续在夏天关心和滋养着它的每一个"孩子",为它们提供对生命来说至关重要的水和营养成分。而且,在这种给养工作中,地没有区别地关心着所有的花,并且它对自己所做的一切都不相信。褐色的地总是处在"不可见"的背景里,而我们的眼睛却被那些花的色彩和形状弄花了。最后,地似乎是没有行动就完成了所有的工作,即"无为"而为。也就是说,我们没有看见地积极地做任何事情,所有似乎都是自己本身"自然"发生的。《道德经》在谈"道"时多次论及的事情之一就是"无为而无不为"。《道德经》中理想的侯王应该是用这种方式来统治的。"道"之于万物就如统治者之于人民。理想的统治者会努力使其所有的人民健康成长,会让他们自由地感觉到自己是谁或者自己的天性是什么,尽管他会声称自己对所做的一切都不相信。正如在《道德经》第17章结束时谈到理想的统治者时所说:"功成事遂,百姓皆谓:'我自然'。"

(二)回归道

一件似乎与关于"道"和地之类比的事情是,对于任何一朵花来说:①成为它该成为的,对一朵太阳花来说即是实现其"太阳花的本质",即其基因组成;②自然天寿(这个因野花的种类而不同),唯有一个要求必须保证,那就是其根必须牢牢地根植于土壤中。这两个特点即是"回归道"的要点。

但是这个恰好是人类没有做的。也就是说,老子似乎认为,有些事情发生在了作为个体的人民身上以及作为整体的社会身上,正如在他们成长为成人的过程中却将根"连根拔起"而且与"道"失去了联系。结果,成人常常忘记了他们本质上是什么,并常常拼命地为了名和利而去成为一个与内心背道而驰的人,甚至去做会给他们的身体带来危险和伤害的事情。如果他们想要成为自己,成为他们能成为的人,自然天寿且不受伤害,那他们就必须做"回归""道"的成人。

但是"回归道"究竟确切意指的是什么呢?又该怎样回归呢?

这些问题不容易回答,这里我们将简单地触及一些与《道德经》相关的主题。老子想要人们回归的似乎是一种更简单的生活方式,或许是想要人们拥有更少的东西而活着。老子和道家显然都意识到财物很容易让人因"拥有"而毁灭,而一个人拥有的东西越多他担心的地方就会越多。正如他在第22章所言:"少则得,多则惑。"道家术语中的理想是"知足"。显然,道家觉得人民真正需要的东西比他们想要拥有的以及保证他们健康、幸福、充实地生活所需要的东西要少得多。

《道德经》第80章可以被理解为是在建议理想社会里国家应该是由小的农业团体组成,如果在国家中设很少的中央职权,每个村子里的人都十分满足于他们的生活,甚至即使知道附近有其他的村庄也不想去拜访,该章内容如下。

(1) Let the country be small and people few. 小国寡民。

(2) Bring it about that there are weapons for "tens" and "hundreds", yet let no one use them. 使有什伯之器而不用。

(3) Have the people regard death gravely and put migrating far from their minds. 使民重死而不远徙。

(4) Though they might have boats and carriages, no one will ride them. 虽有舟舆,无所乘之。

(5) Though they might have armor and spears, no one will display them. 虽有甲兵,无所陈之。

(6) Have the people return to knotting cords and using them. 使民复结绳而

用之。

(7) They will relish their food. 至治之极,甘其食。

(8) Regard their clothing as beautiful. 美其服。

(9) Delight in their customs. 乐其俗。

(10) And feel safe and secure in their homes. 安其居。

(11) Neighboring states might overlook one another. 邻国相望。

(12) And the sounds of chickens and dogs might be overheard. 鸡犬之声相闻。

(13) Yet the people will arrive at old age and death with no comings and goings between them. 老死不相往来。

如果这代表了老子的社会理想,那么它是一个与那个时代的"农家"所共同分享的理想,正如葛瑞汉在其文章《农家与中国的农民乌托邦的起源》中所恰当表明的那样。

我们能理解的老子哲学中的第2种"回归"方式是,他认为道家必须通过获得与"道"之神秘的联合而正确地回归"道",体验"道"中万物的同一性,那种沉思的形式将会导向这个目标。早期道家中沉思的重要性及其在道家体验中的作用是学者们纷争的焦点。老子会坚持回归"道"的唯一方式是通过沉思和神秘的体验吗?他和其他的道家有他们在沉思时遵循的确切技巧吗?要回答这些问题也是很困难的。我们至多说的是如果老子和他的弟子们实践和倡导某些类型的沉思的话,由于某些原因他选择了不在《道德经》中详细阐述它们。

但是,《道德经》中确实有些地方似乎是在暗示并可能在对沉思和神秘的洞察力进行捕述。其中关键的章节和段落有第56章的第2~8行,第1章的第5~6行以及第10章和第16章的开头部分。

第16章的开头几行似乎规划出了心灵和感官在沉思中所必须做的,然后描写了通过与空虚的心灵和静止的身体合作所能看到的。道家能洞察事物的真正本质,看见万物源于"道"并归于"道"。

(1) Take empitiness to the limit. 致虚极。

(2) Maintain tranquility in the center. 守静笃。

(3) The ten thousand things——side-by-side they arise. 万物并作。

(4) And by this I see their return. 吾以观其复。

(5) Things(come forth) in great numbers. 复物芸芸。

(6) Each one returns to its root. 各复归其根。

把所有的心灵和观念置入虚空从而使心充满了新的洞见,这不仅仅是常在沉思中可以做到的,而且似乎也是庄子倡导的东西。在第 4 章《庄子·人间世》中,我们可以找到对"心斋"过程的描写:"若一志。无听之以耳而听之以心,无听之以心而听之以气。听止于耳,心止于符。气也者,虚而待物者也。唯道集虚。虚者,心斋也。"前面,将第 4 行中的"窥"字译为"see"也是有趣的。"窥"在中文里有"洞察到某物的真实本质"的意思。随着佛教后来在中国的发展,"窥"字被选来翻译成"vipasyana",意指"观、洞见",是紧随心的正常功能之"止"后的那种洞见。

第 10 章开头几行的含义更难勾勒出来。我们讨论的是如下几行。

(1) In nourishing the soul and embracing the One——can you do it without letting them leave? 载营魄,抱一能无离乎?

(2) In concentrating your breath and making it soft——can you(make it like that of)a child? 专气致柔,能婴儿乎?

(3) In cultivating and cleaning your profound mirror——can you do it so that it has no blemish? 涤除玄览,能如疵乎?

心就像一面明亮闪光的镜子,必须集中精神,努力把上面所有的错误思想和感情都擦拭干净,以便它能真实地反映出事物。这样的理念对某些沉思的类型来说是不可或缺的,而且似乎与"神秀"——中国公元 8 世纪初的佛教北宗神派创始人的观点非常相似。第 3 行可能向我们表明了早期道家确实实践了一些洞察沉思,而第 1~2 行则可能暗指道家长生的技巧。因为在后来的道教中一个重要的沉思类型就是以"守一"或"抱一"而被知晓,在此类型中,道家将在其身体的 3 个"朱砂区域"想象 3 种至高神明以将其保留在身体内;如果它们离开,实践者就会死掉。在后来的道教中有许多类型的沉思,其目的就在于通过他们的身体来通气,并通过这种方式使得肉身变轻并学会再像婴儿一样呼吸,因为婴儿的呼吸还未被污染且充满了生命力。因此,第 10 章第 1~2 行中呼吸的实践和"专气"暗指的达到目的,即神秘洞见之手段,并不如其本初。

最后,关于"回归"的概念似乎很清楚,老子想要成人比婴儿更彻底地回归他们所拥有的东西,即真实、诚挚和自然。如此的"自然"品质在某种意义上被教育和文化互渗毁坏了。当孩子们成长的时候,他们像父母和社会上其他人一样知道某些东西和行为是好的,而某些是坏的;某些东西是美的,而某些是丑的;某些是有价值的,而某些则是无用的。但是道家认为,对眼所见现象都一一定性,以及有意识地变"好"而非变"坏"并没有最终导致"好"人和社会之和平与秩序的发生。相反,导致的是争吵、不和与竞争,以及自我的不满足;导致的是人们行事时的虚伪,是他们认为别人会赞成和看重的方式,而非如他们真正感觉的那样去说和做。重要的道家术语"无为"在某种意义上代表的是自然与真实,它并非按其字面意思所理解的"什么都不做",而是"无为而为",是自然地说和做他们真正感受到的而非做给别人看。

(三)健康、长寿与不朽

《道德经》中多处表明,老子一生都在宣称"道"是"无害的"。在第16章中,此人被说成是"有道"之人。在第32章和44章中,此人被说成是"知止"之人。而在第52章中,此人被说成是"既知其子复守其母"之人。

"害"此处所暗指的意思不需要按字面的、物理的方式去理解。可以认为,如果某人知"道"且满足,那无论有什么发生在他或她的身体上,他或她都能保持安全无害。但是在这里用来表示"危险、害"的词"殆"意指的是身体的伤害或危险,而且考虑到老子在文本中告诉我们的"圣人",这样的一个人将不会受到身体的伤害是很有意思的。道家的圣人是能把自己放在背后而不为之人,因而他的敌人很可能比那些竭力想要获得财富和权力之人的敌人要少。而且,我们被告知,道家的圣人看重的是宁静、平静和"少欲"或"寡欲"。因而,他似乎会去避免在身体上把其他东西消耗掉的焦虑和情感。

此外,在道家思想中生活本身就是一种价值,在平安、满足和平静中度过自己的一生是其目标。老子在第44章的一开始问到:"名与身孰亲?身与货孰多?"但我们必须马上加上老子也可能会说的互相矛盾的观点,那就是,在某种程度上,一个人对生与死不关心,那他就有最佳的机会自然天寿。不惜一切代价过渡地恋生会使人变得脆弱。正如他在第50章的开始所言,使得许多人出生入死、动之死地的原因是"以其生生之厚"。

第50章的第2部分有时被理解为是在表述道家要尽量避免伤害,因为他们的身体在某种程度上有些脆弱的缘故,他们的身体不能被伤害,这些相关的诗句如下:

（1）You've no doubt heard of those who are good at holding on to life. 盖闻善摄生者。

（2）When walking through hills, they don't avoid rhinos and tigers. 陆行不遇兕虎。

（3）When they go into battle, they don't put on armor or shields. 入军不遇甲兵。

（4）The rhino has no place to probe with its horn. 兕无投其角。

（5）The tiger finds no place to put its claws. 虎无所措爪。

（6）And weapons find no place to hold their blades. 兵无所容其刃。

（7）Now, why is this so? 夫何故？

（8）Because there is no place for death in them. 以其无死地。

后来可能意指道家的"无死地"一词发生了变化，现在指"受到损害或伤害的东西"，更有可能是老子通过这些词来意指"善摄生者"是指不关心生的人。正因为这样，所以在他那里"无死地"。这是因为他把自己等同于"道"，重视"道"，认为"道"是超越了生死之现实。

这些思想将我们带到了老子思想中关于不朽的问题。似乎很明显，健康、长寿或自然天寿是道家喜欢的两大好处，除此还有更多的吗？这里有关于不朽的理念吗？后来在道教中，不朽被理解为是一种身体的不灭不死，一个人通常会通过一个"化质"的过程而成"仙"，在这个过程中他或她将肉体从粗野的、笨重的、容易腐朽的物质变成了一种轻的、纯的、精致的、可以持续很久甚至是永久的物质。《道德经》中似乎很少有章节支持这种后来的观点，除非我们以这种方式来理解第50章和55章中所说的东西。

但是有迹象表明道家的这种"精神"的不朽吗？老子并没有直接地、明明白白地谈论任何一种不朽，庄子也一样。实际上，庄子反复告诉我们不知道死之后究竟是什么，只能知道我们现在的状态或情形。

《道德经》中"不朽"的问题可以从理论和文本两个方面来理解。理论上，我们肯定会在"'道'是一种现实，这种现实在万物之前就已经存在而且将永远存在"这个范围内进行论争。我们也会在"道家在某种程度上在其一生中与'道'合二为一，认为死就是以最大可能的方式来实现这种合二为一，并享受'道'之不朽"这个范围内进行论争。这种论争会在某种意义上将道家的神秘主义看成是一种与《奥义书》和《薄伽梵歌》所阐释的印度神秘主义相似的东西。

然而,理论上也可在"'道'不仅是一种在万物存在之前就已存在的现实而且在某种程度上与宇宙中这个变化的持续过程等同"这个范围内进行论争,以及在"道家在某种程度上与'道'是一体的,死后他的物质和能力被宇宙的物质和能力储存库即'道'重新吸收,之后被重新用来生产新的东西"这个范围内进行论争。这种观点可在《庄子》中找到支撑。文中,庄子笔下的一个人物对一个将死的朋友如是说:"伟哉造化!又将奚以汝为?将奚以汝适?以汝为鼠肝乎?以汝为虫臂乎?"对人们来说这类不朽或许吸引人也或许不吸引人,然而它是一种不朽。

文本中有3段是与"不朽"这个话题相关的。

首先,在《道德经》标准本(不是马王堆帛书本)第16章的结尾告诉我们得"道"之人"没身不殆"。在第44章和第59章中道家被说成是"可以长久"之人。对某些读者来说,这样的文字暗指了一种不朽。但是,这些文字本身的字面意思不过就是指持续"时间长"("久")或"很长"("很久")。

其次,在第16章和第52章中,我们发现了"没身不殆"的字眼,这些字通常被译为"到一个人生命终结之时不遭受痛苦"。然而,"没身不殆"这4个字也意指"失去身体没有结果",因为它们也可被读被说成"即便是道家在死时肉身没了,他也并没有完全地、最终地结束自己的生命"。亚瑟·韦利在其《道德经》英译本第16章结尾时就是按这个意思理解的,他将其英译为:"Tao is forever and he that possesses it, though his body ceases, is not destroyed."

最后,在《道德经》第33章的结尾,我们可见"死而不亡者寿"的诗行。陈荣捷将其英译为:"He who dies but does not really perish enjoys long life."显然,这里谈论的问题是老子所谓的"亡"吗?而且事物"亡"可作"完全被消除"和"被毁灭"解。因此,"死而不亡者寿"可实际被理解为"真正的长寿指的是在死后以某种方式继续活着,因为他还没有完全被毁灭"。但是"亡"字也常常被理解为"非自然地结束生命",也即是"在一个人生命该结束之前死去"。在这种情况下就不能说"不朽"。刘殿爵就是这样理解该行的,他将其英译为:"He who lives out his days has had a long life."

重要的是,《道德经》马王堆帛书本文本中没用这个"亡"字,而是用的意指"忘记"的"忘"字。因而,"死而不亡者寿"也可被英译解读为:"To die but not be forgotten——that's true long life."

二、梅维恒的《道与德之经典：完全以新近发现的马王堆帛书本为底本的新译》之"前言"

《道德经》是世界上除《圣经》和《薄伽梵歌》外被翻译得最多的一本书。仅《道德经》英译本就有100多个，还不用说用德语、法语、意大利语、荷兰语、拉丁语和其他欧洲语言翻译的译本。出现这么多《道德经》译本的原因有几个。一是《道德经》被认为是道家哲学和宗教的重要文本。实际上，"道"是《道德经》的核心，也是所有中国宗教和思想的中心。自然，不同学派和宗派对"道"的理解不尽相同，但它们都描绘了宇宙中有一个包蕴万物支配一切的"道"这样的理念。同样地，《道德经》与世界上其他主要的宗教经典共有这种相似中的关键点。

《道德经》之所以普遍流行的第二个原因是其简洁。很少有真正的经典如此简洁而其中却蕴含着如此丰富的思想。读者可以一读再读《道德经》而不会对其所提供的洞见感到疲累。

《道德经》之所以获得广泛知名度的第三个原因是其欺骗性的简单。在用词上，作者自己认为其"很容易理解"，但实际上因蕴含了太多东西而变得相当难懂。互相矛盾是《道德经》的根本特征，这种相悖的情况太多了，以至于对中国经典有坚实基础的学者都不能确信他们抓住了老子在其精练的格言中真正想表达的意思。然而，最近在中国发现的两个《道德经》文本使得把《道德经》彻底重新翻译得比之前出版的那些译本更准确、更可靠变为可能。新发现的这些《道德经》文本比通常翻译所依照的那些文本要早至少500年。

这本《道德经》英译本完全是以这些新发现的文本为底本的。这些文本的获得使得涤除对传统《道德经》文本的曲解和困惑变成了可能。这些扭曲和困惑使得2000年来译者得通过评论和阐释来"完善"原文本，以使其对各种宗教、哲学和政治的派别来说更经得起检验。而且，这两个文本提供了使得这个译本在很大程度上不同于之前已经存在的所有其他译本的翻译手段。

1973年底，在中国长江以南大约100千米的马王堆考古现场，考古学家们出土两卷《道德经》帛书本的时候，世界各国的中国古代研究学者大喜过望。汉墓中还发现了49种其他重要的东西，包括现存最早的《易经》版本。汉学家们要完全吸收马王堆汉墓中发现的这些新资料还需要多年的时间，但我们已经开始从中获得极大的好处。

第五章　比较视野下英语世界的《道德经》传播研究

以马王堆新出土的《道德经》帛书本为英译底本,解决了许多困扰译者们几个世纪的问题,如第 77 章第 8 行"死而不亡者……",在之前的《道德经》译本中,译者都把词句英译为"To die but not be forgetten…",这样解读甚至在道教语境中都是讲不通的。马王堆帛书本中几十处这样的例子都比之前旧的标准文本要更容易理解,之前的所有《道德经》译本都是以这个标准文本为底本翻译的。

马王堆帛书本也能使译者在决定文本的起源和构成时有所突破。在"后记"和译文中,《道德经》的核心部分更多是源自口头传统而非一个作者。这个特征被其他所有译本的解释性评论甚至常常被许多个世纪来语言的变化所导致的那些令人容易误解的汉字的使用而模糊了。由于马王堆帛书本与《道德经》原文本的成文时间要接近得多,自然它们就保留了更多以它为基础的口头智慧的特征。

用相对来说还没人研究过的马王堆帛书本作底本要比依据已经有很多解读的标准文本难得多。试图抓住领会马王堆帛书本的资料也比再次去重新处理《道德经》标准文本要鼓舞人心得多。有人意识到帛书本存在的时间更接近作为道家宗教和哲学基础的、具体体现《道德经》成书的时间。有了马王堆帛书本的出土,重译《道德经》成了一大鼓舞人心的挑战。

一旦设想了翻译一本全新《道德经》的新任务,人就变得对各种细节非常着迷,比如说该如何传达书名中的第 2 个字"德"的意思。译者花了整整 2 个月的时间来试图达到对"德"的令人满意的翻译。在林间散步的时候,坐在火车上的时候,买杂货的时候,伐木的时候,"德"这个难以捉摸的概念就会出现在脑海中。最后选择"integrity"一词来英译"德",是基于对"integrity"一词周密的词源学考证,以及对文中一共出现了 44 次的"德"的每一次进行的详细考虑。在某些情况下,或许用"self""character""person-ality""virtue""charisma""power"更加合适。

我们将在"后记"的第 2 部分返回去对"德"这个概念做更深层次的探索。但应该在此处补充说明马王堆帛书本有助于决定用"integrity"一词来翻译《道德经》中的"德"是否正确。

首先,帛书本中所使用的"德"字的古老形式让译者意识到"德"这个字意指的是一个人内在的品质或特性。在撰写《道德经》的那个年代,"德"字的中文图形构成成分是一只眼睛直盯着头、心以及一个代表运动或行为的符号。从外在看,这些组成部分在马王堆帛书本上要比后来"德"字固定化的形式清楚得多,后来的形式变得更抽象、更具任意性。

其次,几个之前不出名的文本也在马王堆汉墓中发现,尤其是那些关于形而上学的问题的,也详细讨论了"德"。这些也都有助于加深对"德"字在《道德经》成型的舆论语境中被使用的理解。

描述是寻求"德"字的恰当的英文词语还是用在字典中找不到的非同寻常的中文来处理,对译者最重要的引导就是历史语言学。只有通过这种学科的最严格的应用程序,我们才能有希望更接近对《道德经》这个古老文本的全面理解。

这个译本的一个非同寻常的特征即是其格式。每一页上文字的排版经过仔细的计算以反映古代汉语文本的语言结构。通过对译文文字的安排与关注,读者将能区分原文本各种语法、句法、体裁的特征。小品词的位置、平行结构、对仗等全都或多或少在翻译中从外在显而易见地体现了出来。绝大部分,但并非全部《道德经》都可以被归为韵文。反过来,其韵律则可归为许多不同的类型。只是偶尔才会在英译中采用押韵,相反,是为美国现代读者而通过像和音、谐音以及其他熟悉的诗学技巧等手段接近这个效果。

一个译者最主要的责任在于尽可能地接近以其自己的语言来传递原文本的外貌。要做到这点,那他必须注意形式、内容、风格、用词以及语音的和谐,仅仅传递原文本的意思是不够的,也需要再现原文本的效果。如果一个文本在某些地方有些粗糙,那译者就应该抵制住试图去改善它的诱惑。如果它是抒情的,那译者的译文也应该是可歌可唱的。

另一个与过去彻底的背离是对《道德经》与另一本著名的东方经典《薄伽梵歌》之间的亲密关系的认知。在过去的二十多年里,在反复认真地读了这两部经典的原文本后,发现它们在基本途径上是有联系的。与这两本经典都紧密关联的印度瑜伽与中国道家以及宗教和哲学派别之间也有许多相似性。

对于这种关系如何得到发展现在仅有三个可能的解释:中国从印度借用了瑜伽的体系及其相应的实践;印度从中国借用了道家学说及其相应的实践;印度和中国都是从第三个来源获得启发的。当然,在结论性的答案给出之前仍然有许多研究要做,我们也必须等待更多更彻底的考古发现。然而,现存可用的资料表明,印度更具优先权,其可追溯到至少公元前第一个千年的开始。

是道家学说得益于印度的瑜伽,还是印度的瑜伽得益于道家学说,根本上是无关紧要的。真正重要的是《道德经》和《薄伽梵歌》都是人类的共同遗产、同样具有独一无二的表现。

第二节 以郭店楚墓出土的《道德经》竹简本为底本的英译比较研究

一、韩禄伯《老子〈道德经〉：以郭店新发现的令人惊异的文本为底本的新译》之"导论：有趣的个案"

（一）"导论：有趣的个案"：第 19 章、30 章和 63 章

郭店《道德经》竹简本中有相当多的章节或与后来的版本字字相同，或有偶尔的变化，但这些变动对读者理解该章的意思并无太大的影响。自然也有例外，它们就必定成了学者们研究和写作的焦点。下面的评论主要是针对这类章节中的第 19 章、第 30 章和第 63 章的。

1. 第 19 章

该章在郭店《道德经》竹简本中的地位非常重要。对其已经有大量的讨论。该章通常被英译为：

(1) Eliminate sageliness, get rid of knowledge. 绝圣弃智。

(2) And people will benefit a hundredfold. 民利百倍。

(3) Eliminate humanity, get rid of righteousness. 绝仁弃义。

(4) And the people will return to filial piety and compassion. 民复孝慈。

(5) Eliminate craftiness, get rid of profit. 绝巧弃利。

(6) And there will be no robbers and thieves. 盗贼无有。

(7) These three sayings, regarded as a text (*wen*, 文) are not yet complete. 此三者以为文，不足。

(8) Thus we must add to them the following things. 故令有所属。

(9) Manifest simplicity and embrace the genuine. 见素抱朴。

(10) Lessen self-interest and make few your desires. 少私寡欲。

许多学者多年来认为，第 20 章第 1 行"绝学无忧"应该为第 19 章最后 1 行。此行与第 9 行和第 10 行一样，每行也是 4 个汉字，其语法模式也是一样的，为动

宾结构。如果"此三者"不足的话，该章的最后就必定需要再加上3行。但在郭店竹简本中，第10行后却是一个句号，其后紧随的是第66章的开始。而且，正讨论的这一句"绝学无忧"却出现在《道德经》乙本第3章中，即现在的第20章首行。

这还不是这个新版本第19章的关键问题。"圣""仁""义"是被儒家极力倡导的思想。在孔子自己看来，"仁"应该是"德"之最高原则。因而，郭店竹简本中该章并没有出现"圣""仁""义"，但它出现在后来所有的《道德经》版本中，因此给人的第一感觉不及后来的《道德经》第19章那么"反儒家思想"。

这些意味着什么呢？我们做这些变动是为了什么？或者这么说：郭店竹简本中的该章是原文本吗？是哪个版本在某一时刻被改动得更尖锐、更具反儒家思想的？或者，后来版本的措辞是原文本的措辞吗？郭店版本的措辞是被某个希望将这种反儒家思想的语气轻描淡写的原因影响而加以改动了吗？来回想一下，郭店楚墓中发现的其他文本中儒家思想的气息是非常明显的。

这个被揭示出的真相将产生大量的讨论，而且也应该被很好地加以讨论。那这两个问题是否就是我们所有的疑问。归根结底，根本就没有《道德经》"原"文本留存下来。考虑到拉法格以及其他人的《道德经》译本指出过《道德经》中有如此多的"口述性"标记(3~4行为一组的相似的、平行的、押韵的形式)，这些不同版本的某些章节或章节的某些部分在采用任何的文本类型以书面形式记载下来之前在中国的流传过程中有细微差别也是可能的。而且，同一文本的不同部分的不同版本能第一次在不同时代在这个国家的不同地方被记载下来。郭店竹简本中第64章第2部分的两个版本就是这种情况的一个证明。

然而，如果情况确实如此的话，那这些文本中的一个在第19章开头几行就被改动过。个人倾向于认为郭店竹简本的措辞是原措辞，"圣"和"仁"是后来插入作为替换的，可能是作为一种使该章的陈述反对孟子哲学思想的方式。如我们所知，孟子喜欢谈论"仁义"，而且不同于他的先生孔子，他相信人人都有成为"圣人"的潜能。

2. 第30章

停顿分隔符将第46章最后1行与第30章第1行分隔开来，但是符号用的却是通常在章节内句尾或部分结尾使用的细线。在这种情况下，由于第46章和第30章在思想和信息方面的显然不同，这个符号标志的必定是该章的结束。

郭店竹简本第30章由9行组成,但后来的《道德经》版本这章的篇幅却要长得多。令人惊异的是该章的形式看起来确实像梗概,像骨架,它只涵盖了那些思想的要点部分,此外再无其他。或许最好显示出这个特征的办法是,在译文中将后来版本中添加进去的那些诗行用斜体标示出来。

(1) One who uses the Way to assist the ruler of men.

(2) Does not desire to use weapons to force his way through the land.

Such deeds easily rebound.

In places where armies are stationed, thorns and brambles will grow,

Great wars are always followed by famines.

(3) One who is good at such things achieves his result and that's all.

(4) He cloes not use the occasion to make himself stronger still.

(5) He achieves his result but does not brag about it.

(6) He achieves his result but is not arrogant about it.

(7) He achieves his result but is not conceited about it.

He achieves his result, yet he abides with the result because he has no choice.

(8) This is called "achieving your result but not being vicious".

(9) Such deeds are good and endure.

When things reach their prime, they get old.

We call this "not the Way".

What is not the Way will come to an early end.

郭店竹简本该章第9行(最后1行)以恰当的评论结束了这一章,后来的版本中添加的3行却显得与该章的重要内容完全不相干。而后来版本的另一变动是将郭店竹简本该章的最后1行"其事好长"改成了"其事好远",并且将其变成了该章的第3行。

3. 第63章

郭店竹简本《道德经》第63章共有6行,包括了后来版本的前3行和最后2行,合并了后来版本的第4行和第13行,省略了其余共9行的内容,即省略了该章的大部分内容。第4行通常被读作"大小多少",第13行通常被读作"多易必

多难",合并为"大小之多易必多难"。因此,该章可英译为:

(1) Act without acting. 为无为。

(2) Serve without concern for affair. 事无事。

(3) Find flavor in what has no flavor. 味无味。

(4) In affairs large or small, the more things you take to be easy, the more difficulties there are bound to be. 大小之多易必多难。

(5) Therefore even the Sage regards things as difficult. 是以圣人犹难之。

(6) And as a result in the end he has no difficulties. 故终无难矣。

现在,该章存在显而易见的"沟",即该章中间部分大约50个汉字的缺失可解释为誊抄时的粗心所致。抄写的人漏掉了记有该章主要部分的一枚或者两枚竹简。第4行中最开始的2个字"大小"正巧在一枚竹简的最后位置,而第13行的"多易必多难"恰巧在另一枚竹简的开头位置,但中间漏掉了两枚竹简。解决的办法即是郭店竹简本《道德经》中该章第4行中有个助词"之",它将其完全整合在一起。"之"的运用使得后来版本中的那9行似乎成了是在原初这个简短、连贯的文本中插入的部分。

注意到郭店竹简本《道德经》中被省略的那9行中的第5行"报怨以德",常被用来作为老子《道德经》存在于孔子时代的依据也是非常重要的。论争的焦点在于《论语》第14章中当孔子被弟子请求对"报怨以德"做出的评论,由此而认为此说之源一定是出自老子《道德经》第63章。显然,这种论争是不能用来作为"报怨以德"这种观点最早出现在《道德经》第63章的依据的。

译者在译文后的评论与注释中指出,竹简本此章共有6行。由于后来版本的15行中的前三行(只有前三行)与竹简本一样,因此以马王堆帛书本甲本为底本把其中的4~15行补充英译在后,以便读者明了。

(二)《道德经》竹简本的哲学思想

由于《道德经》竹简本只包含了现在《道德经》版本81章中的31章,在试图理解这3捆文本究竟是什么时,我们必须注意在阐述《道德经》竹简本的"哲学思想"时,有哪些章节包含在这31章中,又有哪些章节没有包含在这31章中。换句话说就是,考虑到我们对《道德经》现代版本的观点、概念、术语和短语的范围比较熟悉,那这些观点、术语和短语等都呈现在这个竹简本中了吗?或者有什么被遗漏了?引用的章节提到"道"了吗?"道"有没有彻底地被描绘为是天地万物

第五章 比较视野下英语世界的《道德经》传播研究

的源泉？文本有没有指出"道"乃万物之"母"，是"母"养育了万物发展了万物并将万物养至成熟？"道"有没有被捕绘成不可闻或不可见？被描绘为"无为"但同时又"无不为"？百姓有被教导少私寡欲或欲不欲，而以"知足"取而代之吗？什么是"圣"？或者什么是"圣人"？他有被说成是彻底的无私之人，说成是"功成事遂"之时却不想让别人知道是他所为的那个人吗？他是那个"事无事"之人吗？竹简本中包含了那些赞颂"水"之力量，将其看作柔弱胜刚强的典范吗？"牝"有没有被认为很重要？有没有作为被动的典范被提及？我们有没有发现在后来的完整版本中找到的"有"和"无"之间的差别？等等。

实际上，考虑到我们仅仅是在讨论《道德经》完整文本五分之二的内容，竹简本如此面面俱到地阐释《道德经》中所蕴含的哲学思想就有些令人惊异了。《道德经》中讨论"无为"哲学思想的10章中，郭店竹简本中包含了6章；讨论"无事"的两章均包含在其中；论述"朴"的章节，包括第15章、19章、28章、32章、37章、57章，除第28章外，全部包含在郭店竹简本中；讨论"知足"哲学思想的3章中有两章，即第44章和第46章包含在竹简本中，只有第33章除外；论述"知止"哲学思想的两章（第32章和第44章）也都包含在竹简本中。

但是，有些术语明显缺失，有些观点（思想）没有得到进一步讨论或受到足够的重视。这些"缺失"是否至关重要还值得商榷。

二、安乐哲《道德经的哲学英译：让今生有意义》之"《道德经》的本质与应用"和"英译介绍"

（一）《道德经》的本质与应用

伟大的法国汉学家葛兰言曾说："中国智慧是无须上帝的意见的。"中国的文化世界里，没有什么是被创造的，包括世界本身。《道德经》的出现也是没有直接原因的。当然，文本长期以来都与一个绰号叫"老子"的人相关，但是其真实性与老子的名字一样却是众所周知的。

关于这个没有作者的文本我们知道些什么呢？在修辞模式和韵律的基础上，白一平将《道德经》的成书时间溯源到了公元前400年，但是他认为公元前4世纪的早期或中期最有可能是《道德经》的汇编时期。考虑到《道德经》在公元前4世纪末至公元前3世纪初就已经被如《庄子》《战国策》《吕氏春秋》《韩非子》等文集广泛引用，因此《道德经》文本有可能是以某种形式在这之前而非之后出现的。1993年,从一个距古楚国首都纪南城(今湖北省)北一个名叫郭店的村子的墓中发现3捆独特的竹简一起组成了"不完整"的《道德经》,这些竹简可溯源到公元前300年,恰与白一平的推测一致。这个郭店本《道德经》本身是在81章完整版本口头流传形成时期的一个过渡,还是某个人对已经存在的完整文本的缩略,这个还不太清楚。但是即便是这个"不完整的"文本,其明确的反儒家论争提示了我们《道德经》汇编成书时道家和儒家的谱系已经形成了。

在我们思考《道德经》作者不详的起源之前先来谈谈其口头形态或许是有帮助的。早期中国的口头语言和书面语言的关系对过去和将来文本的影响都很大。即是说,一个文本将如何从口头传统中产生以及它将如何代代流传至将来;此外,我们与罗思文一道提出如下论争。

文言文就像个长得乖的小男孩,它主要是被用来看而不是被用来听的。今天,一个试图用文言文来写一篇发言稿的人将会以独白告终。这并不是说声音在过去和现在是完全与书面语言无关的,因为一些双关和全韵、押头韵等在发音上显而易见是音形一致的。而且,这样的语言手段毫无疑问在促进对那些能够唤起广泛讨论的文本的记忆方面具有极大的价值。它确实有所蕴含,对我们语言的总体地位来说是一个很重要的前提条件:汉语口头语现在是过去也肯定是被广泛理解的。文言文现在不会而且可能永远也不会作为一种主要的口头语被广泛理解。因而,口头语和书面语现在是而且也可能会总是两种独特的语言媒介,而且如果真是这样的话,后者应该显而易见地不被简单地当成是一种言语的转录。

大部分在某一时刻因某些特别的原因而被记载下来变成了书面语的语言早先是通过记忆流传的。而且通过这种形式,丰富了精致的言语,这与莎士比亚、蒲柏、尼采和爱默生等的作品中大量描绘着优美的思想对话的格言警句非常相似。

刘殿爵告诉了我们太多关于《道德经》文本的信息。在准备他自己的《道德经》英译时,他遵循的是普遍地将《道德经》划分为《道经》和《德经》两部分,同时也尊重传统的解读中将文本划分为81"章"这一标准。但他多走了一步,将这81章划分为了196个部分,其中甚至又分为更多更小的部分,在内在押韵,他认为只有一个非常松散的文本关联的观点基础上证明这个看似碎片化的著作是合理的。刘殿爵还认为,占《道德经》文本一多半的押韵的段落有可能"通过详细解释其意思的口头评论的形式而被背诵"。

米歇尔·拉法格为我们了解《道德经》的本质和作用提供了进一步的洞见。他认为,文本并不"教我们哲学的教义"而是蕴含了可分为两组的"学说":寻求纠正某些常见假设的"论战的谚语"和推荐某些自我修养法则的格言。拉法格进一步提出了重要的观点,坚持认为,与标准的对文本的不可贯穿性的绝望相反,那些词"常常为一群有共享能力的人传达了一种简单的确切的意思"。也就是说,构成文本的那些格言对其预期的读者在他们自己的历史时期和生活经历的语境内是很有意思的。

如果我们将从上面获得的洞见加以合并和扩展,就能得到一个对《道德经》的起源、连贯性和应用的合理猜测。

非常相似的《道德经》竹简本和帛书本在完全不同的时间和考古现场被发现这个事实,证明了我们很早就开始了对经典"文本"而非广泛流传文本的研究。我们将"文本"加上引号并故意使用了"经典"一词,是因为著作的书写形式在本质上似乎是口头传统的衍生物。

的确,当我们习惯于将这样的智慧文学传统通过书面文字传承下来的时候,会有另外的相当清晰的指示,即记忆和口头流传可能在为早期中国的学术谱系建立一个共同的参考框架起到了主要作用。在《道德经》书面文本和其他发现的文本中令人信服地使用假借字提示我们,它们首先呈现的是字音,然后才是通过上下文和推理呈现字义。这将意味着它们是从因某些特殊原因而记忆、流传下来的一种口头传统的一部分,在这种情况下,或许是为沉默的墓主走向迷雾重重的彼岸世界的旅程提供的文本资料。书面文本的聚集也似乎在国家科学院的宫廷图书馆的建构中起到了作用。这些图书馆试图吸引他们那个时代最优秀最聪明的学者,从而带给他们赞助者的声誉。

将影响这个标准化进程的另一个因素是,丰富的口头语与作为简练的格言之口头文集以抓住时代的普遍智慧的"文本"之间的关系。这些经过组合的谚语可在作为熟悉的、常在开始讨论时用作"话题"的格言以及出现在口头语中时作进一步阐释的可能性之口头语中获得。这些早期资料在流传的过程中似乎存在某种易变性,最近的考古发现正逐步揭开相对标准化的早期版本,《道德经》就是其中的一种,这启发我们机械记忆和"经典化"在巩固文本和保存其完整性方面有着某些力量。

我们同意拉法格的观点，认为在《道德经》中发现的押韵的文本能相当公平地描绘成是一种"谚语式的"智慧文学，而非提供阐述并试图促使具有同情之心的读者去想象表达这一层意思所需的条件。然而，对拉法格来说一个重要的悖论是，那些押韵的格言不仅是记忆性的，而且在某种意义上对聪明的西非谚语讲述者或我们自己传统的、起唤醒作用的格言警句和《圣经》语录来说也是值得纪念的。也就是说，《道德经》中的格言警句应该不是大量充斥于或起作用于那些熟悉的、拉法格用于阐明他自己观点的格言中。这些陈腐平庸的老生常谈不能算是智慧。相反，组成《道德经》中优雅格言的是"来自地下的声音"，与其他像这样的经典格言一起常常以非正式的形式广为流传，并起到了在有能力的人群中保存共享的语言流通与共识的文化作用。通过"有能力的"一词，我们正紧随拉法格对他心目中的有着相似的世界观和共识的对象的描述，主要是那些有价值的人，他们试图参与"文本"。他们是我们自己所处的时代所缺乏的。

对这样的传统来源进行反思是很有趣的，包括《诗经》里的那些日常流行歌谣以及对它们的提纯精炼，它们对早期汉语语料库中意义的产生和不同哲学议程的发展促进起到了作用。对《诗经》这个主要是歌谣流传的口头媒介所能说的，对构成《道德经》的那些被选择的智慧警句来说或许更真实。

史嘉柏探索了战国时期和秦朝非经典歌谣经历的历史架构过程的方式。当评论者们以一种传播的编码方式着手处理一首通常是谜一般的、有时甚至是不可理解的歌谣时，这种编码方式只有通过在其内与一种有趣的个体或事件之特别的历史逸事相契合才能被理解和欣赏。

相似的过程似乎在这个时期的哲理文学中起作用。那些经典歌谣如收集在《诗经》中被推测为人们广泛地记忆和传唱，当它们被用来强调特别的哲学观点时被"解码"。几乎所有的经典文本如《论语》《墨子》《孟子》《中庸》《荀子》等一个有趣的特征是，在呈现某些哲学论争之后相当自然地唱起歌谣来，而且似乎在这个实践中参加与被使用对哲学家和歌谣都是一种奖赏。从歌谣的角度来看，它被架构被分类并因而被重新当成是一种共同的、受人尊重的古代仓库之意义的权威。哲学家们则因他们的烦恼为即将宣称的主张而声称其来源的权威。

对哲学论争来说，歌谣作为一种特别有效的补充有几个理由。它通过在文本中广为人知的美德而变得具有说服力。百姓的日常生活又一次成为歌谣的最初来源，其中每一首歌谣如史嘉柏描绘的那样是"一种完全的表现和难以驾驭的真实"。这种未加工的自然流露和真实在于歌谣常常是用来赞扬或谴责的手段,是对某些美德和行为或对不公正的抑制不住的抗议之认同的公开流露。当这些哲学文本被反复地突然唱出来时,它们充分利用了读者认为歌谣是不会撒谎的假设。因而,当哲学家引一首歌谣时,他们不仅仅是要试图阐释他们的论争,而且还要试图把歌谣这种无可争议的真实性加进他们自己的主张中。

歌谣进一步使论争戏剧化,并且感性地掌控着它,通过将它们放置在表面上看来特别的历史语境中带给实际的文本更普通、更抽象的主张。由此,一首放置恰当的歌谣能带给哲学家的主张一种诚实的力量,并同时给予他们的主张激情。

似乎有许多人穿过时间的长河对《道德经》以及构成它的材料进行记载、分类、重新分类、编辑和校正。文本能向其读者展示其最初的、不连贯的甚至偶尔是被损坏的片段形式实在是个小小的奇迹。那么,不应该惊讶,尤其是对习惯于更线性的、更有顺序的现代西方读者来说,《道德经》似乎不那么连贯。但是此情形下产生的第一印象因文本架构是从不同的方向呈现的而使读者被骗。

当我们返回去思考那些被选择的《道德经》智慧格言是如何发挥作用的时候,我们可以假定,如全部歌谣一样,它们是有一种毋庸置疑的属于百姓和他们传统的真实性的。我们可以进一步认为这种真实性是通过一种读者所能接纳的阅读技巧而为其所共有的。《道德经》具备的特征有两种显而易见的缺失。一是它没有包含任何一类的历史细节,二是它没有给读者提供一般规则或普通法则。读者所要求的格言"框架"本身是一种非教条式的哲学思维,在这种思维中文本与其读者之间的关系是一种非强制性的合作关系,即代替"文本"为读者提供一种特别的历史语境或哲学体系,读者通过对文本的大量阅读经由他们自身的生活经历而获取对内容的独特理解,这一不可避免的过程是不断进化的连贯过程中的一个重要因素。当不同时空的读者继续使其成为他们自己的文本时,文本变化着的连贯性就成为一种经过打磨的中心。

《道德经》中有着比第一次阅读时可能感受到的更高程度的连贯。章节有时是围绕特别的主题来安排的,如第1章和第2章在集中论述相互关系这个主题;第18章和第19章则是在对比自然道德和传统道德;第57章至第61章全都是以恰当管理邦国的建议开始的;第67章至第69章则是关于依法进行战争的;第74章和第75章阐述的是政治迫害和百姓;等等。

《道德经》中连贯的另一来源在于它与许多中国古代文本一样是被当作双关

来阅读和鉴赏的这样一个事实,即对《道德经》文本的细读显示出那些被重复的、使读者意识到一种语义和语音联系的扩展之网的字和暗喻。

还有一个观点是,押韵的格言本身并不是某些聪明或有时自相矛盾的洞见的杂集。相反,似乎这些特别的格言被选择并编辑以支撑《道德经》文本的更大目的。拉法格以及其他杰出学者令人信服地指出,带给《道德经》不可争议的核心地位的是它总体的说教言论。《道德经》编撰者的目的似乎是要为提高自我修养,以使其在世界上的经验更完善为此而开一剂处方。这些相同论述智慧的段落是这个过程的组成因素,即当其在实践者的行为和性格中被证明是真实的时候,将会导致他们个体的转变。注意到这个自我转变的目标与死亡、审判、来世或"灵魂的拯救"(此乃西方人对来世论的传统观照)毫不相关是非常重要的。相反,这样的个体成长与圆满成功,从提升百姓性格的质量以使这个世界自身成为更佳的居住之地这个意义上来看是改良性的。

通过强调在意义的产生过程中读者与文本之间的必要合作,我们不得不面对当我们的这个英译本每章后附录我们自己的评论时,我们的意图究竟是什么这样一个问题。撰写解释性的"评论"这个想法似乎像是在"解释"俳句的假定结局中的承诺。于是评论的意图不过旨在提供一种建议性的脚注,只有当其在某种程度上能鼓励读者参与到章节本身的解读时才算是成功的。如果将其看成是系统的、详尽的或权威的,那它就讽刺性地背叛了它意欲为之服务的读者。

(二)英译介绍

流传到今天的《道德经》文本有好几个不同版本,我们该如何决定选择哪个来做我们翻译的底本呢?

刘殿爵在其1982年版的《道德经》英译本中对有一个《道德经》"原文本"这件事表达了恰当的质疑。1993年在郭店发现的3捆《道德经》竹简本可以很好地说服我们至少在公元前4世纪晚期可能有几个,根据独立的文本考据传统撰写的流行文本流传。这个成于公元前300年的郭店《道德经》竹简本的一个有趣的特征是,除附录的文献材料《太一生水》外,并不包含那些没有包含在马王堆《道德经》甲本和乙本以及王弼注本中的重要材料。这可能意味着,尽管郭店竹简本身仅能提供《道德经》的部分文本,但至少是那个早期流传的一个"完整的"版本。

第五章 比较视野下英语世界的《道德经》传播研究

另外,存在于早期文本中的文本差异提示我们流行文本有可能是过去的世纪里出现的一种经过编辑而成的文本。在其最早期,《道德经》可能是一部在发展完善中的著作。因此,我们不能信奉这么一个理念,认为早期文本的发现为我们提供了比流行文本必定要"高级的"《道德经》文本,因为它们更接近"原文本"的缘故。这种思维方式被约翰·杜威称为"哲学的谬误",其中的结局被假设为这个过程的前提。实际上,流行文本常常为我们提供了对这些早期编辑文本更完全且更经过深思熟虑的解读。

其实早期的《道德经》文本并不一定就能使我们与"原文本"更接近,刘殿爵在其1982年版《道德经》英译本中认为,它确实给我们提供了一个优于后代那些"充满抄写错误和编辑篡改的文本"的有利条件。在其马王堆《道德经》英译本的"导论"和"注释"中,刘殿爵和韩禄伯都相当清楚地证明了有机会接近这些新的《道德经》文本并为我们提供了一个解决那些长期存在的文本问题的机会。同时,刘殿爵和韩禄伯都注意到马王堆帛书本蕴含了丰富的助词,这些在后来的版本中是没有的,这些助词在某种程度上为我们准确解读文本提供了条件。正是这些原因我们才能确定将公元前葬在马王堆汉墓中并于1973年出土的《道德经》甲、乙两个文本合并作为我们的译文底本。

马王堆帛书本甲本中没有评论避讳字,而乙本中也仅避讳了汉高祖刘邦的"邦"字。在考证刘邦死后的避讳字的基础上,刘殿爵得出结论说早期的马王堆帛书本甲本不太可能是在公元前195年刘邦死后抄写的,而有可能是在公元前206年西汉建立前就抄录的。马王堆帛书本乙本不太可能是在公元前180年惠帝去世后抄写的。刘殿爵的这个判断被如下事实得到了巩固,即马王堆帛书本甲本是早在秦朝的时候用小篆写的,而乙本则是后来用隶书写的。

在评论马王堆帛书本甲本和乙本的时候,刘殿爵争辩说韩禄伯对此表示赞同,尽管两个文本有显而易见的较大差别,但它们代表了从常见的范例来看的两条流传线。因而,我们有理由将甲本和乙本当成一个来源对待。

尽管我们将合并的马王堆帛书本甲本和乙本作为我们的英译底本,我们也查阅和利用了早在公元前4世纪的郭店竹简本和与王弼《老子注》相关的流行文本。我们注意到了这些以及其他《道德经》文本的来源,但是还是建议读者参考其他著名学者,尤其是刘殿爵、韩禄伯和鲍则岳的著作以了解详细的文本分析。

我们以一种有意义的方式背离了马王堆的主人。普遍接受的是《道德经》被西汉的宫廷传记家刘向分为了现在所见到的81章,尽管将《道德经》分为《道经》和《德经》两个部分要比这早得多。根据刘向的儿子刘歆的记载,刘向试图从所有可得到的资料入手,因而是从相当迥异的资料收集开始的,包括许多繁杂资料的多册多卷。刘向将这些资料拼贴成一部包含了两个部分共81章的标准文本。数字81的选择似乎"至少"与西汉的数字命理学和文本资料中一些自然的错行相关。我们说"至少"是因为除了在马王堆帛书本和郭店竹简本中可找到的标点符号外,显然刘向不太可能完全从头开始来对章节进行划分。许多符号把章节划分成了我们现在所见到的这个样子。

马王堆甲本和乙本所共有的特征是《道经》和《德经》两部分顺序的颠倒,使文本成为《德道经》,第38章成为《德经》的开始,而第37章成为《道经》的最后一章。此外,第24章、40章、80章、81章没有遵从流行本的顺序。注意到这个事实后,为方便读者,我们选择保持流行本的顺序。

在中国悠久的历史中,产生了无数对《道德经》的评论,其中之一小部分一代代流传了下来。即便如此,今天也有数以千计的评论继续流传着。在最近几个世纪里,《道德经》获得了世界文学名著的地位,而且现在可获得的用多种世界语言翻译的《道德经》译本常常对这个千变万化的文本提供了独特的视角。《道德经》作为世界文学经典的出现本身就是一个极具创造性的过程。翻译的艺术常常通过注入新的内容开启阐释之流动的洞见和视点,而对那些硬化了的有时受到束缚的文本的阐释予以了挑战。同时,今天所有新的英译本在很大程度上都受惠于这个世界的学术传统中的那些大家。

第三节　以王弼《老子注》为底本的英译比较研究

一、林振述的王弼《道德经》评注英译本之"导论"

春秋战国时期,中国处于巨大的骚乱之中。知识分子和社会改革者通过他们的智慧和中国过去丰富的经验,试图找到一个解决他们处境的方法。由于时间的流逝使他们的意思变得模棱两可,我们对他们创作的著作的理解之尝试常常出现问题,其中许多只有通过认真的沉思才能回答。

第五章 比较视野下英语世界的《道德经》传播研究

老子的《道德经》引出了比其他著作更多问题,如作者、文本的结构、章节的划分以及将评论编入原文本的可能性,等等。由于中国语言的本质以及因获得记录内容的技术设备而被模糊的哲学思想进一步加深了文本的复杂性,使原文本的确切内容和顺序变得不太可能得到查实。同样,从历史的角度来看,《道德经》可能受到了两个主要因素的影响,即宣称该书为他们自己所作并常常在他们喜欢的地方添加内容的不同思想学派,和通过各种研究其著作试图影响学者思想的评论家和注释者。因此,我们将从考察语言和技术的模仿、各种思想学派对《道德经》的添加以及不同评论家的影响开始。

关于技术的限制。当《道德经》原文本被记载时,用于印刷的纸和技术还没有被发明。许多汉学家同意像《道德经》这样的古典书籍都是手抄的,而且,有可能在它们被记载下来之前是口头流传的。如,《道德经》是用韵文来写的,而且被推测韵律的使用使文本更容易被百姓记住和诵读。由于这种口传起源的可能,大部分学者都不能确定《道德经》的作者和创作时间,甚至不确信它是由一个独立的作者创作的。

大部分的经典首先是被记载在竹简或木片上的,这些竹简或木片的长度从20~40厘米不等,宽为1~3厘米,厚度为0.12~0.25厘米,其大小是由所用材料和个体手艺人来决定的。而且每部著作的竹简或木片的数量以及每片上汉字的数量都不一致。通常,每片竹简或木片上有用墨或清漆书写的一行字,每行有10~20个汉字。需要组成一个单位、一组单位、一本书甚至几本书的竹简或木片,用麻绳捆扎在一起储存在竹箱里。麻绳和竹箱一段时间后会坏掉,使得对原文本顺序的确定变得困难。而且,复制一本书的唯一办法只能是誊抄,在誊抄的过程中,不同的抄写员有可能无意识地用字形与原字相接近的错字去代替,也有可能省略或添加字,甚至也可能把章节弄乱了重新排列。这些因素都增加了我们确定原文本的难度。

最早的《道德经》文本可能没有划分章节也没有标题。在后来的版本中,《道德经》以各种方式被分为册和章。现代的《道德经》文本通常被分为两个部分或四个部分。两个部分代表的是阳和阴或天与地,而四个部分代表的则是春夏秋冬四季。章节数或72章,即9的8倍,9和8分别是10以下的数字中最高的奇偶数;或81章,即9的9倍,是太阳的象征。

汉学家们相信,在秦代之前,已经有3个《道德经》版本存在。第一个是老子撰写的初版本,含5000多字被粗略地分为81章。另外两个版本被分为《道经》和《德经》两个主要部分,并反映了不同思想流派对《道德经》所做的变化。将《道经》放在前的译本反映了一种形而上学的倾向,而将《德经》放在前的译本则反映了一种形式主义的倾向。今天被大家所接受的顺序是将《道经》放在《德经》之前。

我们也必须认识到不同的思想流派以他们自己的名义对《道德经》进行了添加。这种现象最近的一个例子于20世纪末在中国被发现。在湖南省长沙市的汉墓马王堆中,两种古老而珍稀的《道德经》遗失文本被出土。两个文本都用墨写在绢上。

这两种文本中,第一种在一块高约21厘米的木板上发现,包括遗失的没有题名的4种古书,总共为463行,1.3万余字。该文本的撰写时间在公元前206年全公元前195年,是以小篆以及没有避讳刘邦的名字"邦"这个事实为基础的。第二种在一个涂了漆的大约48厘米高的盒子里发现,里面有4部帛书:《法经》《十大经》《称》和《道原》,共有32片,252行,1.6万余字。由于第二种是以文书风格的字来写的并且避了刘邦名字的讳,因而推测该书作于公元前194年至公元前180年间。两种书都没有划分章节,也没有章节名。两种都将《德经》放在了《道经》之前,反映出了形式主义的倾向。第二种共有5466字,接近《道德经》现代版本的字数。

《道德经》或许可被看作一本形而上学的书,是最高政治思想的源泉。一些读者从中学到关于人事的高级法则,并宣称有可能通过将关注点放在不同的题目上可写出不同的书。这正是过去的《道德经》注释者和评论者所做的。而且,那些不同意《道德经》已接受章节安排的学者试图根据语言风格和意思对其进行重新安排,并以主题为基础将句子分组然后划分章节。这在试图对《道德经》进行阐释的时候当然就造成了固有的问题,并很难确定是否以及在哪里将评论并入到了原文本中。被普遍接受的是,如在以对意思和所使用的语言进行仔细考察的基础上,王弼的评注被认为并入了《道德经》第31章和第66章,而在第32章中他的评论则部分与原文本融合在一起了。

为什么对理解《道德经》来说注释和评论是必需的呢?一个原因是这些注释和评论处理了那些深邃的、神秘的法则,这些法则激发了注释者、评论者的兴趣并激励他们追寻《道德经》的根源,分析其意思,寻求他们对自己观点的可能运用。这些二手资源有时建立了思想流派并成为他们评论自身的目标。除其本身的深刻意思和思想外,老子的书还使用了高度精练的、相悖的、形而上学的语言。老子用一种神秘的方式来写《道德经》,暗示其意思从未将其全部显示出来。他强调一个元素以显示与其相对的另一个元素的重要性。因此,他在第78章第13行中说:"正言若反。"在他的陈述中,对生活的一方面进行强调而对其他方面予以忽略,而且常常似乎并不连贯。一种表达可能否定其他表达所主张的观点却又主张其他观点所否定的。意思似乎潜藏在他表达的表象之下简洁的、互相矛盾的语言则允许读者对某个单一的字做出许多不同的阐释。

除《道德经》文本的神秘风格外,汉语自身的本质造成了对《道德经》进行阐释的难度。汉语是表意的和象形的文字,每个字构成一幅像,但缺乏曲折变化的因素以表示其语法分类。句子结构唯有依赖词序和上下文语境。在英语和其他印欧语中基本的主谓句法结构在古汉语中并不存在,而且古汉语著作中也没有表停顿的标点符号。因而,主语或谓语动词有可能缺失或句末的标示不清。为了识别主语、谓语和语法关系、读者,必须研究句法和词序。为了识别说话者及其听众、读者,必须了解语义的、逻辑的甚至隐喻性的关系。难怪非中文的学者和译者在阐释《道德经》的时候会经历中国评论者常常会遇到相同的困难。

汉语句法所固有的难度可从第49章的最后2行看出:

百姓皆注其耳目

Pai hsing chieh chu ch'i erh mu

Hundred people all concentrate their ears eyes

圣人皆孩之

Sheng jen chieh hai chih

Wise man all(to treat as)infants them

第1行至少有两种阐释:①百姓自己关注他们的耳目(即关注他们自己的私欲)。②百姓察听圣人之言行(即关注圣人)。这种模棱两可可能是由物主代词"其"造成的,"其"可指"百姓"或"圣人"。第2行清楚地表明圣人将百姓都视为婴孩。

下面的例子向我们展示出译者对这2行的不同解读英译:

阿奇·巴姆译本:All people admire the intelligent man,because he regards them all as a mother regards her children.

冯家富和英格里希译本：Men look to him and listen. He behaves like a little child.

梅德赫斯特译本：Most men plan for themselves. The Holy Man treats every one as a child.

韦利译本：The Hundred Families all the time strain their eyes and ears. The Sage all the time sees and hears no more than an infant sees and hears.

吴经熊译本：All the people strain their eyes and ears. The Sage only smiles like an amused infant.

理雅各译本：The people all keep their eyes and ears directed to him, and he deals with them all as his children.

林语堂译本：The people of the world are brought into a community of heart, and the Sage regards them all as his own children.

陈荣捷译本：They (the people) all lend their eyes and ears, and he treats them all as infants.

初大告译本：Yet what all the people turn their ears and eyes to, the Sage looks after as a mother does her children.

大部分华裔学者如吴经熊、陈荣捷和初大告，都是以字的各种不同意思来翻译第一行的，而对第二行的翻译则是以《道德经》其他章节的意思以及对第一行的阐释为基础的。如第3章第7~8行为："是以圣人治，虚其心，实其腹。"第12章第6~7行为："是以圣人为腹不为目。"王弼对这两行的阐释是：尽管圣人不为百姓之目提供任何东西，他自己仍然不拥有任何东西（圣人无心，因为其心乃百姓之心）并将百姓视作婴孩。结果，如第17章第8~9行所指出的："功成事遂，百姓皆谓：'我自然'。"

如我们已证明的，注释者和评论者会自然地对同样的诗行做出不同的解读。《道德经》的读者发现查询文本词句的根本意思时仔细考察各种评论是必要的。然而，这项工作并不容易，因为："据统计，现存著名的《道德经》评论总数达600余种。平均算来，《道德经》文本的每七个字就有人为之写一本解读之书。"

在讨论对《道德经》的贡献时，我们应该考虑苏东坡赞扬其弟苏辙的评论："使战国有此书，则无商鞅、韩非；使汉初有此书，则孔老为一；晋宋间有此书，则佛老不为二。"

该段不仅断言了评论的重要性,还指出了《道德经》对中国政治、宗教和文化发展的深刻影响。实际上,评论在帮助读者尤其是试图将其翻译为另一种语言的译者理解《道德经》的重要性是名副其实的。

王弼总体上对中国哲学尤其是对道家思想的贡献正在被考察。王弼卓越的学识受到了历代中国历史学家和哲学家的注意。本书将根据3个基本问题对其思想予以讨论:存在与非存在的基本形而上学问题;以其对《大衍义》的阐释为基础的物质及其功能之间的关系;圣人及其情感。3个问题实际上是一个问题的多个方面,是对存在与非存在的阐释。

河上公认为,当王弼被问及存在与非存在的问题时,他巧妙地遵从了当时流行的哲学流派儒家思想而回答道:"圣人孔子具体表达了非存在,但非存在是不可被教导的,因而它没有对其予以讨论。对于存在,老子只是不断地谈论它的不足。"去掉其表面价值,这些话似乎对圣人予以了强调,表明了对儒家思想的喜爱,因而意指的是"内圣外王"的思想。实际上,这里的"内圣"暗指的是老子思想,而"外王"则是指儒家对于如何治国和让世界井然有序的概念。王弼试图调节这两个思想流派,而且他必然是受到两派的攻击。一些人不满意他运用道家的概念来阐释《易经》并因而用老子来阐释儒家思想。另一些人则攻击他强调了儒家圣人的重要性从而用儒家的概念来阐释道家思想。双方攻击的力量只不过显示出了他对该领域挑战性和实质性的贡献。

第一次读《道德经》会感觉其似乎充满了矛盾和不一致,基本上是一本没有逻辑或组织混乱的格言文集,而且,《道德经》的两个部分《道经》和《德经》似乎彼此间并无联系。然而,仔细阅读王弼的注评能帮助学者理解两者之间确实存在的关系。如第1章第3~4行:"无名,天地之始;有名,万物之母。"同样的思想也在第2章中予以了表达:"故有无相生,难易相成,长短相形,高下相倾,音声相和,前后相随。"

只有当该段在《道德经》文本整体中予以考察时其意思才会显得清晰。"下"的决定必须依赖"高"。"有"与"无"、"易"和"难",彼此都对与其相对的那一个的意义起着作用。如果一方被忽略,那另一方将变得毫无意义。如果没有"易"怎么能有"难"呢?这种分别是自然过程的一部分,其中物质及其功能实质上是一体的。

"道"(物质)和"德"(功能)必须被当成一体来予以考虑。"道"是万物之源,而"德"则是万物所得。"道"是起源,而"德"是结果。起源和结果可从理论上分离,但它们应该被认为是一体中的两部分。如果没有了物质,那它的功能如何存在呢?如果没有结果,那我们又怎能知道其起源呢?如"前"与"后",是互由对方决定的。当我们说这个在那个的前面时,我们实际上是认为在其"后面"。因而,为了认识"前面",我们必须认识"后面"。当我们说某物很"长"时,我们会想到"短"这个概念。因为只有当某物"不短"时,我们才知道它"长"。如果我们将其与某个"更长"的东西相比较,那这个"长"的东西就变"短"了。第2章第1行说"天下皆知美之为美,斯恶已"是非同寻常的。如果被运用到极点,我们将不能区别善恶或美丑,因为在某种意义上,它们就是全部,是同一事物的两个方面。如果物质及其功能被认为是一体的,那么由其产生的每一事物都将不能被区分。

在我们缺乏了解的时候,我们倾向于在阐释生活的时候分类。王弼一丝不苟而深刻的评论显示出人类之事不可与天之道相分离。万物可被看作一体的两个表现,而"一"是不可分割的。这是王弼对《道德经》阐释的贡献,也是为什么他的评论被认为是洞察力之典范的缘故,他的深刻影响不能被看作一个偶然事件,而是对道家思想之深刻解读的结果。

现在已经有七八十种《道德经》译本,其中大部分是以王弼《老子注》为底本的。有各种语言的《道德经》译本,每种语言至少有1个版本。如已经有40多个《道德经》英译本。在过去的20年里,大约每隔1年即出现1个新译本,其中有一半是在美国出版的。将这种现象加以进一步投射,我们可估计《道德经》将会以每年1个新译本的速度出现。那为什么我们还要来做这么一个《道德经》新译本呢?答案是:为了尽可能真实地追溯老子和王弼的原意,显示出原文本和王弼注评之间的内在关系。

中国人觉得有两种《道德经》注评值得注意,一是河上公的,另一则是王弼的。河上公的《老子注》已经被译成了英文,但王弼的注评还没有,尽管王弼的《老子注》被认为要比河上公的注评早因而被认为更接近老子的思想,但河上公的则在其处理诸如"长生"这样的问题上显示出道教的倾向。王弼的老子注评呈现了一种精神的哲学观,并因而常常被认为是二者中更真实的。

亚瑟·韦利这样评论王弼的《老子注》:"所有的评论,从王弼的一直到18世纪的都是'依据手稿的',即是说,每位评论者是根据他自己的特别宗旨对文本作重新解读,没有去发现其原本意思究竟是什么的意图或愿望。在我看来这样的评论是无用的。"

每位译者依靠他自己的学识、背景、常识和洞察去发现《道德经》的原意,每种阐释因而会有其偏见,但我们不能因此低估贬损评论者,因为他的阐释是不同的。

二、理查德·林恩的《老子〈道德经〉新译》之"导论"

理查德·林恩的《道与德之经典:王弼〈老子注〉新译》由美国哥伦比亚大学出版社出版。译文前的"导论"中作者介绍了"《道德经》其书""王弼""王弼论著"和"译者的话",英译了王弼的《老子指略》。现将"导论"中的"《道德经》其书"和"译者的话"汉译如下。

(一)《道德经》其书

《道德经》由 81 章简短的格言警句组成。尽管这 81 章是独立的,但又常常互为所指并作为一个整体呈现一种对于圣人如何依自然之道治理天下的始终如一的、完整的观点。传统上认为《道德经》为李耳——中国周王朝的守藏室官员所作。李耳,字聃,据推测是与孔子同时代的人,很可能生活在公元前 4 世纪的某个时期,应该是《道德经》可能的作者。《道德经》可能反映出了由李耳建立的"子"学传统思想,但没有证据可证明这个推测。

《老子》或《道德经》,是中国道家哲学的两种基础文本之一,另一种是《庄子》,保存了与庄周相关的思想传统。两种文本强调的东西大相径庭,然而,在《道德经》主要对有可能是圣人的统治者论说,并且主要通过关注与自然间的和谐而获得良好社会的地方,《庄子》不管是在理论上还是在实际上却是对统治者的地位持轻侮态度,而且对一般的社会生活非常冷漠。相反,它几乎唯一关注的是个体的自我实现和通过个体与自然的融合而达成的对幸福的追求。

尽管《道德经》的自然主义精神似乎最初意在为君王提供建议,但其思想也被认为对个体生活的修养具有重要的影响,而且百姓将其作为既是对统治者的建议,也是具类似的可适用于理解和解决人类个体存在的问题的建议。当然,这种方法描绘了在整个中国的传统时期人们通常解读《道德经》的方式,即将其作为哲学文本来解读,以及东亚前现代中国文化圈的读者主要为了从中发现智慧和慰藉而阐释《道德经》的特征。这也说明了《道德经》在现代西方流行和着迷的原因。然而，这种对《道德经》不具政治意味的解读，似乎受到了《庄子》这本对个体理解和自身修养的直率的、哲学式的引导之持续流行的影响。也即是说，不顾作者的原初意图，读者以解读《庄子》那样的方式来解读《道德经》。这种情况可能最早发生在公元3世纪或4世纪，即当《道德经》《庄子》《易经》开始为对道家和所谓的玄学运动的兴趣复兴提供文本基础的时候。在这方面值得注意的是，尽管王弼《老子注》明确是为政治和公众的，却在很大程度上暗示了个体的、非政治的思考，而且王弼方法中唯一含蓄的部分在后来的许多评论中变得坦率而显著。

　　道教在中国以两种彻底不同的方式存在，一种作为传统，另一种是作为宗教。作为宗教，老子在大约公元2世纪的时候被作为一个宇宙圣人被神化并成为道教的保护者，而《道德经》随后被阐释为一种主要的教义文本并被解读为如宇宙论、神话、巫术等这种善恶报应的东西。道教作为一种宗教的建立和成长，是一个吸引人的主题，完全保证了近几年对其关注的增加，而且对理解前现代和现代中华文明的动态至关重要。但其在这个从王弼评注的视角阐释对《道德经》的研究和翻译中并未加以描绘，因为王弼的方法是坚定地定位于哲学的道教传统之内的，但在其中却找不出任何道教的东西。

　　从任何角度，作为政治专著、个人哲学鼓舞人心的指南或是一本宗教教义的圣书，《道德经》毋庸置疑都是中国传统中最重要的文本之一。它是一部若干个世纪以来在东亚、在现在的现代西方被反复当作不同阅读的经典之作。该书只呈现了许多种可能的阐释之一种，但多亏了王弼精彩而具影响力的评注，一种具有持久影响力的重要解读才能对现代如同自它1700多年前成文以来对许多时代那样言说。

（二）译者的话

　　"该译本遵从的是我之前翻译王弼《周易注》的安排和版式，因而这本著作构成了《周易注》的姊妹篇并组成了对王弼思想的进一步探索和对中国传统阐释的贡献。

　　"在准备该译本的过程中有两本著作帮助很大：一本是波多野太郎的《老子王注校释》，另一本是楼宇烈的《王弼集校释》。波多野太郎著作的大部分完全是用古汉文写的，有《王弼评注批评文本》，包括从早期的中国和日本学问中收集到的成百上千种阐释性的评论，有前现代的和现代的以及波多野太郎自己撰写的新注释。《老子王注校释》是对其期题为《王弼老子注校正》的修正和补充。尽管楼宇烈的《老子道德经注》的大部分,包括校对、批判性文本的确立和阐释性的注释是源自波多野太郎的《老子王注校释》,但楼宇烈并不总是赞同波多野太郎的结论,而是有时用他自己的观点来替代或加以补充阐释。因为这些常常被证明是有帮助的,因此我倾向于在处理文本的或阐释性的问题时引用这两种著作。我也从王弼的批评性的注本《老子指略》中获益。绪川玉木的《校正》和福永光司的《校正》中的《老子》现代日文注译本都证明对理解《道德经》原文本是非常有用的。此外还有韩禄伯的《老子〈德道经〉:以新近出土的马王堆〈道德经〉帛书本为底本的注译与评论》。

"当我第一次开始翻译《道德经》和王弼《老子注》时,我常发现自己在根据陶鸿庆的《读诸子杂记》来修正文本使其与《杂记》中的文本一致。然而,我很快意识到,陶鸿庆所做的远非是对这些文本进行修正,他实际上是在彻底地重写使之与他自己对这些文本的解读相符合。他重写它们使其意指的东西是他认为它们所意指的东西。波多野太郎和楼宇烈都总是引用陶鸿庆的文本和阐释,但当他们认为这些观点是多余的或错误的时候,有时也会拒绝他的观点。而且,由于这种情况时有发生,我开始质疑所建议的几乎所有的陶鸿庆文本。我于是返回去重新开始,除了陶鸿庆的少数建议外,把其余全部扔掉,并决定尽可能少地干预文本。

"我的反应很大程度上遵从的是楼宇烈为其《王弼集校释》所建立的基本文本。楼宇烈的基本文本遵从的是所谓的王弼本或王弼老子校注本,是王弼参考其他文本从头至尾作了修正的文本,其中他常重复波多野太郎的著作。然而,正如在学术界众所周知的,王弼《老子注》是以显而易见在很多地方其所参照的肯定与王弼所校正的《老子》文本差别相当大的文本这样的方式来写的。使得这种原本已经复杂的情况更加复杂的是,马王堆汉墓中发现的两种作于公元前2世纪的《道德经》文本在很多地方也与王弼所知道的《道德经》文本差别相当大。由于波多野太郎和楼宇烈引用的大部分是这些自相矛盾的地方,并建议对《道德经》文本作相应的修正,因而在适当的地方,我在有问题的段落中将他们的发现放在了注释中。然而,仍未确定的是,王弼所知道的究竟是哪个确切的《道德经》文本。为了帮助确定哪个文本可能是哪一本,我也用了另外两个讨论这个问题的出色的学术资料。一个是鲍则岳的《王弼和河上公所未见的〈老子〉》,另一个是鲁道夫·瓦格纳的《王弼〈老子〉校正》。我花了很多精力和时间来查阅北原峰树的《老子王弼注索引》。

"另一本被证明在阐释王弼评注的很多段落和发展上,对我理解王弼思想的总体尤为有用的著作,它便是陈金梁的《道之二解:王弼与河上公〈老子〉注研究》。尽管我并不总是得出与陈博士一样的结论,但我对其解读王弼评注的方式进行了仔细的思考,并确信我的反应因为这么做而变得更好了。

"当然,我也从阅读和查阅其他许多的著作中获益匪浅,其中的许多我都在注释和释文中加以了引用,并全都列在了参考文献中。

"读者应该注意到了之前的两种对王弼《老子注》的翻译:一种是林振述的《老子〈道德经〉及王弼〈老子注〉英译》,另一种是阿里姆·朗姆和陈荣捷的《王弼〈老子注〉》。但我并不认为二者有帮助,因此在注释和释文中都没有引用。

"我对机构术语和官衔的翻译遵从的是霍克的《中华帝国官衔辞典》,尽管我根据近代的使用习惯对大部分的头衔使用了小写形式。

"最后,读者还应该注意已经出版的两种王弼《老子指略》译本。一是宾夕法尼亚大学钟月章的博士论文《王弼的玄学》的附录 2'《老子指略》的解释轮廓',二是鲁道夫·瓦格纳的'王弼:《老子微旨例略》的结构:一种哲学研究和翻译'。由于两者彼此在许多地方差别相当大,我自己的译文也与二者迥异。在我的注释和释文中我对这些不同之处表示了不赞同,希望能分享读者和作者的耐心,但是如果读者希望对这三个译本加以比较的话,所有译本现在都可在公共领域获得,因而对其进行比较并非难事。

"王弼的评论和轮廓介绍一起组成了一个又长又难的文本。尽管有从中国和日本的注释和文本批评传统中以及从现代西方的学术中可获得的所有帮助,尽管我尽了自己最大的努力来克服自己的不足,但我相信有一些老问题仍未解决,同时还可能有新的错误出现在译本中。不管怎样,这个翻译是一次使人经历丰富的实践,我对所有那些花在王弼和老子身上的艰难而精彩的时光心存感激。"

第四节　亚瑟·韦利的《道德经》英译比较研究

1934 年,亚瑟·韦利英译的《道及其力量:〈道德经〉及其在中国思想中的地位研究》在美国出版。"前言"中韦利认为《道德经》较好的译本有好几个,其中最好的是卫礼贤译本,其次是卡卢斯译本。作者在长达84页的"导论"中详细阐释了《道德经》撰写时的历史背景、享乐主义者、寂静主义、道家学说、语言危机、现实主义者、现实主义的神秘基础以及《道德经》中的文学方法、作者等。另有六个附录。译文有的章节后有对该章的释义,有的章节后有评论。

1997年《道德经》译本与其1934年译本相比,译文前只有相对较短的"导论"。其译文与1934版译本译文部分完全相同,但无译文后的释义和评论,而大部分章节译文下都有简略的脚注。在此,将汉译罗伯特·威尔金森为该译本所写的"导论",通过呈现"他者"对《道德经》和韦利《道德经》的理解与评价,让读者对韦利的《道德经》英译理解有更细致深入的了解。

《道德经》是中国道家学派最早的经典之一。在所有的中国经典中,它是被翻译成英文最多的文本之一,到目前为止有大约40个版本。《道德经》中文原文本有5000多字,但这简短的文字却概括了自然观与万物的起源以及这些观点在道德和政治领域的重要性。文本中阐释的思想构成了中国传统思想的三种核心哲学之一中的首次叙述,另外两种哲学是儒家思想和佛家思想。不了解道家思想就不可能理解中华文明,但即便如此,历史重要性也不会抵消其文本的重要性。文本简洁而深刻的话语无疑是在明确有力地表达一种对于到目前为止已经被证明是永恒的人类状况:核心思想还未过时。

直到最近,《道德经》的作者才被归属为一个名叫老子的道家圣人。创作于公元前1世纪的司马迁《史记》——这本中国历史上最伟大的著作中有《老子传》。在司马迁的《老子传》中,老子被描述为一个与孔子同时代但却比孔子年长的人,是楚国厉乡人,据说是主管周国守藏室的官员。据说孔子曾去向老子请教"礼"。老子让其放下他的傲慢、逢迎讨好的态度和过分的野心。最后,由于对周围的衰落不再抱幻想,老子决定离开。当他到达函谷关时,关尹长请求老子在从这个世界隐退之前写一本关于"道"的著作,这本著作就是我们众所周知的《道德经》。写完后,老子就骑着他的青牛从历史上消失了。司马迁最后说,没人知道此后老子的下落。

现代学者对这种说法几乎全都心存质疑,而且现在被广泛接受的观点是《道德经》文本成书于中国历史上的战国后期,而且很可能是一本不止一个作者的关于道家学说的文集。这个观点部分是根据关于中国历史上这个时期的作者归属传统的详细论争,部分也在于一个强有力的明确的事实,即在仅次于老子的伟大儒家哲学家孟子的文本中没有提到过《道德经》。孟子强调对他不赞同的思想学派予以反对，而且他肯定也不赞同《道德经》中的道家思想。所有这些都表明，《道德经》创作于公元前4世纪末期或公元前3世纪早期。《道德经》这个书名只是到了汉代才有的，其最初的文本只是以《老子》而著称。

"道"这个术语在中国哲学文本中被广泛使用，其字面意思是"道"或"路"，其后进一步意指"做事的方式方法"，继而意指"原则"或"一整套法则"。孔子《论语》即是在这个意义上使用它的。遵从孔子的"道"即是遵从其《论语》中所阐述的一系列道德法则，而且其用法与基督教思想中对"道"的使用有显然的相似之处。然而，重要的是，在道家思想中，"道"被用来意指所有这些意思，而且还有比这些更多的意思（这点已经是很清楚）。道家哲学最根本的观点是，有一个终极实体，它先于天地，这个实体就是"道"："有物混成，先天地生。寂兮寥兮，独立而不改……吾不知其名，字之：道。"

为了理解这个观点的充分影响，有必要花点时间来搞清楚我们说"有的东西是真的、终极的而且在某种程度上是万物的基础"究竟意指的是什么。

初始普通的经验世界最显著的特征即它是一个会遭受不断变化的、由个体组成的世界，其中没有永恒的东西，无论是有生命的还是无生命的个体在其中都能很容易被观察到其形成，经历各种短暂的状态，然后消失的过程。而且，这些个体的存在要归功于与其他个体之间的相互作用。换句话说即是，其存在要依赖其他物体的存在。现在对许多哲学家来说似乎是首先必须得有一个终极实体以便生发这个我们可经验的世界，其次是这个实体必须受其中任何个体的限制。否则，另一个个体不管多么有力，怎么能因万物的存在而存呢？不管这个终极实体在本质上如何不同于其他物体，而且不管《道德经》中的"道"所指的方式是什么，都使得其变得非常清楚，那就是，道家是完全意识到了这条思想线索的。

最重要的是，不能说"道"在任何意义上都完全是一个"个体的"实体存在。成为一个个体即是要存在于时空中，有一个存在的确定时期，与其他的个体并置，并可用概念来加以描绘。实际上，在宇宙中概念的功能正在于准确地辨别出个体及其特征。但这些对于"道"却不然。《道德经》中没有用"概念"一词，而是用了"名"一词来代替。《道德经》第一章著名的首句已经非常清楚地表明了"道"是无法用"名"来给它命名的："道可道，非常道。名可名，非常名。无名，天地之始。"

第五章 比较视野下英语世界的《道德经》传播研究

"无名"即是在法则中没有名字可用来给它命名，因为"道"不是一个个体。任何"可道"（可用概念来加以描述）之物都不是"不变之道"，那个不变的、持久的终极实体只能是"道"。而且，正是这种不可概念化的基本属性导致了道家用"朴"这个意象来指"道"，如"敦兮其若朴""见素抱朴""为天下谷，常德乃足，复归于朴""朴虽小，天下不敢臣"以及"而民自朴"。与"道"一样，"朴"是无形的，但在其中却又潜藏着所有的形。而且，"始制有名，名亦既有"。也即是说，"名"只是在个体从"道"中产生的时候才被使用的。严格说来，它遵从这些观点，即对"道"根本就没什么可说的，它无法被给予概念性的描绘，因此它是难以形容的，是不可言状的。严格说，它遵从的是《道德经》所尝试着说的话，"道"是不可道的。《道德经》的作者很好地认识到了这点，而且这种认识远非这样的短语所表达的犹豫之意："强为之名曰大。"《道德经》文本中包含了一系列的暗示以一步步将我们推向圣人喜欢的对现实的终极洞察。现在我们将回到关于这种洞察的本质这个问题上来。

严格说来，即便我们重复"'道'是不可道的"这个观点，有些暗示也不得不道出其本质，否则那些没有被洞察的就绝不可能被放在"道"中去抓住它们。唯一可做到这个的是大量用否定词对其进行描绘，提示其各个方面的不确定性，因为这样的描绘是最不容易引起误导的。因而，"道"是被描绘的。如，"天下万物生于有，有生于无"。这与在印度哲学的某些形式中找到的"空"这个概念有很大的相似。"无"在这里并非意指决定的无，而是完全不确定，与"有"这个可确定的个体之存在模式相对，具有不确定的属性。"道"再一次被描绘成难以捉摸的、稀薄的、极小的："视之不见，名曰夷；听之不闻，名曰希；搏之不得，名曰微。"而且："其上不皦，其下不昧。绳绳不可名，复归于无物。"

"道"作为"母"的意象自然导致了宇宙进化论的问题："道"是如何生宇宙的？对此问题《道德经》中没有详细的答案。最接近的答案在第 42 章："道生一，一生二，二生三，三生万物。"如果将其与道家哲学的另一本经典《庄子》中的陈述相比较，该段会变得更加明了："泰初有始，无有无名。一之所起，有一而未形。物得以生谓之德。"于是"一"便成了"有"，但却无形。西方术语中对"一"最恰当的类比是"混沌"，是"有"但却没有秩序或确定性。从"一"或"混沌"中生出个体，即两个可辨认的、可区分的形式，以此类推至如我们所知的宇宙的丰富性和多样性。

《庄子·天地篇》中的选段指的是给予万物"个体特性"的"德"。中文将其译作"德""美德",是我们现在的文本《道德经》书名中的另一个字。韦利在该译本中将"德"翻译为"力量"。韦利这个译本与刚才引用的陈荣捷译本的差别在于其比真实的情况要更显而易见。中国古代文本的许多版本常常也是这样的,这种不同表明了那种语言与现代英语之间的一种概念上的不结盟。现代英语中没有一个概念能恰当地涵盖正文文言中的"德"所涵盖的意思。"德",不是作为道德意义上与"恶"相对立的一面,而是价值中立意义上的"特别的属性",抓住了其意指的部分意思,而且"力量"则含有"潜在的力量"的意思,并在"德"这个概念中呈现了出来。"德"是事物所具有的,是作为具有一定力量或驱动力的一种本质,万物从"道"中获得这种"德":"故道生之,德畜之;长之育之,成之孰之,养之覆之。"尽管"德"在汉代才出现在《道德经》的书名中,但其重要性在一开始可能并不能显示出来。

迄今为止,我们已经关注了《道德经》中所呈现的道家的玄学思想,在接着去讨论其他的主题,即将这种观点用在道德和政治领域中之前,最好来对这些抽象的、模糊的思想做个总结。玄学思想的基础是在不断变化的、日常的"万物"世界之外还有终极的、持久的实体存在,即"道"。严格说来,"道"是难以形容的。它是某种高于个性化的、没有名可用来指代它的东西。其本质只能最大限度地用诸如"无""难以捉摸的""稀薄的"这样的否定词来暗示。"德"生"有"的世界,即个体世界,可以被形而上学地描绘成是其"母"。宇宙中每种单独的个体都有"德"之本性,这种本性是从"道"中获得的。

理解这些思想是如何可能对我们在这个世界上行为处事产生影响的最容易的方式是通过"为"这个概念。"为",与仅仅是件事不同,是一种由有着自我意识的属性之个体的代理人发起的变化。于是,为了能切实有所"为",在一个允许改变的世界中必须得具有自我意识的个体存在。而且行为必须是目的的展现。我们有动机、欲望、愿望等指导我们的行为,如我们希望的那样表现其目的,而且目的是个体自身的属性。现在,如我们所见,"道"不是任何类别的个体,而且在变化的范围内也不是。因而,"道"不可道,甚至从形而上学上讲,它是要去"为"。于是,我们就涉及另一个核心的道家教义,即"道"的方式是"无为",是"为无为,事无事"。或者是"道常无为而无不为"。

由于"道"是非个体的,因而从逻辑上讲不可以说它是"为"。然而,由于它是万物之母,其所做的事最终被做也是因为"道"的缘故。"道"生宇宙的方式不能被描绘成是一种行动,对其最接近的形而上学的描绘是"纯粹的自然流露"这个概念。偶然地,我们会因开心而叫喊或者跳跃,这种方式甚至会令我们自己感到奇怪。有目的的自我一样也会在当这样的事情发生时对这个世界的其他东西感到惊讶,并把这样的事情称作是根本的行动,意在将概念延伸,因为它们不是目的的展现。当然,"道"不是一种自我,说它"所做的完全是自然的"仅仅只是一种最小的误导方式,是用一种语言来明确有力地表达"道"是如何生万物的。

道家思想中的另一个主要观点是:人类需如此这般行为举止以至于与"道"相一致,否则就不能。生活中能与"道"相一致的个体,就是圣人。由于"道"之道是"无为",这正是圣人必须寻求追求的东西,因此,正如《道德经》中很多地方所阐述的那样:"圣人处无为之事""吾是以知无为之有益""善行无辙迹,善言无瑕谪,善计不用筹策,善闭无关楗而不可开,善结无绳约而不可解"。由于《道德经》中所有的道德和政治哲学都是建立在此观点上的,在此有必要花点时间来搞清楚这么做究竟是什么意思。一个道家圣人必须是什么样的?实施"无为之事"准确讲又该是怎样的呢?

如我们所见,"道"之道是"无为",因为"道"不是一个个体。因此,如果圣人要达成"无为",那么他就必须尽可能变得与"道"相似,也因而必须尽可能变得越来越不像个体,这就是所谓的"回归'道'":"远曰反"和"反者,道之动"。个体的行动会带着目的,而目的则是自我欲望和愿望的结果。因此,自我的欲望和愿望越少,我们离"道"就越近,我们就越不具有个体性。因而,圣人不为个人目的而争:"非以其无私邪?故能成其私。"尽可能去除个人欲望并明白:"知足之足,常足矣""为学日益""以至于无为"。圣人讲得很少,因为言语中存在概念性的差别并因此导致我们远离"道":"犹兮其贵言""希言自然""知者不言,言者不知。"不要去欲求任何东西,这样我们就会有一颗简单的心,像镜子一样,公正无私地、无欲无求地反映出其面前的东西。这样的人如婴儿一样出现在世人面前:"专气致柔,能婴儿乎?"

圣人沿着减少力量和自我作用的道路走得越远,他离"道"就越近。圣人所做之事不会是自私欲望的结果,因为这些欲望已经被根除了。因此,圣人所做之事根本不是一般意义上的"为",而是"无为"。"无为"不是一种"为",它是"道"之纯粹的、自然的表现。

当自我彻底地被征服时,圣人就获得了位于道家之根的神秘经验,一种在

《道德经》中名为"明"的经验："自知者明""知常曰明"。这是对现实、对"道"的直接了解。通常,当我们的生活直接指向我们愿望的满足时,我们常常或多或少是不安静的,很快,一种欲望得到了满足,又会滋生出另一种欲望。如此不停地持续下去。而圣人,通过抑制自我、征服自我甚至毁灭自我而打破这种顺序,并进而达到内在的平静或宁静的状态。而"未明"之人甚至对这种平静都不能猜测。因而,"归根曰静,是谓复命。复命曰常,知常曰明"。

圣人没有个人的欲望,因而能不加反抗地服从命运的安排。在这样的条件下,那些人就能"知道",而且是通过"明"而"知道"。韦利在其他地方将"明"译为"内在的光",这表明了关于神秘经验的一个重要点,即所遭遇的现实可在我们的"内在"而非外在中找到。通向"道"的旅程是一次内在之旅。通常,"道"是被自我及其欲望隐藏或模糊了的,一旦遮蔽它的东西消散,"道"就能被摸索到。"道"就像是被埋在静止状态的无线信号,一旦接受信号清晰了,即自我被放到未定状态,那信号就会出现。这个类比不能推太远,然而,在清晰的信号与个人的听力之间是存在差别的。但是,在神秘的经验中,在"道"与圣人之间予以区别是没有意义的。

《道德经》文本并没有告诉我们通过什么样的法则或技巧使自我可以得到抑制,答案必须在其他的道家著作中去寻找。与其他以什么体验为基础的哲学体系一样,如不二论或禅宗,其涉及的用以去除自我的是一套漫长、考验人的瑜伽体验。这就是为什么我们被告诫要"塞其兑,闭其门"。即是让我们通过冥想的技巧隔断与外界各种刺激因素之间的联系。《道德经》也没有给我们描绘做一个圣人应该是什么样的,只是说应该"无为"。原因很可能是,这是一种几乎不可用语言来描绘的状态,因为语言是用来准确描绘普通的、有目的的行为。但是一些神秘主义者确实试图想要给我们一条线索告诉我们圣人是什么样的。其中一个人就是日本禅师盘圭永琢。盘圭永琢用来描绘终极实体的词是"未生",那些受到启发的人,与圣人一样,显示这是一个自然而然的结果。盘圭永琢向他的一位爱好武术的朋友描绘开悟后会是怎样的感觉："当没有思考和谨慎的行为时,你显示出'未生',你没有任何固定的形状,整个世界上也没有因你而存在的对手。不要坚持任何事情,不要单方面依赖任何人事,这个世界上根本不存在'你',也不存在'你的敌人'。发生什么事你做出回应就成,不会有任何痕迹留下的。"圣人没有自我因此也不会谨慎。圣人所做的就是以绝对的自然来对世界上的各种情况做出回应。

到目前为止所有考虑到的这些思想组成了《道德经》中所讨论的道德的和政治的基础。这些思想所明确表达的那个时期中国社会的状态是如此的严峻,以至于这些问题成了当时所关注的最为迫切的问题。战国时期,中国还未统一,如《道德经》中所表现出的,是由众多彼此间不断发生侵略战争的小国组成的。在这样的时期,人类生活不断受到混乱和死亡的威胁,而其间发展起来的所有哲学就包含了诸如该如何克服这种长期的不稳定状态等问题。对道家来说,果不其然,这样的状况被阐释为是严重远离了"道"之道的结果。因而同时作为个体的臣民和作为统治者的圣人试图要做的是,尽可能地使百姓回归到与"道"相一致的状态,这种法则成了从所有道德和政治方面对《道德经》进行推荐的基础。

在道德方面,圣人试图去除百姓的"知"和"欲"。如我们所见,"知"和"欲"这两个概念是密切相关的,因为常常是对事物的"知"引起我们对其产生欲望的,因此,"古之善为道者,非以明民,将以愚之""绝圣弃智,民利百倍;绝仁弃义,民复孝慈;绝巧弃利,盗贼无有"。百姓的欲望越少,他们就会越平静和幸福。并非人人都能达到圣人的地步,但是全都可以做到不那么贪心和忌妒。而且,圣人以"德"或法则的形式来进行道德修养,如儒家的方式,看成是严重不能与"道"相一致的证据。如下的引文之后就蕴含着这样的思想:"大道废,有仁义""失德而后失仁,失仁而后失义"。

"仁"是儒家的核心美德。道家对儒家的批评是,儒家只是阐述问题的症状,并没有深入问题的核心。整个儒家的美德培养机制和礼节仪式都只是停留在表面的自我层面。儒家思想没有包括作为终极实体的"道"这个概念,也没有包括当表面的自我在进行瑜伽体验之后分裂时与其直接认知的可能性。因而儒家思想具体表现的是对宇宙真理最有意义的真理的完全无知。

与哲学观点接近的是"知"与"博"之间的区别:"知者不博,博者不知。"这是因为,"博"关注的是日常世界以及它是如何运转的。一个人越是对这一类的研究感兴趣,那他被卷入概念上偏见的细微之处也会因而变得更疏远,与"道"之道更疏离的可能性也就越大。当然,圣人有"知",而且这也是为什么其表现出木讷寡言的缘故。道家会说,任何口齿伶俐、油嘴滑舌的人,肯定都不是圣人,只不过是陷在了隐藏现实的概念性偏见之网中而已。

当表面的自我欲望被通向政治权利的入口加强时,道家所见的那个时代政治的无序碰巧发生：贪婪、忌妒、对荣誉的贪求、一个自我战胜另一个自我引发战争的欲望以及随之而来的所有邪恶。通向和平和道家的乌托邦世界的路在于将社会简化到尽可能高的程度：革除会引发贪婪、忌妒和人为欲望的机构和组织的社会，百姓将会更接近真正的满意，即不是欲望得到满足的状态，而是被满足的欲望被尽可能根除的状态。这就是隐含在如下话语背后的信仰："天下多忌讳，而民弥贫……人多伎巧，奇物滋起；法令滋彰，盗贼多有。"

圣人是这样来统治的："虚其心，实其腹，弱其志，强其骨，常使民无知无欲。"无知的统治者是受自我欲望支配的。他们焦虑，不能任事情自然发展，不断规划新目标、新计划，所有这些都是毫无价值的、武断的。不断的政治行为是远离"道"的指针和结果，其结局必然会是灾难："轻则失臣，躁则失君""是以圣人去甚，去奢，去泰"。相反，圣人尽可能做得少："道常无为而无不为。侯王若能守，万物将自化""治人、事天，莫若啬""治大国，若烹小鲜""大邦者下流……大邦不过欲兼畜人"。让其处于简单的状态，这样百姓就容易管理："民之难治，以其上之有为，是以难治。"对他们来说，最后是生活在道家的乌托邦世界中，一个小而简单的、没有等级之分或所谓的"文明"的、欺骗的共同体中。在这样的共同体中，百姓将能真正满足于果腹、穿衣和简单的工作。他们会住在那儿，老死在那儿，不会迁徙到别的地方去，并对此感到完全的快乐："使民重死而不远徙……甘其食，美其服，安其居，乐其俗。"百姓没有任何欲望就会安于平静，而这样就会接近"道"。毁灭欲望，然后你就会摒弃战争。

这就是《道德经》中道家哲学思想的大致轮廓，但在我们结束这篇简论之前还有两个要点要指出。首先，这里讨论的道家的哲学思想不应该与在公元 2 世纪发展起来的道教混淆。中国历史学家对二者进行了区分：作为哲学流派其称为"道家"，作为宗教其称为"道教"。道教创作了大量经文和相关的著作，如《道藏》就有 1464 种。为追求永生，人们对道教给予了相当的关注，并以极大的热情寻求长生不老药。

其次，过分强调道家哲学在中国人的精神、艺术和思想生活中的作用会比较难。在上面对"道"的描绘中，为了提供一条清晰的阐述线索我们将强调的重点放在了"道"的哲学属性上，即无法形容（不可道）、不可分等。但是，如果不搞清楚"道"有时远没有想象的那么抽象是会引起相当误导的。总体上，道家并没有在"道"与自然秩序之间进行根本的区别。或者，用另一种方式说即是，他们将

"道"当成是在某种意义上存在于万物中或影响万物的东西。实际上,如果万物从"道"中获得其"德",那么在一种重要的意义上"道"就必须存在于万物之中。因而对道家而言,自然是神圣的,而且,一旦自然被看成是神圣的,那它将立刻变成一个令人崇敬、值得大家广泛关注的对象。这种信仰存在于大量的中国美学之中并刺激了对自然秩序的科学研究。

除非哲学思想确实是相当深刻的,否则它不会持续太久或对生活的许多方面产生影响。我们称为深刻的那些著作,与它的其他性质,与人性产生了某些深刻持久的共鸣,并进一步激发了显然是无尽的创造和深刻的反思。《道德经》的简洁和常见的优美陈述直到今天都还使得这二者兼具。

第五节　托马斯·克利里的《道德经》英译比较研究

1991年,托马斯·克利里《道之精髓:经由〈道德真经〉和庄子的内在教导进入道之核心》在美国纽约出版。该书与1999年出版的《道家经典》第1卷中《经典源泉》部分的内容完全一样。除对《道德经》和《庄子》的英译外,另有"导论"、注释以及关于道家思想、《道德经》和《庄子》之历史背景的介绍。注释部分分别对《道德经》81章中的57章和《庄子》做了进一步解释。1999年出版的《道家经典》第1卷中除《道德经》和《庄子》外,还有《文子》《领导与策略之书》以及《性、健康与长寿》共五个文本的英译。

克利里对《道德经》81章中的57章做了或详或简的注释。其中,未做注释的章节有24章,具体情况为如下:第7、40、41、42、44、47、51、54、55、57、59、61、65、66、68、69、70、71、72、73、74、75、76、77章。下面对部分有代表性的章节注释做译介,以飨读者。

一、第6章　谷神

评论者将"谷神"定义为"开放的意识""玄牝"以及"坚定的意识和灵活的感受性的融合"。"谷神不死"意为镜面意识不会因对心灵对象和时间制约的依恋之增加而被遮蔽。在经典《理解现实》中,伟大的新道家写道:

如果你想要获得谷神之不朽,

那你必须将基础放在玄牝身上。

一旦真正的活力回归黄色的金子，

精神之光的球体将不再分离。

第5行:"绵绵若存"。

说"玄牝"的开始是"绵绵若存"就像之前将"道"描绘为"湛兮似若存"，意思是它不能像某个你可以指定为它就是怎样的东西一样被确定。

第6行:"用之不勤"。

特定的注意和努力是另一个意识范畴而且并不触动"玄牝之门"，它是不可迫使的，因为它逃避了正式的智慧之计谋，是一种不同的意识类型。该段常常在道家文学关于沉思的时候引用，用来指自然呼吸和心理的平衡。

二、第14章　视之不见

这是一首象征神秘实践的颂诗。前面8行描述了连接思维两极的必不可少的桥梁。第9行也是最难懂的一行，概括了这两极:"其上不皦,其下不昧。"

宋徽宗说该行"玄而不可测""神秘难懂也被称作最神圣的,这也是其'不皦'的原因;物质的东西是井然有序的。这个被称作有效的方式,因此它'不昧'。"

该诗以强调知"古始"而结束。"古始"被陈景园定义为是宇宙之无形、无名的源泉。该章通过说只有你了解了古，即永恒，这才能被称作"道纪"。"道纪"有两个方面，即对暂时现实的认知和对恒久现实的认知。

三、第23章　希言自然

第12行:"同于失者,失亦乐失之。"

这里，"失"内在的意思是指"自私""骄傲""自我主义""贪婪""占有欲"等。"同于失"指的是一种纯粹的内在过程或者使用内在之失的过程。当其发生时，作为一种在内在的释放感觉中处理"失"的手段。

四、第32章　道常无名

第2~3行:"朴虽小,天下不敢臣。"

"天下不敢"或许也可解读为"无人能"，是"无人敢"的一种文本解读变体。道真说，"朴非用或位，亦非名或数。它没有固定的高下之分。它存在于人之分类前，因此无人能管辖它"。

第 8～9 行："民莫之令而自均。"

这句指的是自然秩序。这个陈述也可被用作理想的人类秩序的象征,在此意义上可被解读为"即便是民自己,也没有任何人敢统治他们"。这呈现出了圣人魅力那无法言说的影响。

五、第 49 章　圣人无常心

第 11 行："歙歙为天下浑其心。"

该行其一可解读为圣人在判断人的时候不小气或眼光狭窄。与此相似的是,佛教中慷慨的圣人据说有时是瞎子,在这样的情况下他们不会因自己的不足和弱点而去谴责或拒绝别人。

其二可解读为"他们为天下而统一其思想"。

第 12 行："百姓皆注其耳目。"

该行可解读为圣人关注所有的百姓,也可解读为"百姓都将其耳目放在圣人身上",意为仰视圣人将其作为榜样。

六、第 52 章　天下有始

第 2～6 行："以为天下母。既知其母,以知其子。既知其子,复守其母。没身不殆。"

"母"乃母之能量,是天下之源,是"道"多产的那一方面;"子"属于思想和创造的范畴,是神秘形式的世界。了解了"子"衍生和再生的本质,你就能"复守""母"这一再生之源,并由此作为源能量使其创造物得以幸存,人类就能一代一代使其"母"有生机活力。

另一层面上讲,"既知其子"意为当你充分地享受生活时。"复守其母"意为最终将关注的重心放在生命之源上。"没身不殆"是这种特别关注的结果,伴随着身体个性的意识通过在母体这个生命之源内的吸收而消失。某种相似的东西在早期中国净土信仰中得到了实践。

第 8 行："塞其兑,闭其门。"

该行指的是在母体中的内在吸收。

第 10 行："开启兑,济其事。"

该行指的是暂时的外部混乱。

第 14~15 行:"用其光,复归其明。无遗身殃。"

"光"乃散漫的智慧。"光"乃直接的意识。总是能复归其始,不会变得专注于散漫智慧的对象或产物,能潜意识地预先阻止有害的偏见和困扰。

第 16 行:"是谓习常。"

"习"字也有"进入""依赖""以为基础"之意。另一说"学习""实践永恒"。

七、第 56 章　知者不言

第 1~2 行:"知者不言,言者不知。"

这个陈述特别指的是像有可能从神秘的体验中获得的不可思议的经验和特别的感觉。一般说来,它建议行家不必炫耀自己的知识。那些总是炫耀自己博学的人通常都是一知半解的人。

第 3~6 行:"塞其兑,闭其门,挫其锐,解其纷。"

这几行指的是切断或远离概念性的意识。这么做是为了进入直接感知的领域。其后两行"和其光,同其尘"指的是由此与普通世界的日常实用性一道获得地受到加强和净化的意识之综合体。

八、第 63 章　为无为

第 6~7 行:"天下难事,必作于易。"

该句与吸取了道家传统的古代军事经典《孙子兵法》是互相呼应的:"是故百战百胜,非善之善者也。不战而屈人之兵,善之善者也。"

同样也与《孙子兵法》形篇第四中的观点呼应:"古之所谓善战者,胜易胜者也。"

九、第 67 章　天下皆谓

对该章介绍性的首句"天下皆谓我道大,似不肖。夫唯大,故似不肖。若肖,久矣其细也夫!"有各种不同的理解。似乎不管什么被安全地储存在一种方便的范畴中,不管它会是什么,都不可避免地被想当然。人类的这种共同思维源自大脑自然的筛选功能的一种超级精巧或伸展过度。

第 16~17 行:"舍俭且广。"

该句广义上指的是能力、用途广泛。《淮南子》云:"廉俭守节。……是故人主处权势之要,而持爵禄之柄。审缓急之度,而适取予之节。"

十、第78章 天下莫柔弱于水

第11~12行:"受国之垢,是谓社稷主。"

《淮南子》讲述了一个有趣的令人发笑的故事来证明这个悖论。似乎某个时期某国的君王得知邻国正在计划进攻和夺取他们的国土。得到这个情报后,国君和他的大臣们开始彼此道歉并试图自责,人人都宣称自己要为这个国家的事物负责,君王坚持他的领导一定有错,而大臣们则声称自己的管理不足。宫廷中的一个间谍眼见这种情况马上将这件事报告给了邻国的君王,于是邻国认为对一个领导和管理如此具有个体责任感的国家发起进攻是考虑不周的。

十一、第79章 和大怨

第1~3行:"和大怨,必有余怨。安可以为善?"

在这样一种关联下,很难不去想20世纪的世界军事史,尤其是由结束了两次世界大战的那些和平条款的某些特征引起的区域性冲突、那场持续了40多年的冷战以及殖民时期的经济和政治遗迹。

十二、第80章 小国寡民

第17~18行:"民至老死,不相往来。"
理想状态的生活是如此美好以至于百姓都不想到别处去。

十三、第81章 信言不美

通过对该章开头两行"信言不美,美言不信"的表达来看,这个观点可能被体现得更为有力。有中国谚语言:"忠言逆耳。"从"奉承自我的方式"这个意义上看"信言不美"是不成立的。如果仅只对表面现象来说它们是存在的话,那"美言"就是不可信的。

第六节 韩禄伯的《道德经》英译比较研究

韩禄伯的《道德经》英译研究成果有三种:一是1989年版《老子道德经:以新

近发现的马王堆帛书本为底本的新译》;二是2000年版《老子〈道德经〉:以郭店新发现的令人惊异的文本为底本的新译》;三是长文《对马王堆出土〈道德经〉帛书本之考证,特别关注其与王弼〈老子注〉之不同》。现将其第三种成果的部分内容译介如下,以飨读者。

1979年,韩禄伯撰写的长文《对马王堆出土〈道德经〉帛书本之考证,特别关注其与王弼〈老子注〉之不同》发表在《通报》第65卷第4期和第5期上。文章对马王堆《道德经》帛书本的结构、汉字、语法以及其在字、短语和诗行方面与王弼注本的不同和结语做了详细梳理。

一、在字、短语和诗行方面与王弼注本的不同

下面列出的是我们在帛书本中发现的与王弼注本相比较的一些文本变化。其中一些也出现在唐朝傅奕的《道德经》文本中,包括字、短语、诗行的增添与省略。前面引用过的段落,下文将不再赘述,所列内容已经相当完整。

第3章:

最后1行"为无为,则无不治",陈荣捷英译为"By acting without action, all things will be in order"。帛书本为"弗为而已,则无不治矣。"(He simply does not act on them and thus they are all in order.)

第5章:

陈荣捷英译为"Much talk will of course come to a dead end"(多言数穷)的一句,帛书本为"To be well-known means frequent exhaustion"(多闻数穷)。

第7章:

帛书本乙本在第4行和第5行之间增加了一句:"隐其身而身显。"(He puts himself away but finds himself in the foreground.)

第8章:

刘殿爵英译为"In an ally it is benevolence that matters. In speech it is good faith that matters"(与善仁,言善信)的一句,其前半部分帛书本甲本英译为"In association the good thing is sincerity"(予善仁),帛书本乙本英译为"In association the good thing is Heaven"(予善天)。

第10章:

①陈荣捷英译为"Can you understand all and penetrate all without taking any action?"(明白四达,能无知乎?)的一句,在帛书本中为"In clearly understanding everything within the four reaches, can you do so without using knowledge."(明白四达,能勿以知乎?)②"为而不恃"一句在帛书本中被省略了。

第12章:

帛书本开头几行的顺序不同,为:"五色令人目盲;驰骋田猎,令人心发狂;难得之货,令人行妨;五味令人口爽;五音令人耳聋。"根据陈荣捷的英译,可为:"The five colors cause one's eyes to be blind; Racing andhunting cause one's mind to be mad; Goods that are hard to get injure one's activities; The five flavors cause one's palate to be spoiled; The five tones cause one's ears to be deaf."

第15章:

①陈荣捷英译为"Of old those who were the best rulers..."的章节中,首句"古之善为士者"在帛书本中为"In antiquity those who were skilled in practicing the Tao..."(古之善为道者)。②陈荣捷英译为"Open and broad, like a valley"(旷兮其若谷)和"Merged and undifferentiated like muddy water"(混兮其若浊)的两个句子在帛书本中顺序颠倒了。③帛书本中"孰能浊以静之?"和"孰能安以久动之?"两句中的"孰"字都缺失了。

第21章:

①陈荣捷英译为"The thing that is called Tao"(道之为物)的一句,帛书本为"The things of Tao"(道之物)。②帛书本中短语"自古及今"为"自今及古"。

第22章:

①帛书本该章第8行中圣人是"牧"而非"式"。②帛书本乙本中"不自见,故明"和"不自是,故彰"顺序颠倒了,但是帛书本甲本的顺序是正确的,"明"在前,"彰"在后。

第23章:

陈荣捷英译为"He who is identified"(同于道者)的一句缺失了。而且,帛书本该章的结尾差别很大,为:"同于德者,道亦德之。同于失者,道亦失之。"(He who is identified with virtue——the Tao also obtains[＝virtue,double meaning] him. He who is identified with abandonment——the Tao also abandons him.)陈荣捷英译为"It is only when one does not have enough faith in others that others will have no faith in him"(信不足焉,有不信焉)的一句在帛书本中缺失了。

第24章：

①开篇几句的语序不同。帛书本为："跂者不立；自是者不彰；自见者不明；自伐者无功；自矜者不长。"②第2句"跨者不行"被省略了。③帛书本甲本和乙本中都是"故有欲者弗居"而非"故有道者不处"。

第25章：

陈荣捷英译为"It operates everywhere and is free from danger"（周行而不殆）的一句在帛书本中缺失了。

第26章：

陈荣捷英译为"Therefore the sage travels all day…"（是以圣人终日行不离辎重）一句中的"圣人"在帛书本中为"superior man, gentleman"。

第27章：

陈荣捷英译为"Therefore the good man is the teacher of the bad."（故善人者，不善人之师）的一句，帛书本为"Therefore the good man is the teacher of the good."（善人，善人之师。）

第30章：

①陈荣捷英译为"Great wars are always followed by famines."（大军之后，必有凶年）的一句在帛书本中缺失了。②帛书本顺序不同，为："善果者而已。1.果而勿骄。2.果而勿矜。3.果而勿伐。4.果而勿得已。"

第31章：

①与第24章一样，帛书本中的"故有欲者弗居"一句代替了"有道者不处"。②陈荣捷英译为"Weapons are instruments of evil, not the instruments of a good ruler"（兵者，不祥之器，非君子之器）的一句在帛书本中为"Weapons are not the instruments of a good ruler; weapons are instruments of evil."（故兵者，非君子之器也。兵者，不祥之器也。）

第37章：

①陈荣捷英译为"Tao variably takes no action, and yet there is nothing left undone"的该章首句"道常无为而无不为"，而帛书本用了"道恒无名"（The Tao is forever nameless）来代替。②"不欲"一词在帛书本中被"不辱"所取代。

第38章：

①陈荣捷将其英译为"The man of inferior virtue takes action, and has an ulterior motive to do so"的该章第 4 行中"下德为之而有以为"缺失了。②帛书本乙本中"上德"代替了"上义"一词。

第 39 章：

①陈荣捷英译为"The myriad things obtained the One and lived and grew"（万物得一以生）的一句缺失了。"What made this so is the One"（其致之）一句中的"One"（之，一）缺失了。②陈荣捷英译为"If the myriad things had not thus lived and grown, they would soon become extinct"（万物无以生，将恐之）的一句在帛书本中缺失了。

第 41 章：

该章最后一句应为"夫唯道，善贷且成"，而非"夫唯到处，善始且善成。"

第 46 章：

帛书本在第 3 行增加了"罪莫大于可欲"，其后接了"祸莫大于不知足，咎莫大于欲得"一句。

第 48 章：

该章首句"为学日益，为道日损"可英译为："Those who pursue learning are daily increased, those who hear about the Tao are daily diminished."陈荣捷此句英译为："The pursuit of learning is to increase day after day. Thepursuit of Tao is to decrease day after day."

第 49 章：

陈荣捷英译为"They all lend their eyes and ears"（百姓皆注其耳目）的一句，在王弼注本中缺失了。

第 55 章：

陈荣捷英译为"Fierce beast will not seize him"（猛兽不据）和"Birds of prey will not strike him"（攫鸟不搏）的两句被合并为"Birds of prey and fierce beasts wil not strike him."（攫鸟、猛兽不搏）。

第 56 章：

诗行的顺序不同。"挫其锐"和"解其纷"放在了"同其尘"之后。

第 62 章：

(1)"道者，万物之奥"一句中的"奥"字，帛书本甲本、乙本中用的都是"注"（水流入，陈荣捷将其理解为"贮藏库"）字。"注"可能是"属"（支撑，支持）字的同

135

音异形词。

(2)陈荣捷英译为"It is better to kneel…"(不如坐进此道)和"Why did the ancients…"(古之所以贵此道者何?)两句中的"道"字都缺失了。

第64章:

陈荣捷英译为"The journey of a thousand li starts from where one stands"(千里之行,始于足下)的这一行,帛书本甲本为"百仞之高"(A high place of 800 feet begins beneath one's foot),乙本为"千仞之高"(A high place of hundreds of thousands of feet begins beneath one's foot)。

第66章:

陈荣捷英译为"Therefore the sage places himself above the people and they do not feel his weight"(是以圣人处上而民不重)和"He places himself in front of them and the people do not harm him"(处前而民不害)的两句在帛书本甲本中顺序是颠倒的。

第67章:

"天下皆谓我道大,似不肖。夫唯大,故不肖。若肖,久矣其细也夫"(All the world says that my Tao is great and does not seem to resemble [the ordinary]. It is precisely because it is great that it does not resemble [the ordinary]. If it did resemble, it would have become small for a long time.)帛书本为"天下皆胃(谓)我大,大而不宵(肖)。夫唯不宵(肖),故能大。若宵(肖),久矣亓(其)细也夫"(The whole world says I am great, great and yet unlike anything else. It is only because it is great I am not like anything else [double meaning-small], that I am able to be great. If I were similar to others [double meaning = small], I would have been decreasing in size for a long time now.)

第69章:

陈荣捷英译为"To confront enemies without seeming to meet them"(扔无敌)和"To hold weapons without seeming to have them"(执无兵)的两句被颠倒了。而且,两句被合并后读起来有些像"若执无兵,则扔无敌"(If you can hold men without using weapons then you will not have any enemies)。

第70章:

帛书本甲本对(言有宗,事有君)一句的译文为"My doctrines have a master,

my deeds have a source",将"君"和"宗"搞反了。

第71章：

陈荣捷英译为"Only when one recognizes the disease as a disease can one be free from the disease"(夫唯病病,是以不病)的一行缺失了。

第73章：

陈荣捷英译为"Even the sage considers it a difficult question"(犹难之,是以圣人)的一行缺失了。

第74章：

①首行应是"民不畏死,奈何以死惧之"而非"民不畏死"。②在"孰敢"(Who would dare to do so)后,帛书本添加了"若民常畏死,必以死惧之"(If the people have a constant livelihood and must fear death)一行。

第77章：

陈荣捷英译为"Who is able to have excess to offer to the world?"(孰能有余以奉天下)一句中,"天下"用的"the world"而非"Heaven"。

第78章：

①在以"天下莫柔弱于水……"开始的一句中,将"水能胜刚,柔能胜强"解读为"弱之胜强,柔之胜刚。"②"莫能行"一行应该是"天下莫不知,莫能行。"(天下没有人不知道它,但是却没有人能实践它。)

第80章：

①在英译"使民重死而不远徙"一句时,"not"一词在两个文本中都缺失了,陈荣捷将其英译为"Let the people value their lives highly and not migrate far."②陈荣捷译为"安其居"和"美其服"的两个短语颠倒了。

第81章：

陈荣捷译为"A wise man has no extensive knowledge; He who has extensive knowledge is not a wise man"(知者不博,博者不知)一行放在了"善者"之前。乙本中有"善者不博",但没有"善者不辩"。

二、结语

对于《道德经》帛书本,还有许多事尚待钻研,译者将通过提请注意做进一步研究,需要从注意的五个方面来结束研究。

(1)我们现在对古文发音的重新建构需要通过专家来与帛书本(这里是指所

有的帛书本,不仅仅是《道德经》帛书本)对应着进行检查、核实或证明。帛书本是我们了解这个问题的金矿,它从一个明显的点及时为我们呈现出了有关语言本质的大量证据。"原初"文本和"最终"文本都可以被检查。前者通过注明假借字,而后者通过注明押韵字。朱德熙也呼吁这种研究,注意"原初"文本肯定与今天的有相当大的不同,如"弄"(玩)可被用作"宠"(喜欢)。

(2)在文本、古代字形和表达方式晦涩的情况下,相关的语言变体需要专家在书面文本的发展中仔细检查。这又一次适用于帛书本中的所有资料,并非仅仅是《道德经》。一旦把这与其他来源相核实,我们可能会有一个更好的关于秦与西汉时期在语言的统一过程中变化的理念。

(3)我们需要一份文本中出现的语言变体的完整名单,以及对它们在其他版本的《道德经》文本中找到的字之间关系的断定,即便是暂时性的或假设的。

(4)我们需要一本新的《老子校诂》。这时候要有人来把在帛书本中,将发现的包括字、短语和诗行在内的所有变动,逐章比对所有《道德经》中文版本中,将发现的变动之处辑录成册。这就会有相当大的价值,我们能一眼看出帛书本与其他文本是如何发生联系的。

(5)最后,当语言问题能被更好地理解,一些翻译问题能被解决的时候,应该有一本对《道德经》帛书本的注释性翻译。

第七节　迈克尔·拉法格的《道德经》英译比较研究

1992年版《道德经英译与评论》之"导论"和"阐释:解读《道德经》的一种合理方法之'对老子教义的分析:非字面解读'"如下。

一、导论

《道德经》起源于中国思想的形成早期,它是那个时期为数不多的在中国传统中占有一席之地的著作,大致与犹太教、基督教和伊斯兰教传统中的希腊经典《圣经》和《古兰经》,以及印度和佛教传统中的《奥义书》和巴利文经典相似。在20世纪,《道德经》在西方国家也变得相当流行,据说是世界上除《圣经》和《薄伽梵歌》外被译介最多的著作。

这本《道德经》英译本在许多方面不同于之前的英译本。如果说这本《道德经》的优点,那就是它既非源自新的思想或哲学洞见,也非源自新的历史或语言学的研究,而是源自一种发展和应用现代"阐释学"的一些方面,即运用阐释学理论和实践以试图重新获得原文本的原意。阐释学是在诸如《圣经》研究等领域被广泛讨论的主题,但是直到最近才开始在西方的中国经典译者中明确而广泛地运用起来。尽管阐释学源于经典研究,但是现代阐释学在努力克服与《圣经》著作的阐释频频相关的趋势。在当今研究的一个结果是我们发现《圣经》著作中的观点并非是凭空而来的。它们源自人类的经验,的确常常是非普通的经验,但这些经验并非彻底不同于我们自己可能经历或想象的经验。像《道德经》这样的著作如此有趣的主要原因在于它们是站在一个传统的起源的位置,反映了人类的原初经验,使其成为后来与经验之根相分离的教条和教义的基础。要理解这些著作中的字词,我们必须试着与原作者有所共鸣地进入那个历史世界,找到那个世界的方式以及字词所反映的东西。这么做的一个重要的关键点是试图在我们自己的经验中找出类似的东西并从中做出推断。以这种分析《道德经》的方法为基础的阐释学原理的进一步概略可在该书《道德经》译文和评论后的关于"阐释学"的论文中找到。

《道德经》是一本奥妙无穷,需要变通的著作,不同的读者对其有不同的理解。相反,我认为《道德经》对其原作者和读者来说意思是相当确切的,只是这个意思还值得我们努力去重新获得。对阐释方法的细心关注有助于我们更接近著作的原意,因此所有的尝试都是基于有根据的推测,来求得大致结果。

二、阐释:解读《道德经》的一种合理的方法之"对老子教义的分析:非字面解读"

人们说:"你有一把蓝色吉他,
但你不懂弹奏事物如其所是的方法。"
那人答道:"如其所是的事物,
在蓝色吉他上已发生变化。"
人们又说:"那就弹一曲吧,但必须
既高于我们,又仍是我们自身,
这首曲子要通过你的蓝色吉他,
把如其所是的事物表现得分毫不差。"
……

但什么都未被改变,除了位置,

那些如其所是的事物的位置,

且仅有位置,当你弹奏你的蓝色吉他时。

——华莱士·史蒂文斯

对一部作品"过度分析"的危险是众所周知的。但是,当我们处理一件时代和文化都离我们很远的作品时,都会用到一些喜欢或不喜欢的分析方法。在这种情况下,我们需要的不是趋于舒适的、易掌握的方式,而是要试图去做更加仔细、更加感性的分析。比如,该作品的原读者所听到的那样在我们的分析中试图去重构和捕捉住词语的含蓄结构。阐释性的分析应该像华莱士·史蒂文斯的《蓝色吉他手》一样。分析一个警句不是人云亦云,或者自我臆想,而是不用分析,因为当我们对其进行分析时,不可避免地,"事物已经发生改变"。但我们的目标应该是,唯一的改变是分析的事实,让含蓄的东西变得让原作者或读者明白易懂。警句的意义结构仅仅只是让其从含蓄到易懂。"这首曲子要通过你的蓝色吉他,把如其所是的事物表现得分毫不差。……但什么都未被改变,除了位置,那些如其所是的事物的位置,且仅有位置。"

不仔细分析的主要危险是我们将会无意识地倾向于那种似乎是"最简单的"分析。也即是,我们将试图给客观现实一个准确的字面画像。例如,我们将"知者不言"作为是一个事实的主张或世界的"一般法则",绝不会发现"知"和"言"是关联在一起的。与此相似的是,我们将会把"道乃万物之始"看成是对一幅真实画面的断言:有一个物体,"道",在过去的某个时候使得世界上的万物发生。

在试图为阐释《道德经》设计一个受到约束的方法时,而且不仅仅是靠作者对其意义的直觉,必须试图去做的一件事是为阐释老子的格言设计出某些分析模式,这些格言与它们可能在老子社会中被使用的方式更一致。这里,两个基本假定是:①《道德经》中许多谚语式的格言与我们自己文化中的谚语有着相同条理的意义结构。②在老子社会中,有一个与这种实践相联系的作为其修身和体验之具体背景的关于其他格言的庞大体系。

(一)有争议的格言

我们在自己的文化中使用它们的方法,把含蓄的谚语加以仔细分析,勾勒出这篇文章的意义结构。这个意义结构由3个主要元素构成:目标、意象和激发它的态度与价值取向。我们可对其做如下描绘:

1. 目标

格言本质上是一种补偿的智慧。它们总是针对一些反对人类的趋势进行纠正或补偿。"稳扎稳打是制胜的诀窍"是一个很普通的谚语,尽管它不如关于哪方会赢的一般法则那样可信。"捷足先登"要更加真实,但它不是一个谚语。为什么呢?因为人们会有假设迅捷是赢得比赛的唯一办法的倾向,而"稳扎稳打是制胜的诀窍"则补偿了这种倾向,唤醒人们的还有一种不同的可能性。但是没有人有迅捷之人不会赢得比赛的倾向。"捷足先登"没有任何需要补偿的东西。尽管它是真的,但其在日常生活中没有有用的"点"。作者把这种反抗人类倾向称作是一个特定格言的"目标"。谁不懂一个格言的目标,那他就不会懂其意义。试想一个中国文化懂得很少的外国人试图理解"一个巴掌拍不响"。而且,任何一个特定格言在阐明一个点以反对它特别的目标时是耗尽全力的。这不是一个众所周知的事实,它一直在所有的情形下被运用,它也不必与真相或法则的深层实体有任何附加的关系。老子思想的统一部分组成反对相对较小数量的目标这个事实。积极的老子理想需要与这些"目标"相对比才能被理解。这些是作者在译文第1~2部分和第5~7部分中评论并重新安排章节以及在"局部术语表"中将格言分组的主要基础。

2. 意象

一个格言建议不等于一个一般法则,而是一个意象。"心急水不开;心急吃不了热豆腐"并不是在陈述一个观看罐子时常常发生的现象。它旨在给我们一个意象,告诉我们一个焦急地望着罐子的人感觉水"不会开"。这个意象引起了一种感官上的联系,在焦急的等待与感觉所等待的"不会来"之间,这种情况并不常见而只是有时出现。格言的这个特征常常大大地缩小了被使用术语的意思,它意欲的是焦急地观看。而且"不会开"有一种心理的而非物理的参考(似乎对焦急的观看者来说罐子里的水将"不会开")。这意味着格言绝不会是武断的,而是意在唤起一个意象,一个在其中用来连接两种思想的基础对我们的思维来说非常清晰的意象。因而,要了解老子的格言"光而不曜",我们必须试着去想象某种能被期望在某种意义上可引起一个人"光"的那种"不曜"。我们必须抵抗住将这个意象减少到某个法则(如"不许炫耀")的这种诱惑,或仅仅是个实际的建议(如果你想要光明,那么不炫耀就是使用的最佳策略),这个格言的目的在于鼓励人们将引人注目的自谦而非侵略性的自我标榜作为他们的理想。换种说法,"五色令人目盲"并没有武断地指出彩色总是使人的感官迟钝因而应该要避免。这个格言意在警告一个人在感官迟钝的情况下要当心有色彩的东西。格言提供的意象常常是非具象的,意在纠正某些人类的倾向(格言的"目标"),并因为这个原因,被提供的意象常常是故意夸大的、相悖的、挑拨的、"令人震惊的"。老子的格言尤其如此,以其丰富的色彩著称。其意图不在于呈现出一种清醒的、准确的、恰当合适的普遍真理,而在于"唤醒人们"注意正被忽略的情形下的某个观点。这应该是警告我们不要作缺乏想象力的理解,而且也不应该将夸张当成一种纯粹的、起修饰作用的"修辞"。将其理想的统治者比作娼妓的人是故意想要引起其同时代人的道德震惊。这是该段中的部分信息。同时也请注意,由于简洁、智慧的缘故,格言有时故意背离其逻辑或语法结构,如"失之毫厘,谬以千里"。这毋宁说是文本的失范,可以解释《道德经》中一些用正规的中文方法难于理解的段落。一些格言是针对呈现相似意象的相同目标。这些在"局部术语表"中有讨论。

3. 激发它的态度与价值取向

一条格言所含的要点并不在它所谈的内容里,而在于其提出这种意象而非另一种意象的含蓄"选择",它反过来又传达了说话者的态度。当一个人在决定是否冒险时,可以选择说"小心不出大错;宁可事先谨慎有余,不要事后追悔莫及",或者选择说"不入虎穴,焉得虎子"。这种选择背后的关键问题不是哪个格言在客观上更真实,而是哪个格言把这种特别的情形表达得更客观。一个孩子说"棍棒和石头会打断我的骨头,但闲言碎语永远不会伤害我"时,他不是在解释一个客观事实,而是在"故作姿态"。假设对于一种情势的某种姿态或态度,坚持从特点的视角去看待它,那么每个说某个格言的人都是在"故作姿态",假设对那种情势的某种姿态或态度并邀请他或她的听者与其分享这种态度,在提出一个特别的格言时,那个人并非主要是在传递信息,而主要是在表明一种态度。一个格言希望说服他人的最终依据不是它直接陈述的客观事实,而是它对这种情势"付诸行动"所采取的态度或观点的吸引力。通常,这种吸引力潜藏在这个格言中的特别的价值取向。在作者看来,有一种相对统一的态度潜藏在被一种特别的价值取向所激发的整个老子格言的体系中。这种作为一种"状态或心智品质"被培养的态度,就是老子的"道",即老子对待生命的"方法"。这种态度是格言中"被付诸行动"的某种东西,而非格言中所直接表达的东西。这是在说"道"不可名的一个重要部分。从现在的观点来看,这个要点对于理解《道德经》是极其重要的。将其运用到老子格言中显示出老子智慧的一种可透视的、价值负载的本质。老子格言既没有教导一种相对主义者对所有价值的怀疑主义,也不是基于一种完全的客观现实。它们采取了一种果断的立场以支持某种特别的价值体系,并倡导基于这种价值体系采取一种对待所有情势的态度。当考虑《道德经》中的"一致性"这个问题时态度也是非常重要的。老子智慧的"一致性"不是基于老子连续应用到所有情形中的一系列教义或道德——精神法则。老子"体系"中最具有一致性的是格言"表演"的态度。我试图用非老子的时尚对激励老子态度的根本价值取向进行一种直观的描述。

值得注意的是,通常这里概述的三种因素没有一种是会在特定的格言中被直接提及的。同时,在每一个格言中这三种因素对其意义来说都是根本的,而且具有高度特异性。错误地猜测其中的任何一个都会导致对格言的误解。在试图理解《道德经》中的一个难的格言时,不能只盯着其字词并试图对格言的意思进行直接解读。我们必须做的是依靠背景信息和《道德经》中其他格言的帮助,对前面概述的这三种根本的意义因素进行有根据的推测。

对老子格言的这种分析可通过使用"言者不知"这个著名的例子来证明。将其按字面意思理解为"任何会对某事高谈阔论的人一定都对其缺乏了解"是不正确的。可以将其做如下理解:①你可能对有技巧的演讲有深刻的印象,并由此假设这个雄辩的演讲者是一个有高度理解力的人。②与此相对,我想要提醒你注意这个没头脑的雄辩者的意象,从中你可以看出有技巧的演说与缺乏真正的知识之间的联系。③作为接受这个论点的理由,我邀请你采取一种价值取向和态度,其中物质是非常重要的,即便是不会给人留下人深刻印象。

作者认为对我们在生活中做决定的正规方式的沉思将表明,此过程比我们通常假设为官方理想的"从连续的法则进行逻辑推理"更接近。注意格言的意义结构是恰当理解《道德经》的唯一重要的关键。

(二)格言与自我修养

除了有争议的格言,还有另一类已经提及过的格言,它们与自我修养有着更直接的关系,如"玄牝之门,是谓天地根。"对于那些有争议的格言,普遍的问题在于将其按"最简单"的方式来对待,即以最缺乏想象力的方式,就如在教导我们一些关于宇宙进化论或形而上学的学说。但是,关于这些格言我们必须要问的第一件事不是"它们教给了我们什么真理",而是这些言辞是如何将其渗入那些最先说这些格言的人的具体生活中的？对言辞教义性的猜测和教导性的学说代表了某种与对这些言辞的使用相关联的具体的人类活动,而非那唯一的一种。

关于我们刚引用的这个格言而设置的具体生活的假设是,以首先关注格言在被使用于被称为"形式批评"的一种阐释性方法中的"形式"而非以其内容为基础的。这里的"形式"不是直接指"风格",而是反映具体生活背景的那些口传格言之"形式"的正常特征。例如,简洁是格言"形式"的一个正常特征,反映它们需要不被干扰其流动而插入对话中这个事实。教义性的格言源于对思索性教义的思考,而教义性的思考则反过来典型地表达了它自己在话语中的某种形式,如那种我们在亚里士多德和康德作品或者宗教教义问答中发现的话语形式。如果我们仔细看《道德经》所使用的表达形式,就会发现源于其中的背景,即人类的活动,看起来不像是源于思辨思维。相反,我们所发现的比较普遍的格言类型是：①关于沉思和自我修身的教导;②描绘试图在精神上去抓住一种难以捉摸的内在存在是什么感受;③相当数量的格言赞美是一个将某些品质如"静""柔弱""虚"等内化了的人所拥有的巨大好处。这些类型与我们在另一早期著作《管子·内业篇》中发现的格言类型是相似的。《内业篇》中出现的类型和上下文语境的本质都提醒我们,它谈论的是修身而非精神的沉思。

比如,以这样的观点,"柔顺"是老子的"士"自身培养的思想品质。"玄牝之门,是谓天地根"这个格言主要被用在那些已经对"柔顺"这种品质熟悉并将其当成是某种相当棒的经验的人中。这个格言的要旨不在于指导人们做那些他们不知道的事,而在于赞扬他们已有的共同经验,其中他们将"柔顺"看成"宇宙级"重要的东西。在这方面,它与如"爱情能扭转乾坤"这样的格言不一样。"爱情能扭转乾坤"是在赞扬爱的经验。这个格言没有回答"是什么使得地球旋转"这个问题,而是回答了"爱是多么伟大"这个问题。

一些与自我修身相关的格言,其要旨不是赞扬性的,而是指导性的,如"致虚极"这个简单的指示。但这里的"指示性"这个词常常指的是对自我修身的具体实践及其在某个人的生活方式中的效果的指导,而非是对教义的指导。

研究老子的学家使用一系列特别的术语来指代他们修身的思想品质,这些在译文中常常是用大写来加以强调的。这些词语中有一些是描绘性的,如"柔""静""虚""同""明""顺""和""合""无""不欲""无为"等。但这种品质也被具体化了,在谈论它们时好像它们是一种独立的实体或力量,而且这导致了对如"一"

"母""朴""道""德"这样的非形容词性的词语的使用。这些术语的每一条都在译文后的"局部术语表"中另立题名对其意思加以解释,并给出所有出处。

(三)关于世界之起源的格言

可能对现代读者来说最有问题的与自我修身相关的是那些用以捕绘世界之起源的格言,也是这本书中阐释与占统治地位的传统阐释强烈相悖的格言。这里对这些格言的语义结构做更加详细的解释。这些格言如:

"吾不知谁之子,象帝之先。"(第4章)

"有生于无。"(第40章)

"万物得一以生。"(第39章)

"道生一,一生二,二生三,三生万物。"(第42章)

"无名,天地之始。"(第1章)

"道生之,德畜之,物形之,势成之。"(第51章)

从像王弼这样的早期评论家开始,这样的格言就常常被解读为是老子思想的"教义基础",好像老子学家们先是得出了一些关于宇宙进化论或形而上学的理论,然后把这些理论作为建构他们的其他思想和解决实际问题的方法之根本基础。然而,这种阐释格言的方法是后来的评论者的形势与兴趣和首先使用的老子的"士"的形势之间的某些根本差别所导致的不幸结果。与此巧合的是一种对许多运动和传统来说都很普遍的现象:运动之始,一小队热心者被深深地感动,然后获得某些同时转变他们性格和所见世界之经验"实施"。对早期的热心者来说,这种个人的转变经验"必须"是真实的,这仅仅是因为某些直接经历的东西被生活中其他更宝贵的东西显示出来。后来读到这些热心者的文字的人总体上并没有与他们分享相同的经验。这些人是:①组织成员。对这些成员的部分要求是对某些教义持赞成态度。②哲学家—知识分子。他们常代表性地假设有某种被下意识地表达的"理论",它们是优于自身中对某种未加反思的经验的一种知识形式。这两种人都习惯性地不信任他们自己、作为一种规范真理的、未加反思的世界经验,并寻求某些权威的、"客观的"外在基础,这些将为他们提供一种批判性的标准辨别真假观念和善恶的冲动。于是他们到像《道德经》这样的著作中去寻求这种权威的根本教义。毫无疑问,他们在其中找到了想找的东西。

这里所描绘的倾向同时被许多传统的中国《道德经》评论家和许多西方学者、知识分子分享,其中有些不言而喻的假设,认为将《道德经》当成"哲学"著作是一种想当然的前提条件。西方的《道德经》研究学者常常追求发现知识的"绝对基础"这种在从笛卡尔到近代的"反基础的"思想家中占先导位置的哲学思想，而增加额外的负担。最后，对始于19世纪的文化多样性的认知和尊重引发了许多对"相对论"的威胁，以及随后对克服它的跨文化的、"普遍的"、绝对真理的寻求。这也极大地影响了20世纪接近《道德经》的读者的关注和兴趣。

作者的观点是老子关于这些格言的"要点"不是指示性的，而是赞扬性的，是在对那些理想的道家的自我修身与实践中"道"的存在，这一"基本"品质的赞扬，同时作为一种外在个体中心和在被转变的意义之基础来经验的。

对现代读者来说，理解这种关于世界之起源的格言的主要问题在于，它们反映了古代中国人比较普遍但现在却不再普遍的想象的、语言的习惯。其中最接近的比喻之一，尽管仍然只能是大概，是某些我们在谈到"恋爱"的"转变"经验时的方式。让我们来看看这首爱情歌曲的开头部分："当我第一次见到你的脸，我以为你眼中升起了太阳。月亮和星星是你给黑暗而空旷的天空的礼物。"

这首歌在赞美爱的一方给予另一方的"宇宙的"意义。宇宙意象的意义似乎可粗略概括为：使人坠入爱河而不同于一般经验，而它是在"世界"内部发生的，是我们生活的稳固支柱。坠入爱河强烈影响了这个支柱本身，好像使世界本身是彻底地改变了(我感觉地球在我脚下颤抖，感觉到天将崩塌)。现在，它成了一个完全不同的地方，一个爱与被爱的人在"最大"可能的程度上有一个共同位置的地方。我们来比较一下儒家的《荀子·礼论》中关于"礼"之委婉说法："天地以合，日月以明，四时以序，星辰以行，江河以流，万物以昌。"

我们可以用图表来把上面这首爱情歌曲最后两行所暗示的语义结构表示如图5-1所示。

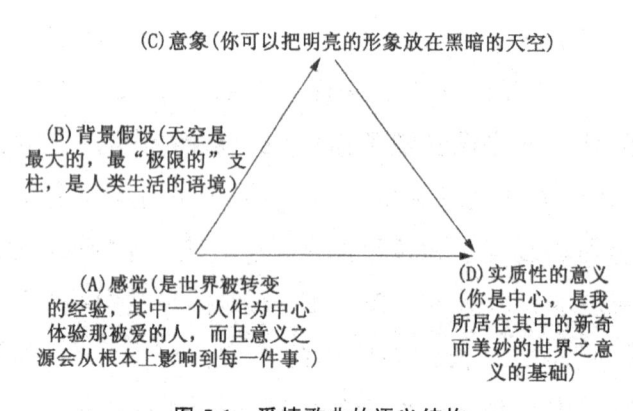

图 5-1 爱情歌曲的语义结构

第五章 比较视野下英语世界的《道德经》传播研究

这个感觉的基础:①这里是每一件事的基础。它不是背景假设,天空是人类生活的"终极语境"。②它不是认为被爱的人将星星放在了天空中的观点。③任何事物以此为基础的"教义性"的信仰。星星之起源的意象(C),是一个对这种感觉的赞美性的表达(A)。它并不代表一个人知道的所附加给它的某种东西,也不是一个对实质性的意义(D)的独立的基础,其完全是以感觉(A)为基础的。

当然,这首爱情歌曲与老子关于作为起源之"道"的格言之间是有相当差别的。坠入爱河常常是一种暂时的现象,而老子关于自我修身的格言意在保持一种以"道"为中心的生活。坠入爱河从严格意义上讲是个体的,而老子学家们将其"道"当成是一个新的"世界"秩序的基础。

老子思想与现代思维习惯之间存在一些不同,其重要性在图表中被称作"背景假设"的领域中,指古代中国使用按时间顺序排列图像以及"古代"和"起源"意象来表达思想的倾向,而我们则倾向于使用空间意象、"深层"意象和"基础"意象等。这可以通过一些例子来证明。

例1:现代的"士"习惯于将他们认为理想的政策表现为传说中的古代君王和圣人的政策。通常,有的陈述的语义结构与上面所描绘的是一样的。他们常常没有可靠的、独立的管理古代政策的知识来支撑他们的建议。将一项政策归因于古人是表达其理想本性的传统方式。

例2:格拉哈姆指出,汉字"古"在词源上与另一个意为"原因"和"基础"的"故"字有关联,如被墨家的逻辑学家们用来指代为一个句子的意义之"基本核心"的事实断言。

例3:在说到一种潜藏在所有老子智慧中的统一的精神时,《道德经》中有两段用了与"父""母"相关的意象:①这种精神是"言有宗。"②"以为教父。"因为"道"也被称作"万物之宗",因此可以说"道"对万物来说是理解老子格言的唯一一种老学方法。

例4:《庄子·在宥篇》云:"汝徒处无为,而物自化。堕尔形体,吐尔聪明,伦与物忘,大同乎涬溟。解心释神,莫然无魂。万物云云,各复其根。"在《道德经》第16章中,"夫物芸芸,各复归其根"的意象不是描绘的一种客观事实,而是一个人经历世界的方式之转变。有一种人在其中处于非常活跃的状态,而且将其作为充满活跃的事物的多样性来经历世界的。当一个人的思维冷静下来的时候,世界也冷静下来了,直到开始经历世界的多样性,仿佛他在这个唯一的静止之根中有其来源基础。由此我们可以看出"道"作为起源之根的意象与在老子的自身中所带来的世界之转变的经验之间的关系。

例5：第52章第一、第二句"天下有始,以为天下母"描绘出一个人所培养的作为在此被称为"子"的经验世界中被夸大的精神品质。格言说："既知其母,以知其子"。理解世界万物之意义的关键在于理解与某种来源基础相关的东西以及与一个人培养的思想品质。这也可能是格言"以知古始,是谓道纪"和"以阅众甫"的意思。"以知古始"的表达意指在其真正的光中理解它。

最后,我们应该记住,通常在"裸露的客观事实"与"意义"所做的区分,是一种彻底的现代区分,依赖的完全是"裸露的客观事实"之现代科学观的发展。在此之前的民族在说"世界之起源"时所指的"世界"并不是由"裸露的客观事实"和物体,而是由他们的普通经验来填满意象的世界所组成。因为在很大程度上,世界的意义是个显著的问题,而关于世界之起源基础的问题在于它本身的意义。

记住这些潜藏在起源意象中关于"背景假设"的观点,我们可以将老子关于世界之起源的格言的语义结构粗略勾勒如图5-2所示。

(C)意象（"道"乃世界之起源。）

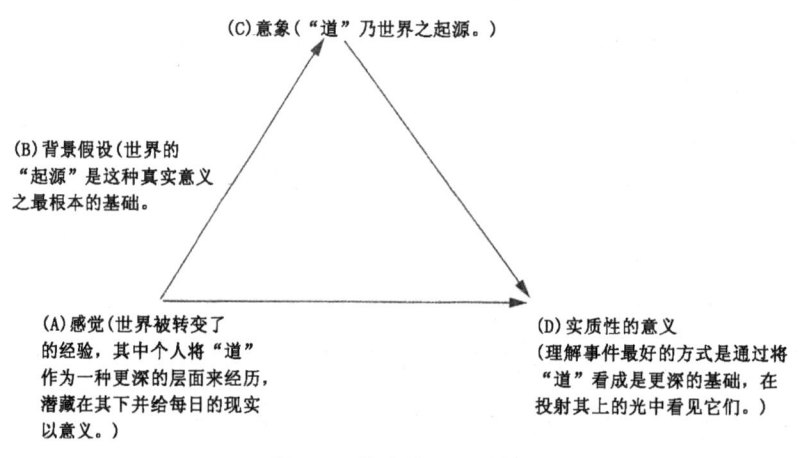

(B)背景假设(世界的"起源"是这种真实意义之最根本的基础。

(A)感觉(世界被转变了的经验,其中个人将"道"作为一种更深的层面来经历,潜藏在其下并给每日的现实以意义。)

(D)实质性的意义(理解事件最好的方式是通过将"道"看成是更深的基础,在投射其上的光中看见它们。)

图5-2 格言的语义结构

这个感觉的基础(A)在这里是万物的基础。既没有将起源等同于存在的基础之背景假设(B),也没有认为"道"是世界之起源(C),是万物以其为基础的教义性的"信仰"。"道"作为世界之起源(C)是对感觉(A)的一种表达。它没有呈现某人知道的附加给它的东西,也不是实质性意义的独立基础(D),这个完全是以感觉(A)为基础的。"'道'之起源的"是形容词性,用于描绘从道家的视角所见到的世界的特性。

用这种方式阐释老子关于世界起源的格言不是为了否定有些老子研究学者可能会将这些主要是赞美的格言也当成是关于世界起源的文字。在缺乏对抗的情况下,科学地以关于世界起源的格言为基础,将会是一件很容易、也很自然做到的事。但是①仍然没有任何暗示表明他们将这种文字的事实当成了他们思想的基础。②"字面的阐释不是他们头脑中最重要的",表明的是在《道德经》中为了中和诸多差异的、可见的尝试的缺乏,有时使得蕴含在格言中的关于世界之起源的意象互相矛盾。这是可期待的,因为有人认真对建构一系列连续的关于世界是如何起源的文字的信念或教义。我们所替代的是一系列交叉的意象。

可以看出这个分析是简化的,减少了其中的老学思想,基于客观而绝对的形而上学的、真理的哲学教义所应有的程度。这只有在绝对的形而上学的真理且有充足的世界观,这种唯一值得要的、可能的、适当的基础的情况下才成立。

第八节　刘殿爵的《道德经》英译比较研究

1963年版的刘殿爵《道德经》英译本,只是对《道德经》81章文本的纯粹翻译,除译文外,并无任何的东西,甚至连目录和各章题名都没有。1982年,由刘殿爵英译的《中国经典道德经》在香港出版。该书由两个部分组成,一是对《王弼注本》的英译,二是对马王堆《道德经》帛书本的英译。该节将刘殿爵为该书《王弼注本》的英译撰写的"导论"译介如下。

《道德经》对历代中国思想的影响完全超出了与其时间长度的比例。它常被称为"五千言",尽管,其大部分版本的字数都要比五千言多些。它是一本简短之作,中国古代汉语是一门及其简练的语言而且写作风格是如此特别,这样一个事实常常使得其简洁到了模糊的程度。如果《道德经》能像其他道家经典一样便于阅读的话,那它就不可能通过如此多的译者而被西方人广为知晓,仅英译本就超过了30种。毋庸置疑,《道德经》是到目前为止,为中文典籍中最常被翻译的著作,但不幸的是,其译者并未实现最佳的使用,因为对东方神秘主义的着迷而阅读此书的情况已经远远超过了解中国思想甚至中国语言的程度。

《老子》文本被分为甲本和乙本。这很可能仅仅是为了与《老子传》中的记述相一致的缘故。《老子传》中说老子应关尹长的请求写一本分为上、下两部分的著作。无论如何,将《老子》分为上、下两部分至少是公元1世纪的事。我们有理由相信现存文本的81章,即甲本37章和乙本44章,也应该回溯到那个时间。到公元2世纪的时候,该著作也以另一个书名《道德经》而广为人知。更特别的是,甲本为《道经》,乙本为《德经》。这么命名似乎不过仅仅是甲本的第1个字是"道"字而乙本的第1个字是"德"字的缘故。

传统的观点是,《老子》由一个名叫老子的人所写,他是一个比孔子年长且与孔子同时代的人。这种传统的、最具权威的章节来自中国最早的通史《史记》中的《老子传》。《史记》于公元前1世纪为司马迁所作。

当司马迁写《老子传》的时候,他发现关于老子的史事太少,以至于他能做的只是将他那个时代关于老子的传说收集到一起。他甚至对老子的身份确认都有困难。他明白地了解到老子可能与一个叫聃的史学家是同一个人,尽管后者生活在孔子去世后100多年。司马迁还暗示老子有可能是老莱子,因为老莱子也是楚国人,也写过一本道家著作。最后,他认定老子是一个名叫宗段干的人的父亲,其后代仍然生活在司马迁那个时代。司马迁表示了自己的疑虑:"老子可能活到了160多岁,甚至有人说200岁,因为他修道,所以能如此高寿。"在司马迁认定老子是史学家—聃的时候他其实是半信半疑的,因为他随后补充说:"世人不可能知道真相之所在。"当他继续说"老子是一个远离尘世的君主"时,他其实是心照不宣地为自己的《老子传》中可靠信息的缺乏提供了一种解释。

除了关于老子的名字叫聃以及他是楚国人的陈述外,整个《老子传》中只有两个所谓的事实。一是孔子与他会面并向他问礼之事;二是老子西游经过函谷关受关尹长请求著书之事。

毋庸置疑,这两个所谓的事实都没有被记载在现存的任何一本早期著作中。两种传说直到公元前280年至公元前240年都未被广泛知晓或接受,而且,没有充分的理由相信它们是建立在史事基础上的。完全有可能老子根本就不是一个历史人物。一旦我们不再把老子看成一个历史人物,不再把《道德经》看作老子所作,那我们就能开始明白两种传说中指向更合理观点的某些特征。

很早孔子就以圣人被众所周知,自然就有关于他的故事流传,其中不用说有的是源自那些对他充满了敌意的人。其中有一类型相当流行,它是关于孔子与那些取笑他的隐士相见的故事组成的。老子的故事仅仅只是这一类故事中的一个而已,而老子也不过只是这些隐士中的一个而已。由于这一类的故事不能严肃地当成历史证据来对待,因而我们没有理由相信老子是一个真实存在的人物。

第五章　比较视野下英语世界的《道德经》传播研究

而且,在公元前 4 世纪后半期至前 3 世纪前半期这一时期,至少有两本书名意为"老子"的著作。"老子"也有"拥有成熟智慧的老者"之意并非偶然。这一时期似乎有一类以此为书名的文学类型存在。这很可能是因为这些著作是由包含着与老者相关的智慧的学说构成的。它们最好是被看成由一个编辑或者一群编辑将短小的文本编撰而成的文集。这些文本段落中的很多都反映了那个时代的学说,但有一些却是相当古老。

在《老子》和其他同类著作问世的时期必定是中国思想的黄金时期。思想学派如雨后春笋般涌现,多到常常被称为"百家"。学者和那些宣称新思想的哲学家赢得了优先权和声誉。这可从在魏惠王和齐宣王赞助下的杰出学者的群集中看出来。正如我们将会看到的,在《老子》中将会发现很多与这个时期的这个或者那个思想家相关的思想。

那个时代,由孔子、墨子和杨朱创立的学派是"著名的学派"。孔子倡导一种道德在其中占据至高无上的位置的生活方式。其中,道德与个人利益是毫无关系的。实际上,对一个人道德的要求是无条件的。如果需要,那他就不得不在做当做之事时甚至不惜牺牲自己的生命。孔子对于一个人的实际义务的观点是传统的。他生来就有着一定的关系并因而有相应的义务。比如,他有对君忠诚的义务,有对父母尽孝的义务,有帮助朋友的义务,有对同胞尽共同人道的义务。这些义务并非是同样的迫切。一个人对君和父母的义务要先于他对朋友和同胞的义务。孔子相信,如果一个人根据自己的身份尽到自己的义务,那政治秩序就会盛行了。

墨子可能是作为一个儒家弟子开始其生活的,但是他逐渐变得对儒家的教义不满意。他明白只要有义务的迫切性之变化存在,就必定会有偏见存在,而且这种冲突是不可完全避免的。有可能发生一个人因为要对其父母尽孝而不得不做某件对他人造成伤害这样的事。为了避免出现这种情况,墨子提出了"兼爱"。一个人应该像爱他自己一样爱父母、爱他人。墨子还比后来的儒家对使用德才兼备的人这一尚贤思想给予了更多地强调。

在对待"天"的态度上,孔子也是传统的。对他而言,"天"是含糊的、神圣的存在,其命令人应该是具有道德的。墨子更具有一颗宗教转变意识的头脑。他的"天"这一概念与人格神最接近,这与中国古代思想是一致的。对他而言,人应该没有偏见的互爱(兼爱)是天之意愿,做不到这点的人将会受到惩罚。孔子和墨子对待"天"的态度是我们讨论《老子》的"道"这一概念时应该记住的。

关于杨朱学派,不幸的是我们没有任何现存的可以代表这一学派的著作。根据其他思想家的著作,其中有一些肯定是没有同情之心的,杨朱倡导一种彻底的利己主义。我们将有机会回到这个主题来讨论这种利己主义的明确本质。这里我们需要说的只是有人认为《老子》代表了杨朱学派的发展,不管这种说法是否得到了证实认可,《老子》中可能有些段落用杨朱的利己主义思想来解释可以得到最好的理解。

《老子》不仅是一本文集,而且其各章常常是由很短的段落构成的,这些段落彼此间的联系很弱。那么,要处理蕴含在《老子》中的思想,把这些短小的部分而非章节当成一个一个的单元是必要的,因为《道德经》现在的形式肯定是由一系列编辑者根据这些短小的单元编辑而成的。我们也认为《道德经》是一本文集,我们不能期待蕴含其中的思想有严密的体系,尽管《道德经》的大部分可能显示出一些共同的、可在广义上被捕绘为道家的思想倾向。由于我们期待其在思想上有一个更高的融合度,那么描绘它的最理智的办法即是用各种关键概念去处理它,将其在任何可能的地方与其他思想相关联,并且在它们之间产生固执的、不可调和的冲突时指出这种不一致。

开始这种描述的一个好办法是选择那些从早期就与老子或《道德经》相关联的概念。

从道家是由老子创立的思想学派这个众所周知的事实可以明白,"道"被认为是蕴含在《道德经》思想中的核心概念。《道德经》开篇第1章是以一个重要的对"道"之特征的描绘开始的:"道可道,非常道。"换句话说,"道"可被捕绘、引用为权威,并被赞扬为是不可变的。这个观点又在第32章中被重申:"道常无名。"在第41章则是"道隐无名。""道"没有名,这是因为语言完全不适合用来为其命名。但是,如果"道"是可被教导的,不管这个名有多么不恰当,都是可以找到一个可以描绘其特征的名的。这是一项困难的任务,因为即便是"道"这个术语也是没有恰当的名的,只是因为我们没有一个更好的名来命名。而且,如果坚持以一种我们所能描绘的方式去捕绘它,不是完全不恰当,可描绘为"大"。

找到恰当的语言来描绘"道"的网,难点在于尽管"道"被看成负责万物的创造和宇宙的支撑,但道家描绘的目的在于仿佛"道"是一个具体的事物用有形的品质这般术语去描绘它。

第五章 比较视野下英语世界的《道德经》传播研究

在第 42 章中有如下观点:"道生一,一生二,二生三,三生万物。"尽管这里说"一生二",但实际上,"一"常被用来表示"道"。懂得了这种表达方式,那么我们就可明白是"一"或"道"在负责创造和支撑宇宙。"昔之得一者:天得一以清;地得一以灵;神得一以灵;谷得一以盈;万物得一以生;侯王得一以为天下正。"

这个观点被紧随其后的内容表达得非常深入:"其致之也,谓天无以清,将恐裂;地无以宁,将恐发;神无以灵,将恐歇;谷无以盈,将恐竭;万物无以生,将恐灭;侯王无以贵高,将恐蹶。"

如果用物理术语来描绘这个支撑宇宙的"道"的话,可描绘成如下这样:"其上不皦,其下不昧。绳绳不可名,复归于无物。是谓无状之状,无物之像,是为惚恍。迎之不见其首,随之不见其后。"

"道之为物,惟恍为惚。忽兮恍兮,其中有象。恍兮惚兮,其中有物。窈兮冥兮,其中有精。其精甚真,其中有信。""有物混成,先天地生。寂兮寥兮,独立而不改,周行而不殆。"

从这些段落中我们可以看出,那个名叫"道"的实体在有宇宙之前就已经存在了。它是一种真实的本质,并且被继续供养万物的宇宙证明。但除此之外,我们对"道"再无话可说。描述它的困难之处在于它是"恍惚的",是"无状之状,无物之象"。实际上,说"道"创造宇宙是一种误导。"渊乎似万物之宗。象帝之先。"说它"似"万物之宗,说它是"象"帝之先,说"道"只是以一种比喻的意义创造了宇宙。

对于描绘"道"之困难有一种传统的解释,这种解释相当古老但是并不能在《道德经》本身中找到明确的支撑。如我们看到的那样,是以相对的,在《道德经》思想中起着重要作用的概念为基础的。如果我们用一个术语来描绘一个事物的属性的话,那么也会有一个相对的术语适合用来描绘其他的事物。我们描绘一个事物"壮",但也描绘一个事物"弱"。同样,也有如"长短""高低"等所有可想到的反意词组。现在如果我们希望描绘"道"的特征,那我们就不得不用这样的术语,而且没有哪一组是恰当的。因为,如果"道"负责"壮之为壮"的状态,也仍然得负责"弱之为弱"的状态。有人争论说,为了负责"壮之为壮"的状态,在某种意义上讲,"道"自身就必须也是强壮的。那么,它被描绘为是"弱"就是不正确的,可是,它一样得负责"弱之为弱"的状态,从某种意义上讲它自身也得是弱的。因此我们明白没有术语可用于"道",因为所有的术语都是特别的。这样特别的东西,如果用于"道"将会限制其功能范围。而且,功能受到限制的"道"将不能再服务、供养具有多样性的宇宙。

《道德经》中没有实际的文本可支持这种阐释,但平心而论,应该指出《道德经》文本中也没有任何与这种阐释相矛盾的地方。不管这个是不是对《道德经》的原初意图的正确阐释,它也是可能的一种阐释而且有哲学上的优势。它与以柏拉图为代表的西方传统的形而上学的推理形成了鲜明的对比。根据柏拉图的观点,感官界的物体在其能够被说的程度上不是真实的,同时,它们中的任何一个既是A又不是A。不管这个世界多么圆,但我们不能同时说,这个世界上没有一个物体不是圆的。因而,世界不能完全是圆的,而且这点是完全真实的。另外,其形状是完全真实的,因为说"圆形"不是圆的是很荒谬的。柏拉图对于现实形状所要证明的恰恰是不能应用于"道"是不变的。

柏拉图的观点导致了形式的多元化,每一个在本质上都与所有他者有区别,而道家的观点则是只能有一个"道"。优势似乎取决于道家,正如柏拉图一样,到最后不能对这种形式的多元化感到满意,且不得不引进善的形式作为一个统一的法则,尽管完全不清楚这种不统一是如何造成的。柏拉图又一次坚持认为,除了事物的矛盾性外,任何真实的事物都必须能对其作一个陈述,即使大多源自他的假设,也要推论出:所有的真实必须是完全可知的。像之前一样,优势似乎取决于道家。我们没有理由假设完全的真实就是完全的可知,尤其是当真实被认为是超常的时候。当我们说真实是不可知的时候,唯一的不足是它是从真实必须也是不可言喻的来推断的。而这点道家是时刻准备好了接受的。

或许对是否这种刚陈述的阐释是《道德经》想要表达的,其中还有一些质疑,但是对《道德经》在描绘"道"时,那些相对的术语没有被同样不恰当地对待是没有质疑的。如果我们以诸如"有无""高低""长短"等为例,我们可将这类术语分为两类。可把"有""高""长"称为高级术语,把"无""低""短"称为低级术语。显然,在《道德经》中这种更低级的术语被认为要有用得多,至少在描绘"道"时更少被误导。如,"无"常用来象征"道":"天下万物生于有,有生于无。"我们很容易理解为什么更低级的术语更受青睐,因为这些术语常常是以否定的形式来表示的,而否定的术语有着与肯定的术语不同的限制功能,而且如我们所见,那种使专门术语不适合用来描绘"道"的功能。

除了"无",《道德经》中还有其他重要的低级术语,但我们不得不稍后再返回来谈论这个话题。暂时,是把"无"当成《道德经》中引发我们兴趣的"道"之本质的象征来使用的,因为这是道家思想与我们可在西方哲学中找到的观点之间差异的一小部分。

在西方传统中,至少到 20 世纪初,通常被假设为只有存在的才是真实的,如此以至于在一个时期,共性的存在被否定,特别的存在不得不被创造以描绘它们的真实。然而道家却认为,任何的存在都是不真实的,因为任何的存在都要受到特别存在的限制。因而,说"道"就像"无"一样并不被认为是一种误导。尽管严格说来"道"不可能比"有"更像"无"。

作为宇宙之创造者的"道"这一概念是有趣的,因为就我们所知,这是战国时期的创新,而《道德经》正是那个时期被发现的著作之一。传统认为,创造者的作用是属于"天"的。这个观念也是源自最早的时期。"天"这个术语不仅在现存最早的著作《诗经》和《尚书》中被使用,而且在《论语》和《墨子》中被使用,并在《孟子》甚至《荀子》中继续被使用。在道家思想的影响下,"天"这个术语的意思经历了很大的改变。有趣的是,甚至在《庄子》中,"天"继续作为一个关键术语而与"道"并立。这可以从《荀子》第 21 章的言辞中看出来。文中说庄子因为被"天"的意义所困扰受到阻碍认识不到人的意义。这个观点是有人从读《庄子》中获得的印象而产生的,"天"肯定是其中最重要的概念之一。

在"天"这个概念保持着中心位置的这些著作中,"道"这个术语常常是在"某物之道"这个意义上被使用的,甚至被无限制条件地使用。在与"天"相关时,"道"意指"天"所遵从之道。而在与"人"相关时,"道"意指人应该遵从之道,无论是在自己的生活中还是在国家事务的管理上。

在《道德经》中,"道"不再意为"某物之道",而是一个完全独立的实体,并取代"天"所有的功能。但"道"也是无生命的宇宙和人遵从之道。结果,在阅读《道德经》的时候,读者有时会有作为一种实体与作为一种被人遵从的抽象法则之间的界限被模糊的感觉。在超越感官上的共同特征时,二者常被混淆,这种混淆与在第 14 章中提到过的那种混淆不同:"视之不见,名曰夷;听之不闻,名曰希;搏之不得,名曰微。此三者不可致诘,故混而为一。"

由于在《道德经》中"道"这一术语取代了"天",而"天之道"这一术语出现了很多次,是令人感到好奇的。至少在一些情形中,这一术语的使用似乎表明:该段出自属于多少有些不同的而且很可能要早一些的版本。除第 9 章和第 47 章这两处不太典型的使用外,"天之道"这一术语只在最后 10 章中出现了,包含的意思中某些与《道德经》总体上的"道"之观点似乎是相反的。在第 77 章中有如下一段:"天之道,其犹张弓欤?高者抑之,下者举之;有余者损之,不足者补之。天之道,损有余而补不足。"而在第 79 章中有:"天道无亲,常与善人。"在这些段落中,"天"被看成是在调整这个世界的不公正中起积极作用的那只手。它总是站在善和被压迫的那一边。这与在某些非个人的与道德无关的书中所发现的对于"道"的一般观点是相反的。

在通过"道"这一概念来代替"天"这一概念时,尽管《道德经》将其本身与绝大部分甚至包括《庄子》在内的古代经典分离开来,但它绝不是独一无二的。在这方面,它显示出与《管子》中第 12、36、37、38、49 章有着某些相似。《管子》可能是与《道德经》同时期的一本著作,也可能是一本早期作品文集。最近这些年,这些章节被一些学者认为代表了宋钘和尹文学派的教义。《孟子》和《荀子》中肯定都提到了宋钘,《庄子》中也同样可能提到了宋钘。不容置疑,在其对战争的强烈反对和试图说服百姓不要欲求太多时,他实际上是与墨家的理念非常接近。然而在班固的《汉书》中,对宋钘的评价是他倡导黄和老,即道家的观点。这似乎表明在早期道家学派和后来的墨家学派之间有着某些联系。

尽管在《道德经》中被"天"代替的"道"不再有智力和道德之意,然而,《道德经》继续在传统中表明人应该以"天"来规范其行为,这样他才会被促使以"道"来规范自己。为了做到这点,我们必须找出"道"是如何发挥作用的。尽管"道"被说成是"无为而为",但还是有暗示它是如何起作用的:"反者,道之动;弱者,道之用。"这归纳了"道"发挥作用的方式。"弱"和其他同类的概念在《道德经》中的重要作用可以从《道德经》的思想在两本著作中被归纳的方式看出来。《吕氏春秋》第 17 章中说老子把"柔"看得很重要,而在《荀子》第 17 章中则说老子看重的是"曲"而非"直"。"弱""柔""曲",这些都是《道德经》中的重要概念,因为它们正是"道"所显示出的品质。

"道"之动被捕绘为"反",这常被阐释为"道"使得万物经历一个循环变化的过程。某种弱的东西不可避免地发展成某种壮的东西,但是当这个发展过程达到其极限时,衰减的相反过程就开始了,壮的东西便又一次变成弱的,衰减达到其最低极限只是为了再一次的发展。因而,有一个无穷无尽的发展和衰减的循环。

有进一步关于"柔"与"弱"的理论,二者在《道德经》中是一样的突出。"柔""弱"胜"刚""强"。这两者又一次被阐释为一种循环,这可与变化理论相连接。"弱"胜"强",而且在这么做的时候"弱"本身也变强,并因而反过来成为"弱"的牺牲品。

第一眼觉得阐释似乎是合理的,但只要我们更仔细地深究"柔""弱"的价值,就会注意到某些困难。《道德经》中的训诫是我们应该"守柔",但是如果这种循环的阐释是正确的话,这个训诫还站得住脚吗?如果因为在"刚"与"柔"的冲突之间是后者胜,于是我们被告诫要"守柔"的话,那么如果"柔"在获胜的时刻变"刚",这种胜不是短命的吗?如果这个假设是真的,将会使得把这个训诫付诸实践变得不太可能。而且,如果变化是循环的,一个物体在一个方向达到极限时将会转向与其相反的方向,那么这个训诫同时是无用的和不能实行的。如果发展与衰退都是不可避免的,那它是无用的,因为其第一目的就在于要避免衰退。如果它倡导我们应该在一个无情的、不断变化的世界中保持静止,那它是无法实践的。由于"守柔"这个告诫似乎是《道德经》中的一个核心教义,这种循环阐释就不得不放弃。

那么,同时对变化的过程和"柔"胜"刚"的本质进行重新阐释是必要的。首先,在第40章的"反者,道之动"一句中我们注意到所用术语是"反"。"反"意为"返回其根本",而这个"根本"必然是"柔"与"弱"。其所说的是,一个物,一旦其达到了发展的极限,就会返回其根,开始衰退,这是不可避免的。文中并没有说一旦返回其根则发展是不可避免的。换句话说,文中从未说这个变化的过程是循环的。实际上,不仅发展是可避免的,而且它还是一个缓慢的、逐渐的过程,其发展的每一步都不得不通过审慎的努力才能维持。本质上发展与衰退是完全不同的。发展是缓慢的、循序渐进的,而衰退则是迅速的、突然的。发展只有通过审慎的努力才能获得,而衰退则来得自然、无情。这个过程更像是儿童滑梯而非旋转木马。你辛苦地爬到顶端,但往下滑的运动则迅速、突然、不可避免和彻底。这使得遵从执"柔"的训诫变得不仅可能而且还有用。可通过拒绝努力发展以及在非寻常的状态下通过积极的努力以击败这样的发展来遵从这个告诫。一个穷人仅仅通过不努力获取财富就能保持其贫穷的状态,但是,他的一个非道家的舅舅违背他的意愿留给他一大笔财富,他仍然能固执地拒绝这笔财富而保持其贫穷。

"守柔"的要点是人避免其应该变"刚"这种衰退,因为不管是在财富还是权利的衰退中,至少在战国时期——那个混乱的年代,人容易在交易中失掉自己的性命。

这正是倡导人应该同时"知足"和"知止"的原因。"知足不辱,知止不殆,可以长久。"在第33章中则有:"知足者富。"这个观点甚至在第46章进行了更强有力的阐述:"罪莫大于可欲,祸莫大于不知足,咎莫大于欲得。"

尽管发展是一种向上的攀爬,需要审慎的努力以保证每一步的成果,但是获得这种努力的动力是伟大的,而且在人身上普遍存在。欲望和贪婪怂恿人获得更大的满足,因而有必要通过"知足"和"知止"的教训来反击他这种本能的倾向。只有当一个人认识到他已经拥有足够的东西时,才会知道不能以赢得更大的财富和更高的头衔为目标,对这些东西无休止的追求将只会给他带来灾难。

还是有将"柔弱胜刚强"以一种与"守柔"的训诫相一致的方式来解释的。这种解释在于,在胜刚强时,柔弱没有变成与其相反的刚强。为了理解,我们必须记住这个事实,即在《道德经》中一个术语常常是在普通和道家这两种意义上来使用的。"胜"就是一个这样的术语。在普通意义上,这个术语的意思是通过"胜"弱而变强。"胜"不能无限期保证,因为不管一个东西有多强,都不可避免有一天会遇到比它更强的东西。相反,在道家的意义上,"胜"是相当悖谬的。"弱"并不与他者争,因而世界上没有谁能与其争。如果一个人从不与他者争,这就至少保证了他不会有被他人打败的痛苦。他甚至可以通过"不争"这个积极的武器损耗更强大的对手的坚持,或者至少等对手遇到失败时而让自己变得更强。是在这个意义上柔弱可以"胜"刚强。

"守柔曰强。""不争之德"能使"善胜敌者,不与"有许多段落赞扬这种"不争之德":"夫唯不争,故天下莫能与之争。""以其不争,故天下莫能与之争。""夫唯不争,故无尤。"

正如我们所见,道家"守柔"的训诫之价值在于其为一种幸存之手段。既然如此,我们可感觉到《道德经》过度强调了幸存的重要性。这种感觉表明,我们未能成功地理解产生希望与恐惧的环境,这些希望与恐惧被具体化为"守柔"这样一个警句。《道德经》产生的世纪必定是混乱的年代。中国被划分为很多小国,他们都想要自治,使得彼此间战争的范围和凶猛程度不断增加。对一个普通人而言,幸存是一个实在的、迫切的问题。《道德经》中的许多智慧正是为了解决幸存这个问题。对道家而言,"死而不亡者寿"。除非一个人能对那些整天都不确信自己是否会活着的人的愿望给予同情,那这个训诫对人的打击将只能是消极的、悲观的。

《道德经》中有许多反战的段落,读者可从中觉察出作者对战争年代人类命运的热情观照:"夫佳兵,不祥之器,……(兵者,不祥之器,……)杀人之众,以悲哀泣之。战胜,以丧礼处之。"另有:"师之所处,荆棘生焉。大军之后,必有凶年。"

使用武力是最后的手段,"果而不得已",而且,"故抗兵相若,哀者胜矣"。

对统治者还有一个严肃的警告,如果百姓受到残酷的压迫就会达到一个极端,使得他们甚至不想活了。如果这样的事情发生了,那统治者将会发现自己被剥夺了那唯一有效的统治工具。

"民不畏死,奈何以死惧之?"此外,如果当百姓真的不再畏死,那么可怕的事情即将发生,到时受罪的将不仅仅是百姓,统治者也将和他们一起灭亡:"民不畏威,则大威至。"

在《道德经》中,对普通百姓的关心内容,显然与17世纪英国作家托马斯·霍布斯著作中的相似。霍布斯以自己的方式,同样关注了生存的问题,这可在其自传体作品的开篇言辞(母亲生了一对双胞胎,他自己和恐惧)中看出。虽然恐惧的动机是相同的,但是提供的解决办法却是完全不同的。在其著作《利维坦》中,霍布斯着手创建一种能为普通百姓提供安全的政治体制,而在《道德经》中,仅仅只有那些需要领悟,才能得到的慰藉——百姓在危险的情况下幸存的训诫。或许这是因为,对道家而言,世界为百姓提供安全的唯一希望在于某些统治者转而信仰道教,而且它对实现这种可能的机会并不感到过分乐观。无论如何,这种状况要实现可能还需要很长的时间,而且,对百姓来说有能使他们幸存的训诫是必要的。哲学训诫是以幸存的温顺之价值为基础的,甚至温顺也不是一种绝对可靠的手段,而是一种只可在《庄子》中发现的教训。

几乎所有的中国古代思想家都关注人应该有自己的生活方式,而且这从未限制在如何处理个人的感觉上,同时也涉及管理的艺术。政治与伦理,对中国和古希腊来说,是同一事物的两个方面,这被中国思想家称为"道"。有"道"之人,用《庄子·天下篇》的话说即是"内圣外王"。这是那个时期的总体观点,《道德经》也不例外。这甚至仅从一个事实就能看出,"圣人"这个术语在《道德经》中出现了 20 多次,除此之外,指的都是知"道"之统治者。除了"圣人",还有其他几个术语也用来指统治者,如"君""君王"。这表明《道德经》是一本关于管理艺术的著作。

圣人首先是一个知"道"之人,而且,如果他碰巧也是一位统治者的话,那他就能利用他对"道"的理解来管理他的国家。对"道"的理解会使得圣人成为一个更好的统治者,因为管理百姓应该仿照"道"管理宇宙中万物的方式。

我们知道"无"有时可用来表示"道",因为,如果我们必须用一组相反的术语来概括"道"的特征的话,消极的那个更受人青睐,因为它不那么令人误解。于是出现了"无"比"有"更受青睐的现象,因而其他具有消极意思的术语也比与它相反的肯定术语更受青睐。这些消极的术语中有两个是道家理论中对统治者起作用的。一个是"无为",另一个是"无名"。"无为"的字面意思是"不用采取行动","无名"的字面意思是"没有名字"。这两个术语有可能是被杜撰的,因为二者都是由"无"组成第一要素的短语。一方面,这并不意味着"无为"与"无名"之间存在着关联。另一方面,二者之间即便存在关联那也纯粹是语言方面的。二者是一组消极的术语。使得"无"既适合用来描绘"道"的因素,也使得"无为"和"无名"适合用来描绘"道"。说"道"要"为"是限制了它的效力,因为仅仅通过"为",它才必须含蓄地让其他事物"无为"。说"道""无为"至少让它自由自在不受限制,在"道"与其他排斥的某些事情之间不存在特别的关系。

"道常无为而无不为。"该段继续说,"侯王若能守,万物将自化。"该句清楚地表明统治者应该以"道"来规范自己并采取"无为"的政策。采取这个政策的理由从未作清晰的陈述,但是文中给了某些暗示:"将欲取天下而为之,吾见其不得已。天下神器,不可为也。为者败之,执者失之……"再如,"治大国,若烹小鲜"。

从这两章我们可以看出,国家是个微妙的,可被细小的事情毁掉的东西,或者是个神圣的不可被堵塞的器具。国家与无生命的物体世界一样,是自然秩序的一部分。作为自然世界的一部分,它将顺利地如每个遵从他本性的人一样,一直向前。认为人通过小聪明来完善他的本性是一种亵渎。自然秩序很好地平衡此种关系,使统治者方面哪怕微小的干扰也将会扰乱这种平衡并导致灾难的发生。

道家理想的状态是百姓无知无欲。这里的"欲"并非意指对像食物、衣服等基本必需品的欲求。对道家而言,食物是为了满足饥饿,而衣服是为了避寒的。

任何超过这些目的的东西都是奢侈品:食物是必需品,而美食则是欲;衣服是必需品,而华丽的服饰则是欲。但我们肯定不能认为仅仅是美激发了这样的欲望。善也会激发欲望。管理必然会涉及价值观的建构。某些行为模式被认为是好的、值得要的。而优秀品质,除了其自身是值得要的,还伴随自身带来他们自己所渴望的或作为特权之象征的奖赏。这些都是统治者干预行为的结果,他必须认识到,并避免这样的行为:"不尚贤,使民不争;不贵难得之货,使民不为盗;不见可欲,使心不乱。"

这一段始句"不尚贤"是对墨家管理理论中基本教义"尚贤"的直接攻击,"不尚贤"也是后来儒家所倡导的理念。

在某种意义上,"欲"是仅次于"知"的需要依赖的东西。通过知晓所欲的东西,欲望被激发。也是通过"知"欲望的新目标被设想出来。正是由于这个原因,"知"和"明"受到持续的非难。如果道家的哲学家们能够拜访我们的社会,毋庸置疑他将会认为大众教育和广告是现代生活的双胞胎。一个使百姓从他们本初的无知状态中跌落下来,另一个为目标创造新的欲望。如果这些欲望未曾被创造的话,没有人会迷失。

于是,统治者的任务便成为避免做任何事,以至于百姓将不会获得新的知识和新的欲望:"古之善为道者,非以明民,将以愚之。民之难治,以其智多。"再如:"是以圣人治,虚其心,实其腹,弱其志,强其骨。常使民无知无欲,使夫知者不敢为也。"又如:"圣人在天下,歙歙为天下浑其心。百姓皆注其耳目,圣人皆孩之。"圣人的目标是使百姓处于婴孩一样的状态,无知,无欲,超越感官的直接对象。

对于"欲"与"自由"之间的关联,有必要说一说"朴"。可能有关于这个象征的其他暗指,但它具有两个突出的特征:

一是,"朴"处于一种还未受到人类聪明才智之人为干扰的接触,并因而是人类在被人为手段制造出的欲望之前的原初状态的象征。通过严守"道"所提出的"无为"法则,统治者将能改变百姓,但是:"化而欲作,吾将镇之以无名之朴。无名之朴,亦将不欲。不欲以静,天下将自定。"再有,圣人言:"我无欲,而民自朴。"

即便是百姓被"化"后,圣人也不得不时刻当心"化而欲作",让民处于简单状态的办法就如"朴"一样,使其无欲。

二是,"朴"也被说成是"无名的"。这正如我们所说,是统治者重要的特质之一。但"无名"的意思值得细心查究,因为除了显而易见的"不被知道"这个意思外还有更多的含义。

"朴散则为器。圣人用之，则为官长。"这里用了"器"一词，从早期开始，"器"指的就是专业知识。如在《论语》中，我们可发现这样的说法："君子不器"，意思是说君子所关心的是管理的艺术而非专门的知识。无名之朴是无名的，因为它未散而变成器。因而，"朴"是统治者的象征。

"朴虽小，天下不敢臣。"我们可回想起用"无名"来描绘"道"是恰当的，因为"名"总是专门事物的名，且会因此限制"道"之作用。与此相似的是，统治者是"无名的"，因为他不是专家，只有专家才会被命名。是由于他对"道"的了解才使得统治者能够统治他的臣，即那些专家，才能够被赋予诸多部门职责。

这是统治者可从"道"中学到的显著教训。由于无名，它是谦逊的。对万物："生而不有，为而不恃，长而不宰。"同样，对于他的百姓，统治者也必须是谦逊的。"是以圣人为而不恃，功成而不处。"实际上，"太上，下知有之"。且"功成是遂，百姓皆谓：'我自然'"。

在与管理艺术这个话题相关联时，《道德经》常被指责倡导使用"阴谋"。这显然是因为第36章开头一段的缘故："将欲喻之，必固张之；将使弱之，必同强之；将欲废之，必固兴之。"

对此段的阐释当然是无可争议的，但是它能否言之有理地被延伸至其他的段落，却是另一回事。比如："是以圣人后其身而身先，外其身而身存。非以其无私邪？故能成其私。"以及"是以圣人欲上民，必以言下之；欲先民，必以身后之"。

《道德经》倡导使用"阴谋"这个先入为主的观念，似乎是可支持这个指责的。但是，我们用一种开放的思维来对待它们，将会开始明白此话中并没有什么阴险的东西。即便一个统治者意在实现他自己的目标，也只能通过追求百姓的目标才能取得成功。如果他看重自己的百姓，对待他们如同与自己没有关联那样，以获得其最佳利益。这里所说的实现统治者的个人目的，让人想起有时所说的对幸福的追求。一个人只能通过追求他人的幸福才能获得他自己的幸福，因为只有通过忘记他自己的幸福，才能变得幸福。这从未被看成一种邪恶的理论，《道德经》也无须这样的理论。引用的段落中并没有说统治者应该牺牲百姓以追求他自己的目标，这确实是一个恶毒的观点，但是这里恰恰暗指了这个意思。这是不可能的，即便有人承认这么做是值得的。

实际上，真正的自私自利是一件非常难遇的事，当其在一个人身上有这般品质的时候,使得他非常适合做一个统治者。一个真正自私的人,不会允许过度地沉迷于善事中以伤自己的身体。这样的人如果让他做统治者的话,是不大可能利用百姓来满足欲望的。因此,"故贵以身为天下者,则若可寄于天下;爱以身为天下者,乃可以托于天下"。

上一段话呈现出的是杨朱学派的观点。记录在《列子·杨朱篇》中的杨朱与秦谷里的对话间。据说杨朱曾这样说道:"古之人损一毫利天下不与也,悉天下奉一身不取也。"陈述的第2部分是对杨朱立场的公平呈现,但第1部分则是一种与孟子观点"杨朱取为我,拔一毛而利天下,不为也"相似的歪曲。格拉哈姆博士指出,杨朱的真实立场是,即便它可以拔一毛而得到天下他也会拒绝这么做的。这当然是正确的。杨朱的理想是,一个真正自私的人既不会最低程度地伤害自己以赢得天下,也不会利用天下为他自己享乐,以免这种放纵对其身体造成伤害。这样的人,根据《道德经》的观点,显而易见是适合统治天下之人。

由于那些似乎可支撑反对《道德经》的指责的段落能够给予不同的解读,我们就只剩下第79章可作为唯一的理由来支持它,而这碰巧是与《韩非子》《战国策》《吕氏春秋》极其接近的一段,这些全都比《道德经》对其他著作更有帮助。假设它是一个重要的属于传统但却多少有些不同于《道德经》的伟大部分的古代经典教义是有道理的。

从我们所说的关于《道德经》的观点可以看出,其中心思想是相当简单并且是直接针对生活的。在生活中,不管是伦理方面还是政治方面,我们都应该以"道"作为我们的典范。对百姓和统治者而言,最高目标都是生存,实现这一目标的手段非常简单,那就是"守柔"。因此,《道德经》说:"吾言甚易知,甚易行。"

几乎没人能理解这句话,那是因为:"正言若反。"且"下士闻道,大笑之"。

没有人能将蕴含在这些词句中的建议付诸实践,是因为它在以退化的形式与之一致地行动时,是违背人性的。

到目前为止,我们计划中的有些观点还没论及,必须对其予以关注。既然这本著作名为《道德经》,我们不谈一谈"德"一定是非常奇怪的。"德"意为"美德",与其意为"得"的同音字似乎有关联。在道家的使用中,"德"意指从"道"中所获得的"物之美德"。换句话说,"德"是物之本性,因为是在其"德"中物才成其为物。但在《道德经》中,"德"并不是特别重要,而且常常是在更传统的意义上去使用它。

有两个段落似乎是反对《道德经》的基本要旨的。一是第 13 章中的"吾所以有大患者,为吾有身,及吾无身,吾有何患?"该句确实具有启迪作用,但与《道德经》中谈论生存的地方不太吻合,毋庸置疑它是生活的最高目标。二是第 2 章中的如下一段:"故有无相生,难易相成,长短相形,高下相倾,音声相和,前后相随。"该句的要点是那些相互关联的相反的术语。去掉了"高",就不再有"下"。推及其具有逻辑性的结论,这条思想之线是能消除相反的两个对象之间的差别的。当生与死之间的差别消失后,死便不再是令人畏惧的东西。这个观点又一次与《道德经》的一般趋势相悖,在《道德经》中,不仅生存是最高的价值,而且相反的二者之间的差别是根本的。去除了这个基础,就会使《道德经》中所说的大部分观点变成多余的东西。

这两个段落与《庄子》最重要的道家思想的观点非常契合。其中论及的问题正是《道德经》运用割断戈尔迪之结来解决的主要问题。

在中国和西方,都有对《道德经》中的神秘因素进行过分强调的尝试。到目前为止,我们只看到一种相当实际的,意在探讨个人生存和政治秩序之世俗目的的哲学。有相当一部分的段落构成了对神秘主义的这种强调的基础。这些段落可分为两种:一种关注的是宇宙的起源,另一种关注的是个体的某些实践。在第一种的段落中,我们常常可找到"万物之母"这个术语,但其很容易达到"玄牝之母"这样的目的。"玄牝之母"出现在第 6 章中:"谷神不死,是谓玄牝。玄牝之门,是谓天地根。绵绵若存,用之不勤。"

然而,可能把其当成是一种宇宙进化论。正如生物是从母体的子宫里出生的,宇宙也是从"玄牝"的子宫中出生的。这里使用的语言是对原始创造神话的回应的可能性极小。但即便如此,《道德经》中的语言也不再有神秘的意义,这可以从将"玄牝"描绘为"绵绵"和"若存"看出。其只不过是在以诗意的方式描绘宇宙是如何产生的,是对这个创造过程中不竭本性之奇迹的表达。对本性的创造过程与牝牡之结合的比较并不仅限于该段中。

还可在如下段落中找到:"天地相合,以降甘露。""万物负阴而抱阳,冲气以为和。"似乎很难证明根据这些段落来解释整个《道德经》是有道理的。

第 2 类的段落是关于个体实践的,且将"婴儿"作为一种象征。"含德之厚,比于赤子。""为天下谷,常德不离,复归于婴儿。"

我们或许会问,是婴儿身上的什么东西使得他在道家眼中成为如此令人满

第五章　比较视野下英语世界的《道德经》传播研究

意之状态的恰当象征呢？是"柔顺"。"骨弱筋柔而握固。"我们看到"柔"被看成是与"道"最相像的品质,这是因为:"人之生也柔弱,其死也坚强。草木之生也柔脆,其死也枯槁。故坚强者死之徒,柔弱者生之徒。"

顺便可注意到,从事物本质中获得的洞见是一种直觉上的。在道家看来,水是柔弱的,但它却能耗损最坚固的东西。婴儿柔弱,但是却没有人会伤害他。女性柔顺,但她却能战胜男性。当身体是活的时候它是柔软的,当其死了的时候却是冷硬的。从这些单独的观察中,他获得直觉洞见,知道在宇宙的本性中是"柔"最终能幸存和获胜。一旦获得这种直觉知识,进一步的观察就不再需要了,否则只会引起困惑:"不出户,知天下。不窥牖,见天道。其出弥远,其知弥少。"

关于新生的婴儿,有一段似乎观点不同:"专气致柔,能婴儿乎？"可能"专气"暗示了某种呼吸练习或瑜伽实践。但这又是《道德经》中的一个独立段落,或许更有意义的是,这一段与《管子》第37章和《庄子》第23章中的段落非常相似。在《庄子》中,一个关于老子的故事被归因为一本关于"卫生之经"的书。因而有可能这一段恰当地属于某个实践长生理念的学派。在《道德经》中,其目的更在于通过采取柔顺来作为一种行为法则,以避免一种过早的死,而非通过寻求者追求永生的人为实践来延长寿命。

还有另一种普遍的假设需要考证。自王弼撰写了《周易注》和《老子注》以来,就有阐释者发现二者之间存在相似性,但这个假设似乎是错误的。有文章指出过将变化理论看成是循环的阐释《周易》比《道德经》更恰当。这里仅仅希望引起读者对"阴"和"阳"的注意,二者是《周易》的核心概念,也是循环变化过程的基础。在《道德经》中,"阴"和"阳"只出现了1次,是在如上所引的第42章中。这或许与另一段有关联:"载营魄,抱一,能无离乎？"

如果真是这样的话,那第42章中的一段则可能属于第10章的同一组,因为如我们所见,该章代表的是有助于长生的那个学派的实践,这是一种与《道德经》中的主要部分迥异的传统。这可能是一种推测,没有理由猜测它们在整个《道德经》思想中占据了重要的位置。

由于我们认为《道德经》是一本文集,应该试图证明的是蕴含此类思想的一些战国时期的思想家,那些不幸没有保存下来的作品中的乐趣和重要性。

如我们所见,那些与杨朱相似的观点,在关于理想的君王是由真正自私的人所代表的段落中找到。我们还发现,在用"道"来代替"天"时,《道德经》的观点与

《管子》的部分有些相似。一些学者认为，《管子》是宋钘和尹文学派的著作，他们是聚集在齐国临淄稷下的一些学者。

此外，根据《吕氏春秋》的记载，传说中的人物关尹教义的核心概念是"清"。在《庄子·天下篇》中，记叙关尹和老子的思想时，大概是与圣人相关的缘故，引了关尹的话："在己无居，形物自著。其动若水，其静若镜，其应若响。芴乎若亡，寂乎若清。……未尝先人而常随人。"这里，除"清"外，还有其他概念，其中许多如"水""静""芴""亡""随人""先人"等，都可在《道德经》中找到。由于关尹与老子西行的故事是紧密相关，因此在《道德经》中，可找到许多与关尹相关的思想是不惊奇的。

与老子一样，列子也是一个朦胧模糊的人物，据说其倡导"虚"，而"虚"是《道德经》中非常突出的术语，尽管文中很少用"虚"，除了第3章和第16章外，其余地方用的都是"冲"而非"虚"。

最吸引人的是慎到（常与他一起提及的还有田骈），二者不仅是汇聚稷下讲学的学者，有人甚至怀疑，他至少在战国时期与庄子或老子一样著名，是后来道家思想的代表人物。在《庄子·天下篇》中，据说他"弃知""笑天下尚贤""天下之大圣无行"。他如是说："至于无知之物而已，无用贤圣，夫块不失道。"根据《荀子》第17章的记载，"慎子有见于后，无见于先。"有些令人惊奇，我们提及的慎到所有的观点都可在《道德经》中找到。他对"知""贤""圣"的攻击与《道德经》第19章的首句是一致的："绝圣弃智，民利百倍。"还有第3章的首句："不尚贤，使民不争。"

慎到"无见于先"的观点可在第67章中找到："我有三宝，持而保之。……三曰不敢为天下先。不敢为天下先，故能成器长。今……舍后且先，死矣！"最后，慎到的"夫块"与《道德经》中的"朴"一样，是去除了"欲"之自由的象征。

我们已经说了足够多，来表明那些可在《道德经》中找到的段落，包含了战国时期各种学派的关键术语。但不幸的是，由于两个原因，不能将我们的调查往这个方向推向更远。一是，到目前为止，我们对这些早期学派的大多数了解得太少，它们的代表著作已经不再存世。二是，从与这些学派相关的关键术语中读者可得到一个印象，那就是，常常在术语之间比在事实之间存在更多的差异。"守柔""致虚""无见于先"说的是一回事吗？有可能不是这样吗？即，这些学派中的一些太相像，以至于各派不得不提出一个不同的"口号"以证明彼此是独立的学派,因为在战国时期需要通过这样的声明来获得认可。如果情况真是这样,对于把《道德经》中所呈现出的所有学派当作是对道家的一般描绘的话,或许还有太多话要说,正如汉朝的史学家们确实所为的那样。不管事情的真相如何,由于我们手中所掌握的资料的缺乏,无法对那些属于不同学派的观点进行分类整理。尽管我们所能做的极少的事但也加强了我们认为《道德经》是一本在其中可找到代表各种学派观点的文集的信心,包括繁荣于公元前 4 世纪下半叶至公元前 3 世纪上半叶的稷下学派,它们在思想上有着普遍的共同倾向,这些思想后来被称为道家思想。

在翻译中,译者坚持了传统的对章节的划分,但加入了小节的序号。这些小节序号有助于将即存的章节分成部分,而不需要把原本的章节归属在一起。实际上,这么做并不意味着在每种情形下它们都不能组成一个连续的整体。如果读者能看出我所分的部分之间的联系,那他可忽略我部分之间的划分符号。我喜欢用这种方法来对原文本进行重新安排,东方和西方的学者对此都有过尝试。由于我不能同意他们的假设,认为现存文本的顺序不恰当,可以通过重新排列而使其顺序变得恰当合理。当两段有可能是独立的时候,我给了它们不同的分节号,但当一段后紧跟着另一段阐述性的文字,并可能是后来的编辑添加的内容时,我则用了相同的分节号,但在其后添加了字母。

考虑到《道德经》文本半数以上的内容都是押韵的段落,这些段落很可能出现的时间更早,将它们与其他散文式的部分分隔开来是可取的。译文将这些押韵的诗行另行分行,并进行了缩行处理。目前来看,还没有将这些段落英译为诗行这样的尝试。

第六章

《道德经》海外传播路径

自马可·波罗之后出现了"远东想象",西方就一直对中国有很多种看法,比如忌妒、傲慢和偏见等。"在凝视和图像之间,观众面临着许多机制,制作和生产'他们'历史形象的复制品,所以中国文化和形象很容易被抹去。"[1]

中国经典文化在西方世界翻译和介绍的过程,实质上是一种跨文化交际运动。作为人类特有的文化元素传播、扩散和迁移,中西文化资源和文化信息在时间和空间上的相互演变、共享、互动与重组,是想要得到语言符号、数字、价值观、文化身份、文化背景、经济实力、外交政策和许多其他信息的手段。[2]

第一节 《道德经》的传播维度

沟通是人类生活中最普遍、最重要、最复杂的活动[3]。Steven John 认为沟通不应该仅仅从学术专业的狭隘角度来看待。"学科间的合作对于理解沟通非常重要。"[4]"东方的思维方式也可以帮助我们提高对沟通的理解。"老子的《道德经》是中国哲学的经典著作。它涵盖了人类和社会的方方面面,也渗透着丰富而深刻的交流思想。老子的《道德经》不仅可以从哲学层面理解,也可以从传播层

---

[1] 周蕾.妇女与中国现代性:西方与东方之间的阅读政治[M].蔡青松,译.上海:三联书店,2008.
[2] 庄晓东.文化与传播概论[M].北京:人民出版社,2008.
[3] 斯蒂文·小约翰.传播理论[M].北京:中国社会科学出版社,1999.
[4] 斯蒂文·小约翰.传播理论[M].北京:中国社会科学出版社,1999.

面理解。传播思想在东方思想和智慧中具有重要的地位和独特的价值。即使在世界交往的思想体系中,它也具有不可替代的地位和价值。《道德经》包含了老子对人自身、人与国家、人与自然关系的深刻思考。老子这三个层次的交际思想都以"道""无为""自然"为中心,具有整体性、一致性的特点,强调内在心理和人际交往中的身心和谐的精神和谦卑的情感态度,在人际思维中也具有明显的去符号化和直觉化特征。老子的辩证思维不同于西方传播思想,它能使人们全面、客观、清醒地看待问题,这是老子传播思想的可贵之处。探讨老子的传播思想,不仅可以发现中国文化的传播智慧,而且可以让我们进一步了解老子思想对人类社会的人文价值和普世价值。

一、"虚静无为"——老子的内通观

老子的内向型交际观不同于西方交际学的交际观。它不仅仅是对外界信息的处理,并且处理和逆转关乎反馈、关乎情感和态度、关乎个人价值和个人选择。个体的内部沟通与社会环境有机地联系在一起,形成双向的反馈和互动。老子的内交往观不仅是一种对外界的态度,更是一种精神取向和价值选择。这种内向沟通的观点对于加强个人修养,解决自我冲突,建立自我价值,建立自信都有很大的价值。

(一)"载营魄而抱一"——身心和谐的内在互动

老子注重人的内敛互动。在老子的内向交际观中,人与自身的关系比其他关系更为重要。首先,老子强调了健康的身体,身体很重要。他说:"贵大患若身"[1]意思是你应该像对待你的疾病一样对待你的身体。老子甚至会重视爱惜自己的身体,视之为天下的标准,"故贵以身为天下,若可以寄于天下,爱以身为天下者,若可托天下。"其次,老子非常重视人作为个体,给予他们很高的地位,"故道大,天大,地大,王亦大。"老子把人看作是"天下四大",与天、地、道等同。然而,老子并没有只关注身体的重要性,身体只是一个方面,正如老子反对外在和内在一样,他更注重内在的修养,注重身心的和谐。内与外,身与心,静与动,是老子自身沟通的基本要义。老子提出:"身体与身体岂能无分?""载营抱魄"意为精神与肉体的结合。身体是一个人的外在部分,而灵魂是一

---

[1] 陈鼓应.老子今注今译[M].北京:商务印书馆,2003.

个人的内在部分。老子认为没有灵魂，人就会死。他用反问的语气告诫人们要审视是否达到灵与身的统一、身心的和谐，是否要完成身与道的"合而为一"，达到"合而为一"的方法是"沉默"。老子认为重内不重外，重静不重动。老子以圣贤为参照物，提出了"空而静"的修道精髓。"至虚极，守静笃"是指达到一种极端虚无主义的状态，坚持完全静默无欲，从而达到忘我境界，这是老子最重要的修炼方法。"涤除玄鉴"就是在"致虚守静"的基础上，清除干扰，摒弃偏见，审视内心。老子认为只有摒弃一切外在的干扰，在极度的宁静中深挖虚无，才能探索自我，达到身心的和谐。

（二）"自知自胜"——个体的自我认可与满足

老子强调个体的自我认识和满足。例如，"了解他人的人是智慧的，了解自己的人是智慧的"和"赢得他人的人是有力量的，赢得自己的人是强大的"。老子认为，比别人更了解别人是明智的，但自我认识和自我胜利更重要。认识自己的，就是有智慧的。能胜自己的，便是强者。老子告诫人们要注意人与自我的内在关系。一个人与自己的关系是一切关系的开始。只有了解自己，相信自己，并与自己和谐相处，一个人才能度过人生的起起落落。老子用了几句话来说明人们需要回到自己的内心、回到自己，注意内在的传递、身心的融合。老子还强调"为腹不为目"和"见素抱朴，少私寡欲"，呼吁人们重温他们的身体欲望，注意自己的身体的本能需要，屏蔽外部诱惑，抑制他们的私人欲望，建立一个纯粹和简单的领域。老子倡导人与己对话，保持独立精神的思想在当代社会交往中具有特殊的价值。注重沟通内在价值，回归心灵，达到虚无的极致静，只有这样才能保持道德与真实，成为一个真实的人。

（三）"为道日损"——现象化递减

"为学日益，为道日损"实际上是一种"去认识"和"去外化"的思想。在这里，知识既是知识，又是智慧，"知识"的作用就是分辨事物。老子认为道的人应该从知识中减损，其实是道的人在实现道的过程中，通过认知对事物的具体区别加以遮掩。冯友兰认为，"知"是道家达到最高境界的方法。"知道了就忘记了分离。"所有的差异都被遗忘了，剩下的只有一个。例如，老子说"常"，"常"是永恒不变的规律。要理解"常"，把握永恒的规律，就需要"知"，然后才能获得抽象的"常"。只有忘记差异，我们才能掌握一切事物的规律和奥秘。冯友兰认为:"去知的结果是无知。"❶但是这种"无知"不同于"无知"。冯友兰把这种"无知"称为"后来的无知",区别于最初的无知。"后来的无知者"是在天地的王国里,而"最初的无知者"是在自然的王国里,所以这两种无知者是有区别的。然而,道教在这一点上并没有将他们区分开来。老子在谈到人的行为时,经常称赞婴儿和傻瓜。然而,婴儿与愚人其实是"自然境界",与看似无知实则睿智的智者截然不同。由此可见,人类修养的结果是回归自然,回归到一种类似于童真的状态。从交际的角度看,老子希望做一个单纯、天真、纯粹的人,抛弃那些概念化、符号化、空洞化、繁复的东西,是他的理想。

二、"谦下不争"——老子的人际传播观

西方人际交往理论以心理学和语言学为基础,主要研究人际符号的交互、编码与解码、选择性接触与选择性理解、选择性记忆等,他们认为人际关系主要是基于语言符号之间的关系构成,但他们却忽视了人际关系的本质,即社会关系。同时,这种简单的符号交互和信息交互并不能深刻地揭示人与人之间的深层关系。人际交往主要受到社会背景、阶级关系和意识形态的制约,人际交往的关系构成主要取决于交际者的态度和价值观。这一点在老子的人际交往思想中是非常明确的。老子强调崇德尚善,谦下之争的态度是双向平等的体现。老子不但重视"道"(法),而且重视"德"(人心),将"道"与"德"统一为一体。可以说,"德"是老子思想中人际交往的指导思想。老子认为:"有德不等于有德;下不失德,即无德。"自然而不刻意追求"美德",这就是美德。低级美德是形式化的,所以它不是美德。美德必须是由内而外、自发的,要达到最高的美德,必须是修身养性的。"修行在身,其德才真。"是老子围绕"义德"的人际思想。这种谦和的精神是老子人际交往思想的核心。在现代社会中,人际交往缺乏良好的沟通姿态。大多数人际交往都以权力和金钱为砝码,利益面前的关键词是"竞争"。老子的人际交往观强调"谦和而不争",实际上强调的是一种"放开"的精神,引导人们理顺自己的心态。

(一)"上善若水"——贵柔、尚弱和向善的传播精神

老子多次用水作为比喻来表达生命的卑微精神,"善如水"。"水善利万物而

---

❶ 冯友兰.新原道(中国哲学之精神)[M].北京:北京大学出版社,2014.

不争,处众人只所恶,故几于道。"老子把优善的"德"比作水,强调一种如水的无可争议的精神。善人"居善地、心善源、与善仁,言善信……"。老子认为"谦下无争""不争故无尤"。这种"柔弱胜刚强"的生活方式,实际上体现了"软胜于硬"的理念。"天下莫柔弱于水,而攻坚强者莫之能胜,以其无以易之。"老子认为柔软是一种非常罕见的优良品质,优于坚硬。"至柔可驰骋于至坚",强则弱。老子反对粗暴对待一切事物,强调人要"软",只有软才能立于天下。这种谦和、温柔、软弱的生活精神为人们在社会关系中提供了人际交往的标准。

(二)"正言若反"——辩证传播思想

老子的处世之道充满了辩证思想,这是老子人际交往的形式和方法。中国有句古话:"一曲为整,一废为直,一凹为满,一谦为新,一小则得,一多则惑。"意思是弯曲要保存,不平要挺直,低洼要填充,老的要更新,少的要多得到,但太多则会困惑。老子认为:"不自见,故明;不自是,故彰;不自伐,故有功;不自矜,故长;夫惟不争,故天下莫能与之争。"走极端就会回头,这是老子思想的一个特点。矛盾的两方面,看似对立的、相对的,实际上是相互依存的,可以相互转化,往往可以由坏转化为好。"大直若屈,大巧若拙,大辩若讷,大赢若绌。"后者是表象,前者是本质,被老子称为"正言若反",它表达出了老子对于事物的辩证认识。因此,在老子的人际交往观中,一切都不是直接显而易见的。认识到生活中对立统一的规律,并把它运用到生活中,是明智的。老子的真理源于自然,回归社会。

(三)"慈""俭""不敢为天下先"——老子的处世三宝

老子说他一生有三宝:"一曰慈,二曰俭,三曰不敢为天下先。""慈"意味着仁慈。老子认为"慈,故能勇。"《韩非子·解老》说:"爱子者慈于子……圣人之于万物也,尽如慈母之为弱子虑也,故见必行之道;见必行之道,则其从事亦不疑。不疑之谓勇,不疑生于慈。"就像慈母为幼子考虑一般,所以看到了一定要实行的道理。看到一定要实行道理就明察,他干事情就不犹豫,不犹豫叫作勇敢。不犹豫产生于慈爱。韩非子从母子关系的角度诠释了老子的"善则勇"。他相信一个爱孩子的母亲会善待自己的孩子,所以她会帮助自己弱小的孩子,而且她会毫不犹豫地去做,而不犹豫就是勇气,所以勇气来自爱。"俭"意味着节俭。"俭,故能广",要节俭,因此可以广博。所谓节俭,就是爱惜自己,克制自己,保存心灵。韩非子对此的解读是从国家的角度出发的。他认为万物皆有兴衰,国家必须实行文武奖惩。因此,如果一个聪明人节俭地使用他的财富,他的家庭就会变得富有;如果圣人保持他的精神,他的精神就会蓬勃发展。"不敢为天下先"即谦下不争。"不敢为天下先,故能成器长"。老子认为这三宝是生活中最重要的东西,包括国家治理。如果你选择割舍慈爱而搞勇武,舍弃节俭而搞大规模行动,舍弃退让而搞领先,你就会死。从这个意义上说,三宝是人际交往的精髓。

(四)"礼者乱之首"——以人为本的自由观

礼仪是人类社会行为的规范,是人际交往的正式体现。老子的礼观与儒家的礼观不同。他认为:"夫礼者,忠信之薄而乱之首。"老子的自由观首先表现在以人为本。老子说过:"域中有四大,而王居一焉。"他把人、道、天、地作为宇宙的四大要素,充分展示了他以人为本的思想,强调人的本质力量。正如马克思所指出的,自由具有不言而喻的价值,"自由的确是人的本质"。老子以人为本的思想使他强调自由。老子重视人的本性,反对外在形式的人性束缚,他揭示了春秋时期扼杀人的自由的伦理制度。老子的自由观与孔子的自由观有很大的不同。孔子强调内仁外礼,自重归礼,"不逾心之规"。孔子的初衷是好的,但实际上孔子的"仁""义""礼"等思想都从不同的角度肯定了传统的伦理和宗法制度,而老子则看到更多的是伦理和等级制度限制了人们的自由。

三、"道为天下"——老子的国家传播观

老子在其治国思想中提出了"以道为天下"。老子的"道"理论成为一个系统,上升到本体论的高度,"天一"的概念也代表了中国传统的宇宙观和世界观,在《道德经》中多次出现。"天一"的概念大于"国",超越"国"的概念。由于古代交通的限制,这种"天下"的整体观,对天下的胸怀在古代是罕见的,但也体现了老子思想的高度。当时,社会矛盾十分尖锐。老子尖锐地批评"天下无道",并对国家治理提出了许多积极的思想。首先是国内治理。老子认为国王应该走正道,什么也不做,避免暴戾的政治,实行沉默的教导,反对形式主义。二是对外关系。老子认为,一个大国应该是谦虚的,无可争议的,就像河流居于百川之下,倡导和平,反对战争。老子的民族传播观对全人类都具有共同价值,是现代民族传播最重要、最必要的国际传播准则。

(一)"我无为而民自化"——"无为"治国

"我无为而民自化"是老子的无为治国理念。无为不是不作为,而是不妄为。老子认为最好的国王实践无为和沉默的教义,达到了"太上,不知有之"的境界。

"无为而治"的思想源于"道"对万物的影响。老子认为道在万物中无所作为,却达到了无所作为的效果。因为它什么都不做,所以它能"道常无为而不为。侯王若能守之,万物将自化。"老子认为,"道"永远是顺其自然而无所作为的,却又没有什么事情不是它所作为的。侯王若能遵循道的原则,无为而治,天下万事万物就会自我人化育按自身规律正常发展。水似乎是天下最软的,但它却是天下最能驰骋的。虚无的形态可以在虚无中自由移动。对生活的细心观察使老子认识到"无所事事"的好处。老子悲叹"世界要达到它",他深深希望朝代的君主能培养无为,正如圣人所说:"我无为,而民自化;我好静,而民自正;我无事,而民自富;我无欲,而民自朴。"只有坚持"道",什么都不做,国王才能克制暴力的政治,人民才能得到解放。

(二)"治大国若烹小鲜"——反形式化的治国观

在国家治理方面,老子尤其反对形式化的暴政和不合理的外部奴役。他提出"治大国若烹小鲜",意思是说治理大国就像炸鱼,要恰到好处,不能烹调过头。不要随意打扰别人,不要乱来。老子说,治国之道是顺应自然。老子和孔子都是春秋战国时期最重要的思想家。他们有着共同的责任感和社会改革意识。但由于核心思想的不同,他们的执政理念几乎是对立的。如前文所述,孔子希望恢复周礼制度,主张礼乐之治,而老子则抨击他的"仁""义""礼"是对自然道与美德的破坏,反对这些外在的形式主义。正如马克思所指出的:"如果形式不是内容的形式,那么它就没有任何价值。"老子认为,春秋时期的社会被周礼制度所禁锢,丧失了原本的道德品质。"下德不失德,是以无德。"外在的形式化系统破坏了人的优秀自然本性。当优秀的品质被外化成一种形式时,也就是人们失去它的时候。与孔子相比,老子对社会改革的思考更加深入,从更高的高度探索问题的根源。实际上,反形式主义治国思想也是他"无为"思想的延伸。在"无为治国"的思想中,老子主张"清静可以为天下正",不希望颁布法令,发布命令。老子认为,政府越精明、越严厉,法令就会越多,人们的生活也会越缺乏,只有安静、悠闲的政府才能使人们诚实、安宁、幸福。形式化的暴政只会让人性更快地丧失。只有顺应人性本身,无为而治,才能让人性得到自由发挥。

(三)"大邦者下流"——谦下不争的国际观

"夫唯不争,故莫能与之争。"这是老子人际交往观的核心,也是老子民族交往精神的核心。老子提出"大邦者下流",并从两个层面解释了这句话。首先是国王对人民的谦虚。"贵以贱为本,高以下为基。是以侯王自称孤、寡、不穀。"老子忆及过去,论及现在,强调君王应谦卑。自古以来,国王都以孤寡自居,这是一种自嘲的态度,体现了他们对人民的关心和重视。老子还以山谷之头的江海为例来说明"下善"的重要性。"江海所以能为百谷王者,以其善下之,故能为百谷王。是以圣人欲上民,比以言下之……"老子通常以自然事物作比,以江海为例启发君王不应自居百姓之上,一定要有谦虚善下的不争精神。

其次,大国比小国谦虚。"大邦者下流,天下之牝,天下之交也。"他认为,一个伟大的国家应该像居于江河下游那样,处在天下雌柔的位置,让四面八方在这里交汇。中国有句古话:"大者宜为下。"一个大国应该像一个人一样谦虚。因为老子当时正处于战乱之中,封建诸侯割据,当时小国经常被兼并和压迫,这种国际争端给人民带来的只有痛苦。因此,老子认为大国应避免恃强凌弱,主动谦和宽容,不应为了自己的私利而欺负弱小国家。这种谦虚的心态也适用于现代国际交流。

(四)"不以兵强天下"——崇尚和平的国际观

春秋时期,战争的社会环境给人民带来了巨大的苦难。老子深刻地认识到战争是有害的,但和平是有益的。因此,老子反复强调主张和平,反对战争。例如,老子说:"以道佐人主者,不以兵强天下"。依照"道"的原则辅佐君主的人,不以兵力逞强于天下。战争会因为复仇而反复发生,在这反复的战争中,受苦的只有人民。因此,老子认为"夫兵者,不祥之器,物或恶之,故有道者不处"。战争充满了伤害,伤及敌人和自己。老子也指出"物壮则老",揭示了一个客观规律,事物走到极端就会走向相反,走向灭亡。通过这条律法,他警告国王们不要对战争贪婪,不要鼓吹用暴力统治世界。早在几千年前,老子就深刻认识到和平的重要性。在现代社会,更要倡导和平,不以武力作为国际传播的标准。

四、"道法自然"——老子的自然传播观

老子的自然交往观强调人与自然的互动交往,也具有双重主体性的特征。这种自然传播观是老子思想中所特有的。关于自我交际的研究很少。西方文化强调"征服"的哲学。"征服自然"和"改造自然"是他们的口号。人与自然是不平等的,人类对自然的掠夺和破坏带来了各种各样的恶果。直到近代,西方才开始觉醒,开始重视自然与环境,逐渐有了自然沟通与环境沟通的概念。然而,春秋时

期的老子已经警告过人们人与自然关系的重要性。老子提出了"道法自然",这是人与自然关系的核心思想和基本规律。"自然"与"无为"是老子思想体系中的两个核心概念。"自然"的自然沟通观源于"自然无为"和"道生万物"。老子认为人应该遵循"道"的自然本性,实现自然的"恒",达到人与自然和谐相处的状态。

(一)"万物自化"——自然之"常"

老子十分注重对自然规律的总结和把握,正如他所说:"故常无,欲以观其妙;常有,欲以观其徼。""常"即永恒不变的规律,这是老子经过"超验递减"得出的现象学真理。老子认为只有从"常无"和"常有"才能理解一切,才能感受到"道"的永恒存在和不断运动。在老子的思想中,我们可以大致推断出对"道"的理解有两种。一种是作为一种超越意象的存在,它不是一种事物,而是万物。另一种是宇宙运行的永恒规律,即"变"。老子的自然交往观包含两种"常"。老子的自然交往观主要基于这两个永恒的规律。

首先,是"万物自化之常""天地相合,以降甘露,民莫之令而自均"。他相信天地是通过阴阳结合而滴下甘露的。人民不需要靠君王的命令,就自动均衡。因此,万物都有自己的生长规律,不需要人的干预。这是老子自然交际观的主要思想。因为"自然"而"无所作为",也因为"无所作为"而"自然"。只有这样,我们才能把握自然规律,尊重自然,顺应自然,实现人与自然的和谐统一。

其次,是"反之常"。在老子思想中,永恒而抽象的观念是"反"的。"大白若辱,大方无隅,大器晚成,大音希声,大象无形。道隐无名。"这些思想还包括"大成若缺""大盈若冲"等,都反映了老子对自然和生命的透彻观察。老子总结了"正言若反"的规律,建构了"反"的概念,成为其核心思想之一。正如冯友兰所说:"在自然规律中,最根本的规律是'反者道之动'……这是老子哲学的根本意义。"因此,人类应该理解"物极必反"的原则,过度的干涉和征服迟早会给人类带来灾难。

(二)"域中四大"——天人平等思想

老子认为人与自然是平等的,强调人与自然的和谐。"道大,天大,地大,人亦大。"被称为"大"的有四个,人也是其中之一。老子在这里体现了他以人为本的思想,也清晰地阐述了道、自然和人的地位之间的关系。"王法地,地法天,天法道,道法自然。"老子把"道""天""地""人"作为宇宙的四大要素,体现了老子天人合一的思想。老子肯定人的力量,但同时也反对妄自尊大和以自我为中心。他强调自然、万物包括人的统一与完整,追求人与自然的和谐境界。老子相信自然不应该被人征服。"道"生万物,是万物的本源和基础,是制约万物兴衰的规律。"道"使万物成其自身。万物都有其自然规律和原始最佳状态。人们不应轻率行事,改变自然规律。人应该与客观环境和万物的自然保持和谐的关系,这样才能在不受干扰和破坏的情况下实现万物的生长。老子以主客合一、天人合一的方式认识和对待自然,蕴含着丰富的生态智慧。

(三)"为而不恃"——对自然的尊重与顺应

老子"无为"的核心思想延伸了"无为"与"顺应"的自然交往思想。"生而无有,行而无依,生而无害,是'玄德'。"老子认为道生万物,道德教化万物。

"玄德"也是伟大的美德。它生万物而不占有,养育万物而不依赖,鼓励万物而不支配万物。这是一种神秘的美德。虽然这一学说并不直接涉及人与自然的关系,但道理与"生而不为,为而不恃",以及人应"无为而不恃"是相通的。老子的人与自然和谐发展思想,就是要营造以"无为"为核心的和谐生存环境,即"万物自化"的理想境界。老子的"无为"不是被动无为,而是顺其自然,不做任何违背自然的事。老子不反对发展的自然法则的事情,不会干涉,一切在自己的发展,这一思想具有重要的意义,它批判了西方理性为主,征服自然与物质的思想。老子"道法自然"的自然沟通观给现代社会带来了许多重要的启示,也建立了一种新的生态观。日本当代自然学者福冈正信在老子"道法自然主义"思想的启发下,提出了《自然农法》。

第二节 《道德经》在西方传播信息

翻译交际是信息传播的核心要素。《道德经》作为中国优秀文化的重要组成部分,翻译传播时需要开放和包容,以减少文化之间的相互伤害,找出文化交流的最大公因数,并以优秀的现实价值加入人类文化宝库。

一、体现人类命运共同体思想

"人类命运"思想超越了意识形态的差异、价值观念的差异、文明的差距以及社会制度的差异和偏见,充分体现了老子崇尚自然、和谐的哲学思想,为解决资源短缺、环境污染、面对全球贫富差距、战争威胁、互联网治理困境等问题提供了理论依据。《道德经》云:"既已为人,己愈有;既以与人,己愈多。"这意味着要理解互惠互利,摆脱"你没有我""我没有你"的零和思维。"道生一,生二,二生三,三生万物。"万物负阴而抱阳,冲气以为和。"和"就是"和谐","生"就是"创造"。在阴阳的和谐中诞生了新的事物,阴阳的转化形成了新的和谐,表达了人类顺应自然、与自然和谐相处的愿望和要求。

二、彰显文化自信

《道德经》的主要特点是强调天人合一。《道德经》第 25 章说:"人法地,地法天,天法道,道法自然";第 49 章说:"圣人无常心,以百姓心为心";在第 64 章中,有这样一句话:"合抱之木,生于毫末;九层之台,起于累土。"它体现了重视社会全面发展和人际和谐的世界统一理念,体现了中华民族博大精深的文化底蕴和文化自信。

三、展示文化软实力

中华民族优秀文化资源除了世代相传的物质文化,还有哪些能带来精神感召力、影响力和凝聚力的"无形文化"?

《道德经》所凝聚的优秀文化是构建中华民族核心价值体系的重要文化资源,是实现中华民族伟大复兴的文化基因。当前,翻译传播最重要的任务之一就是将其转化为世界各国普遍追求的价值观,增强国际文化认同。孔子理论的精髓是"仁"。老子思想与孔子关于人生的目的和万物修炼的思想有许多相似之处,这些都构成了"软实力"的核心。如《道德经》第 67 章中所说:"我有三宝,持而保之。一曰慈,二曰俭,三曰不敢为天下先。"老子把道的原则概括为三个方面(即三宝):"善"(仁爱、同情、利他),"俭"(包括修身养性、不奢靡、不妄为、减欲),"不敢为先"(谦逊、不冲突)。这个结构建立在当前国际和谐社会具有不可替代的价值,西方学者将老子"无为而治"的思想以及关于道的本质都翻译了出来,并制成了《道德经》译本,文本的《道德经》的扩散,成为了人类文明交流的催化剂。

第三节 《道德经》在西方传播的深度拓展

《道德经》走出国门,获得国外认可的渠道是媒体。传播媒介是沟通者与受众之间的纽带。挖掘传播渠道的目的是让更多的人有机会接触或了解《道德经》

的思想和价值观,也让受众更顺利地接受汉语的表达方式。

一、教育传播

随着中国经济社会发展和对外开放的不断深入,越来越多的海外学生到孔子学院或来中国学习中国文化和功夫,接受中国文化教育。在学习过程中,他们潜移默化地受到《道德经》等中国优秀传统文化的影响,从而提高自己对中国文化的认知度,并在自己的祖国弘扬优秀的中国文化。近代以来,中国政府每年都送大量的学生出国留学,越来越多的家庭送孩子出国深造。他们也是翻译和传播中国优秀传统文化的生力军。中国传统文化温暖、含蓄、深厚。即使是以中文为母语的学习者,在理解一些词汇和短语时也会有困难,这显然不利于对外交流。但如果这些词语和句子的难度降低,文化本身的意义就可能降低。"中国人在将中国文化翻译成外语进行传播时,考虑到交际者的语言编码习惯,简化甚至省略了隐含的内容,这极大地阻碍了本身就难以传播的文化进行下一步传播。"[1]

二、学术研究传播

《道德经》是一段由"道"解读的思想旅程,但对于读者来说,在思想溯源的过程中很难触及到老子提到的"道"的重点,对"道"的解读成理解《道德经》的入口。近代以来,许多学者都试图从学术层面上挖掘"道"的内涵,如钱钟书、胡适、张岱年等学者对"道"进行了相关论述;冯友兰认为,"道"不是一个名字,不是一个东西,不能被命名,永远在它本身,是一切起源的本源。张龙喜认为"道"超越了语言的力量。曹顺清认为"道"是中国文化和文学理论的起点。而西方哲学则把"道"抽象为超越一切的形而上实体。例如,海德格尔将"道"理解为"大道",试图用中国的"道"来拯救局限于西方逻辑的"逻多中心主义"。总之,东西方著名学者对"道"的翻译和研究,明显促进了《道德经》的传播。

三、政治名人传播

政治名人传播是文化翻译传播的重要渠道。美国前总统罗纳德·里根在

---

[1] 陈美华,陈祥雨.当代中国文化软实力建设背景下的国际文化传播与语言规划[J].艺术百家,2013(6):40-44.

1988年的国情咨文中,借用了《道德经》中"治大国若烹小鲜"的语言,鼓励大家发挥聪明才智,依靠市场的自由和灵活性来推动经济增长,政府对经济发展没有过多的干预。这在美国民众之间引起了强烈的反应,不仅使《道德经》的书在美国卖得好,就连报纸也贵。

四、《道德经》传播受众的文化认同

《道德经》发源于中国,但适用于全人类。从7世纪开始,《道德经》开始向国外传播。玄奘把它翻译成印度语,然后传入日本。到了16世纪它已被翻译成643个西方版本,覆盖31种语言。它是世界文化中除《圣经》之外最伟大的杰作。它已经在世界上被广泛接受。《道德经》的意义晦涩而深刻,这让许多译者感到困惑和痛苦,但他们又不能放弃自己独特的艺术价值,所以总是乐此不疲。美国学者威尔·杜兰特曾称赞《道德经》是"人类思想史上最引人入胜的著作"。[1] 英国是最早传播《道德经》的国家之一。在英国,《道德经》已经流传了大约500年。传教士李亚戈是最早将老子思想与基督教思想进行比较研究的人,贾尔斯对《道德经》的传播也做出了重要贡献。《道德经》在德国也有着深远的影响。最早的德文译本是德国作家维克多·冯·施特劳斯于1870年出版的。1911年,传教士威廉·威利的译本在重印八次后出版;哲学家莱布尼茨、黑格尔、谢林、海德格尔、诗人布莱希特和施瓦茨都受到老子思想的影响。20世纪中后期,里根总统在国情咨文演讲中的宣传引导各行各业,从文学到企业管理再到国家治理,将《道德经》视为圣经,寻求新的精神指引。《道德经》所倡导的思想与美国主流文化有一些相似之处。更重要的是,老子思想为美国解决面对世界的复杂国际关系提供了理论指导和帮助。在日本、俄罗斯、法国、瑞典、荷兰和澳大利亚,《道德经》的翻译和传播也取得了巨大的成功。当然,《道德经》在西方国家的传播呈现出一种不平衡的发展趋势,其文化内涵和精髓要真正被受众所理解,并被引入受众国家的主流文化,还需要相当长的时间。

---

[1] 何晓花.关于《道德经》三种英译本的译文风格分析[J].绵阳师范学院学报,2012(9):124-128.

第四节 《道德经》在西方传播的困境

如今,《道德经》在西方世界流传的交际面临着文化语境、语言符号和宗教观念三个困境。

一、文化语境中的"高低差异"

文化有差异,交际有语境。翻译是话语意义推理的前提条件,也是解释和行为的参照测试框架❶。在不同语言文本的翻译中,文化丢失输出的本质是不同语境之间的流入和流出的结果。在这一时期,文化之间的交叉、碰撞甚至冲突是不可避免的。

由于文化背景的关系,交际双方往往高度相似或距离遥远并采取不同的翻译手段或策略。基于这个,爱德华在 Beyond Culture 中,对文化语境进行了划分,提出"高低语境文化"理论。在他看来,"一切都是可以给出高、中、低语境的特征。高语境的事物有一种倾向第一种排列信息的特征,它排列的绝大多数信息还是存在于物质语境中,或内化在传播者的个体中,只是一小部分它存在于编码清晰的信息中。低语境的情况也是一样的,相反,大部分的信息都是在传递信息的语境中进行补充缺失的部分(内部和外部上下文)。"❷

此外,高语境文化并不完全依赖于语言来传递信息本身,更多的是借助相关语境含蓄地表达明确的意义。低语境文化更擅长使用语言符号来表达语境,在传递信息时只起很大的辅助作用。与西方文化相比,中国传统文化属于高语境文化。作为中华民族优秀传统文化的经典,论述内容精辟、广博,具有明显的高语境文化特征。它是中国几千年文化的历史缩影,反映了中国中华民族的传统思维方式、行为特征和价值维度❸。其中,"道"作为老子哲学体系的核心,在翻译过程中,很难准确被单个单词或词汇表达出来。通常,处在与原文相似的语境中的译者更能与作者产生共鸣。文化语境的差异往往导致译者对翻译的态度不

---

❶ 爱德华·霍尔.超越文化[M].居延安,毕君,吴强,译.上海:上海文化出版社,1988.
❷ 爱德华·霍尔.超越文化[M].居延安,毕君,吴强,译.上海:上海文化出版社,1988.
❸ 曹慧敏.《西游记》"西行"之路探究——基于跨文化传播视角的考察[J].四川师范大学学报(社会科学版),2020(4):130-135.

同或对某一词某一概念的理解有偏差,在西方语境中偏低文化中的译者在理解和诠释原文的过程中,处于一种"天堂"的状态。

然而,外国文化不太了解如何进入中国文化语境,这一困境在《道德经》英译的第一波浪潮中就有体现。当时的传教士将春秋时期的《道德经》翻译成英语。该译本对《道德经》文本的文学价值和哲学思想关注甚少。特别是乔治·加德纳·亚历山大的《伟大的思想家老子:神之书》的英译本。把伟大的思想家老子翻译成他的《关于上帝的本质和表现的思想》。他没有把"道"放在中国文化的语言环境中去进行综合理解和解释。后来,维克多·冯·施特劳斯在翻译老子的《陶之王》时,直接将"道"译成了"Gott"。简单把"道"理解为约翰福音所说的"开始","道与神,道即神"是非常接近的。❶

由于高语境文化本身的特点,从高语境文化到低语境文化译文的准确性和文学性使译者难以达到平衡。诗人奥诺里奥·费列罗1972年翻译的《道德经·老子》,虽然它在很大程度上恢复了《道德经》原文的语言节奏,但翻译的准确性仍有待提高。它遵循了上一次翻译和口译文本,没有原始文化语境,容易导致受众对原文的理解有很大偏差。

二、语言符号的"旁见侧出"

语言是中国几千年文化的历史缩影,反映了中华民族的传统思维方式、行为特征和价值维度。其中,"道"作为老子哲学体系的核心存在于翻译中,很难准确地用某个单个单词或词汇表达。

语言作为跨文化交际的必要组成部分,是一种文化旅行。话语体系在建构和传递的过程中,话语载体本身也成为话语的载体,也是维护、复制和巩固跨文化交流体系的主体。《道德经》的海外翻译方式与语言翻译密不可分。语言、语音是由语音、词汇、语法和语言翻译组成的符号系统。其实质是不同符号系统之间的转换。语言有着深厚的根基,在不同民族的文化现实和习俗中,不同的语言符号文化环境的相互作用和转化受到其结构规律和成因的制约。由于手语系统和语言的不同,以及语言符号系统的不同和语言地位的不平等,《道德经》在对外交际过程中不可避免地会遇到许多语言转换所带来的问题,从而导致文化冲突

---

❶ 松山,赵妙根.时代精神的玩偶——对西方接受道家思想的评述[J].哲学研究,1998(7):36-46.

和误解。从1868年到1905年，《道德经》英译呈现出爆炸式发展的趋势。然而，由于缺乏与汉字的长期接触和对老子思想的持续关注，英语世界的译者往往会出现翻译不准确的情况。例如，詹其雄基于对《道德经》片面的理解，直接将《老子》中的"皇帝"翻译为基督教中的"神"，将《老子》中的"神"翻译为基督教中的"灵"。乌拉圭作家埃德蒙多·蒙塔尼翻译的《道德经》也出现了类似的情况。此外，早期一些法国汉语学家对《道德经》的翻译也未能完全忠实于原著。语言符号的差异导致了人们的思维有差异。汉字作为中国文化的载体，具有博大精深的内涵。如果西方译者缺乏系统的汉语学习，在语言转换过程中就难免会出现翻译错误。同时，语言地位的不平等也影响了《道德经》翻译的准确性。法国比较文学专家丹妮尔·亨利·巴洛教授指出，文化对话必然是一种强弱关系，在对话的互动过程中总是存在强弱对比。语言符号作为文化的载体和重要的表现形式，深刻地反映了这一特征。与大多数西方语言不同，汉语是一种边缘语言。西方强势语言的介入虽然在一定程度上促进了中国传统文化在世界范围内的传播，但却对翻译的准确性产生了负面影响，体现了语言交际与语言非交际的矛盾。例如，在《道德经》被引入英语世界的过程中，"归化翻译策略"盛行。以刘殿觉为代表的翻译家们，根据当地读者的喜好，调整了《道德经》的措辞和结构，用西方的话语体系阐释道家思想。虽然它充分考虑了西方读者的阅读体验，但在一定程度上牺牲了原文的准确性。

萨丕尔·沃尔夫认为，语言塑造限制了人类思维的路径。语言并不是反映客观和主观世界的透明媒介，它往往充满了意识形态，为权力服务。西方和东方之间存在着一种权力、统治和霸权的关系。这种关系也常常反映在语言符号上。西方早期的翻译家对《道德经》的翻译和传播具有明显的功利性，他们希望通过寻求某种"同质话语支持"来实现对中国的精神殖民。在《道德经》第一部英译的高潮时期，对《道德经》的翻译和研究多以传教为目的，更多的是为了积极宣传基督教的上帝思想和福音思想，而不是宣传老子思想和道教文化。法国汉学家茹濂翻译的《道德经》大多采用归化法，试图将中国思想融入西方意识形态。米歇尔·福柯认为，权力是话语运行中无处不在的主导力量。言语背后隐藏着权力的阴影。语言作为一种意识形态和权力关系的表现形式，已经成为一种象征资本，成为各种群体控制的对象。与英语、法语等优势语言不同，汉语在语言传播过程中往往处于弱势地位。这种不平等导致中国文化长期被压抑在失语的环境中，使东方主义成为西方思考、说话和代表东方的一种方式。它不能表达自己,必须以不同的方式进行表达。

三、思维的"刻板印象"

每一种语言都有自己独特的世界观,而语言差异背后更深层次的表达就是世界观本身的差异。这种世界观的差异往往在不同文化的宗教思想中得到清晰的反映。Larry A. Sommerwa 认为宗教是了解一个国家的重要思想、价值观和行为的最可靠的方式。学习宗教可以帮助我们解读不同的语言和行为。厘清宗教在西方文化体系中的地位,对于我们深入分析《道德经》的海外译介难点具有重要意义。

宗教的地位和影响在不同的文化体系中是不同的。这是世界观、价值观、思维方式、权力与神权关系、哲学与宗教关系等方面差异的结果。在中国传统社会中,王权始终高于宗教,宗教始终作为维护政治稳定的工具而存在。长期以来,中国人的宗教意识薄弱,宗教对中国人的思想和行为没有产生深刻的影响。然而,对于西方世界来说,基督教的地位是不言而喻的。在 4 世纪至 18 世纪的欧洲,基督教会是欧洲社会中唯一具有政治权威和文化影响力的力量。它被认为是西方世界精神文明的支柱,传教士成为西方世界传播《道德经》的主要媒介。在英语、法语、俄语和德语世界,最早的《道德经》译本和相关研究著作都是由传教士所著。与此同时,基督教渗透到了西方社会的各个方面。"救世主"精神塑造了西方社会译者的思维和行为。基督教观念中,世界是以上帝为中心的,一切生命、人、世界都是上帝创造的。特别是在 1868 年到 1905 年,《道德经》在英语世界的翻译带有强烈的宗教色彩。查姆和亚历山大在翻译上都很直接。从基督教的立场出发,将原文中的"道"或"皇帝"翻译成基督教的"神"一词,使《道德经》成为与基督教教义相关的文本。18 世纪初,约阿希姆·布维、约瑟夫·德·普雷马等耶稣会传教士将《道德经》介绍到德语世界,导致《道德经》的德语翻译也受到宗教文化的影响。德国译者维克多·冯·施特劳斯、朱利安·高利尔和朱利叶斯·格里尔参考了《约翰的声音》等宗教书籍,并在他们翻译的《道德经》中融入了神学元素和基督教思想。例如,老子的《TAOTE KING》,由史德龙翻译,表达了"太初有道,到与上帝同在,道就是神"的思想。在翻译《道德经》的过程中,法国译者拉莫萨和鲍蒂尔试图将老子思想与基督教和印度教联系起来,显示出宗教文化在翻译中的重要影响。根植于西方文化体系中的宗教思想影响了译者的价值观念和思维方式,导致《道德经》在西方世界的表达带有浓厚的宗教色彩,大大降低了翻译的客观性和准确性。

第五节 《道德经》西方传播路径

作为传播中华优秀传统文化的重要组成部分,《道德经》的海外译介越来越受到重视。当前,多极化的世界格局和多元共生的文化趋势逐渐凸显,跨文化交际已成为全球文化生态的代表。鉴于《道德经》在西方世界的翻译和引进所面临的困难,如何突破语言障碍,如何促进以老子思想为代表的中国优秀传统文化被长期有效传播,是学术界关注的重要问题。

一、寻求共同价值观,增强文化共鸣

跨文化交际涉及不同文化、民族和社会之间复杂的社会关系和交际。它面临着不同群体及其成员对社会行为的不同期望,以及不同的价值观、文化精神和生活理想❶。尽管我们的背景、生活方式、哲学和政治制度不同,但作为人类,我们都有许多共同的、基本的信仰、希望、感觉和需要。寻求人类普遍的价值观有助于打破不同文化之间的隔阂,而寻求共同的价值观是跨文化交际活动顺利开展的重要前提。作为中华民族优秀传统文化的经典,《道德经》蕴含着丰富且具有高度包容性的普世价值。经过两次世界大战的洗礼,西方社会原有的价值观受到了极大的冲击。西方学者开始反思西方文明的缺陷,提倡"人"的存在来解释现实世界,关注个体的生存状态,追求人性的回归。老子的"不出户知天下""少私寡欲""万物和谐""无为而治"等思想与当时的思潮不谋而合。在此期间,《道德经》在西方世界的翻译数量显著增加,达到了文化共鸣。

与此同时,一些西方国家的领导人在治国的过程中,积极引用老子的名言,学习老子的"以德治国"的理念。根植于中华优秀传统文化中的思想和道德规范,无论在过去还是现在,都具有不可磨灭的价值。要实现《道德经》在西方世界

---

❶ 孙英春,孙春霞.跨文化传播的伦理空间[J].浙江学刊,2011(4):36-43.

的顺利传播,就必须结合时代需求,向世界展示《道德经》的当代价值、文化精髓的普遍意义,因为它与世界其他文化群体的共同价值观建立了联系,鼓励西方世界的人们更科学、理性地看待和接受中国传统文化。

二、建立跨文化意识和对话思维

文化的形成离不开特定的社会历史背景,文化差异往往伴随社会的发展。然而,任何一种文化都有其合理性,而正是文化之间的差异构成了文化传播的前提和基础。继主体间性和中介语之后,哈贝马斯又提出了"跨文化"这一哲学术语。跨文化的意义是指不同文化之间相互作用的内在过程,它突出了每一种文化。跨文化性是不同文化之间的可交际性,反映了文化主体之间的对话关系。换句话说,要建立跨文化意识,我们应该理解和尊重不同文化之间的差异,加强跨文化沟通和对话。因此,当翻译《道德经》时,西方译者需要摆脱西方文化的霸权思维,承认其他文化与自己的主观文化地位相同,客观看中国和西方文化之间的差异,容忍和接受的方式表达在不同的文化系统中,努力实现平等对话与沟通。同时,对话思维的建立要求中国在向西方传播《道德经》的过程中,尽量减少对叙述者的自我美化,建立客观的传播意识和传播模式,从而实现文明之间的相互信任并促进人类文明的共同进步。此外,政府作为中国文化对外开放的主力军,应大力树立"文化外交"意识,支持和推动中外文化交流活动,最大限度地集中优势资源,加强中西对话,科学有效地弘扬和传播老子思想。例如,在"汉语桥"系列汉语竞赛节目中,"汉语"作为一座桥梁,让来自世界各地的年轻人用汉语交流,加强不同文化成员对老子思想的学习和掌握,增进文化互信,促进文明互鉴。另外,要建立一支精通老子思想,熟悉英、法、德、西班牙等主要国家语言文化的专业队伍,在翻译、出版、传播方面要主动,这成为《道德经》西行不可或缺的重要支撑力量。

三、利用好新媒体平台,创新传播形式

纵观人类文明史,人类跨文化交流总是受到技术的限制和影响,因为技术希望打破时间、空间和国界的限制。新的技术和信息系统已经成为加速跨文化交流频率和扩大跨文化交流范围的主要因素之一。如今,新媒体技术逐渐成熟,基于数字网络技术的计算机、手机和数字电视已成为新媒体技术的主要表现方式。

它们突破了传统媒体的时间和空间限制，来自不同文化背景的人们可以跨越时间和空间的物理限制自由交流。《2020年中国国家形象全球调查报告》显示，51％的海外受众倾向于通过新媒体了解中国文化。尤其是年轻人，更习惯于通过新媒体获取中文信息。

依托互联网和手机的新型社交媒体已成为信息传播的主要渠道。新媒体技术所创造的网络传播空间成为世界各国传播的共同语境，为老子思想在西方世界的传播提供了技术支持。然而，目前为研究老子思想而建立的外语网站或网络机构的数量还比较少，在宣传方面存在很大的不足。在此基础上，中国应充分利用新媒体平台，以创新的外部通信形式传播新时期老子的思想，并努力实现内容和形式的统一，同时充分发挥网络技术的特点和优势，并建立外语网站，以及专门研究道教文化的数字图书馆和博物馆。此外，将《道德经》的翻译及相关研究著作和论文上传到这些平台上，丰富老子思想对外传播的数据库资源，扩大传播的覆盖面。

随着媒介技术的发展和进步，跨文化传播的行为主体发生了变化。新媒体技术的赋权特性改变了受众在传统媒体中的被动地位，任何个体都有可能成为跨文化交际活动中的行为主体。因此，中国应该注重传播主体的多元化。目前，西方对《道德经》的翻译和传播主要以传教士和汉学家为主，传播渠道相对狭窄，受众层次单一。为了改变这种状况，我们应该有意识地鼓励和探索新的传播主体，如海外华人、西方国家公民社会、在华留学生、外国游客等，为《道德经》的西进之路注入新的力量。

《道德经》向西方世界的传播始于17世纪末比利时传教士威尔方齐的拉丁文译本。此后，在传教士和汉学家的大力推动下，《道德经》在西方国家得到了很大程度的传播。然而，《道德经》的西行并非一帆风顺，其不连贯的文化语境、语言符号和宗教思想成为影响其西行的主要障碍。近年来，随着我国优秀文化"走出去"战略的逐年实施，我国翻译行业也呈现出从输入翻译到输出翻译的转变趋势。针对在西方世界《道德经》的翻译和传播的困难，中国应及时寻求共同价值观，建立对话思维，充分利用新媒体平台在新时期做好总体规划，然后形成一个老子思想在外面世界的三维模式。目前，更深层次的现实意义探索的困难和方法是突破《道德经》的翻译向西方世界介绍并促进不同文明之间的交流，相互学习和建设的人类共同的未来。

第六节 《道德经》海外传播前景展望

《道德经》,也被称为《道德真经》《五千言》《子五千条》,传说是中国古代先秦诸子之间分家之前的经典,对中国传统的哲学理论和美学理论、哲学、美学、科学、政治、宗教等都产生了深远的影响。《道德经》分为两部分:《德经》(第1~37章)和《道经》(第38~81章)。作为中国历史上第一部完整的哲学著作,自18世纪第一次出现拉丁文译本以来,在西方社会的各个时期都有大量的译本。据联合国教科文组织称,《道德经》是继《圣经》之后世界上翻译最广泛的文化杰作。据考证,西文译本多达643篇,而英文译本只有206篇。目前已知,《道德经》最早的海外英译本来自1859年耶鲁大学的《朱利安法译本》手稿。20世纪90年代以来,中国学术界对其英语翻译进行了多维度的研究。研究内容从词与句式的信义、文化形象的传递与扭曲、文体与语境的契合与偏离,到目的论、价值评价、认知语言学、哲学诠释学、概念隐喻、生态学、和自适应选择。

"《道德经》言简意赅,意蕴丰富,哲理深刻,涵盖了天文、地理和世界上一切生命形式。"绝大多数读者以积极的态度接受了《道德经》深刻的思想内涵,不仅表达了对作品哲学价值和文化心理认同的热爱,也分享了自己对作品再创作的审美体验和想象空间。《道德经》比《国论》更有民间智慧,比百万说教更有用。《道德经》包含了《十诫》中所传达的哲学智慧和宗教道德。"《道德经》英译形成了动态开放的解释性话语。"许多读者解读从不同的角度、思想和智慧的宝库,作为中国传统文化的最伟大的经典之一,《道德经》有一个深刻而深远的思想体系,具有持久价值可以跨越时间和空间,可以"清晰的野心的道路,计划和欲望在人类的心,让它充满谦卑的平和和追求简单生活带来的精神解放"。同时,如适应现代社会的"上善若水的生活态度,知止不殆的原则,以善回应世界的感觉"等都被读者所接受和认可。

许多读者认为,《道德经》的阅读体验改变了他们看待世界的方式,重塑了他们的价值观和人生准则。"这是一本非常深刻的、改变人生的书,极大地影响了我对自己幸福的感受以及我与他人互动的方式""我向所有迷失人生方向的人强烈推荐这本书。它没有所有的答案,但它确实有很多观点"。一些作者甚至认为《道德经》在西方社会已经成为文化修养的象征,"我认为把它放在书架上,会让我看起来更有文化修养",并强调了反复无尽地阅读它的意义。"每个字都像散落在书页上的一滴金子。《道德经》是一本很有价值的书。我相信,即使我把这本书读 100 遍,我也会像是在读 100 本不同的书"。此外,读者在分享自己的阅读经历时,也提到了许多中国文化元素。例如,太极拳、气功、战法、法家、儒家和佛教;《易经》《孙子》《天坛》《庄子》《阴阳》《禅师》。由此可见,《道德经》在英美世界传播的同时,已经成为西方读者了解中国、介绍其他中国文化元素的重要平台。

在 Top100 的《道德经》译本中,读者主要从译者的语言背景、译文的语言特点和印刷设计效果三个维度来评价译文的整体质量。《道德经》的翻译历来层出不穷。译者,作为对原文最直接的审美体现,对作品的影响是广泛的,译文因人而异,很少是相同的。以上 100 个文本集中的在译者,如 DerekLin、Le Guin、Stephen Mitchell、Jonathan Star、Red Pine、冯佳福、简英和刘德志等近 20 人。《道德经》翻译的多样性和原文的开放性使译者面临多重选择。译者的选择总是受到前人理解的限制,最终的翻译大多是译者创造性理解和诠释的结果。读者对翻译的多样性有不同的看法,但重点主要集中在 Derek Lin 和 Stephen Mitchell,主要讨论的角度是他们的语言背景与翻译的质量和语言特征之间的关系。人们普遍认为林斌精通中文和英文,他的翻译语言清晰、准确、足以减弱差异。他是文学的,并且为读者提供了一种纯净的翻译,保留了老子永恒的话语。然而,Stephen Mitchell 的翻译质量更尖锐和批判,只有少数读者持宽容态度,认为公众读者不是哲学专家,易于理解的文本可以帮助他们直接理解作品的主题。米切尔的版本为这本有 2500 年历史的书注入了新的生命,今天的大多数人会觉得它太晦涩,无法用更字面的版本来阅读。绝大多数读者表示,他们的阅读需求不仅仅是理解译者的解释,而是"理解和体验通过直译在作者脑海中闪现的确切词语"。巨鲸音乐网的负面评论主要是针对斯蒂芬·米切尔《道德经》的解释,它使用了很多贬义的情感词"误导"和"崇道基督教国家"。"《道德经》是一本非常好的书,我给它的不是一星评价,而是给米切尔一个一星评价。"

许多其他的评论说,斯蒂芬·米切尔不会说中文,所以翻译是他依靠阅读其他人的翻译和他对《道德经》的个人理解翻译出来的。可以看出,斯蒂芬·米切尔的归化翻译策略导致了对老子文本的误读,并将老子的思想归因于庞大的基督教话语体系。读者唯一能从米切尔的翻译中得到的是道教思想所没有的,"翻译"通过对原文的一些严重扭曲表明了这一点。这些扭曲确实写得很好,但与道教思想无关。显然,"离开原文去追求或探索翻译之美,即使不是哗然取乐,至少也是徒劳无益的"。由此可见,《道德经》是一部文学性很强的作品。译者不同的语言和文化背景,不仅决定了其译文的质量和语言特点,而且极大地影响着读者对其译文的信任和接受。这也要求译者"坚持文化自觉,以合理的翻译策略和评价机制促进中国文化在西方世界的传播和接受"。此外,文字大小、文字颜色设计、纸张质量、字体大小等印刷问题也引起了部分读者的关注。他们甚至认为,"从外观来判断一本书"是可能的,因为一些译文的印刷方式令人困惑,"页面设计不统一""字体和大小不同",甚至"看起来像廉价的、私人出版的劣质文本"。这是一部如此重要的作品,但出版商没有认真对待它的视觉可接受性,这令人失望。

《道德经》作为中国古典文学之一,不仅具有深刻的哲学思想,提出了"美""信"的主张,而且具有较高的语言艺术水平,体现了汉语文字的修辞美学。翻译出独特的语言功能比如"声音、形式和意义"的信息,是译者面临的一个巨大的挑战,以他们的审美能力是否能把"对象的情感,对象的野心,和对象本身的美"翻译出来。译者由于受自身对汉语的理解能力的限制,很难表达出对《道德经》英译本的阅读体验之美、韵脚之美、形式之美、风格之美和审美感受,但具体词语的翻译审美水平得失,即译文是否准确传达了原词语的审美信息则提出了自己的看法。例如,"德"是《道德经》中具有美学价值的哲学核心词。译者使用witoma式拼音规则将其翻译成"Te",但读者无法理解其含义。勒奎恩认为,"美德"的现代用法已经失去了它以前的含义,即"一件事或一个人的内在品质和力量"。这两个词在书中都被翻译成"权力",但读者说"这是一个小问题,在西方很有名。哲学家柏拉图也使用了'美德'"。因此,"Virtue"一词可能更合适,既接近原文的意思,又更接近西方美学,更能被英美读者所接受。以《道德经》第11章的两种译本为例:

译文 1:"Therefore, profit comes from what is there. Uselessness from what is not there."(Gai-FuFeng,Jane English 译)

译文 2:"Thus, while the tangible has advantages. It is the intangible that makes it useful."(John C. H. Wu 译)

"在原语的词汇层面,审美信息的基本载体可以涵盖在'措辞'这一大主题中,涉及词的选择、语域、搭配等问题"。追溯原始语言范围,老子给三个例子在这一章:"三十个辐条共用一个中心轴""陶土做成的器皿"和"开凿门窗建造房屋",解释:无形的东西是最有效的,只有有了可以容纳的中空的部分,东西才有了意义。所以"有"给人提供了便利,而"无"则在提供作用。两位译者都采用了归化的策略,"旨在将文化的对方带回相同的、可识别的、甚至是熟悉的文化"。原文1当"利润"这个词翻译成"使用",这个词的审美偏差是不清楚,也不显示的矛盾和统一的内涵"利润"和"使用"哲学。而翻译2被翻译为"优势",它基本上体现了词语审美的"准"和"美",既能表达词语的本义,又能实现语境的恰当。虽然他们不是华丽的文字,但是他们可以在身体和精神上给人一种愉快的而感觉。读者抱怨这些词的审美误译:"我看得出来,她把'李'当成了'利',这在上下文中不太准确,句子的后半部分根本没有意义。我无意贬低这个译本,也许英国和美国读者能从中学到很多东西。在这个全球化的世界里,我们想要最小化虚假信息"。艺术没有止境,翻译也没有止境。《道德经》等中国经典著作的翻译,不仅要忠实于原著的精神,还要考虑到中西方语言、文化和哲学传统的差异;它不仅要传达其伦理思想的本质,更要体现其语言和文体风格。"

通过不同译者对《道德经》的阐释和翻译演变,可以看出不同时代、不同语境下的译者对同一词有不同的理解和翻译。在不同的语境下,译者的翻译必然受到时代意识形态的影响,具有时代特征。译者的初衷也会导致不同译文的产生。传教士的翻译目的是翻译中国古典文学,使之成为更好地传达基督教思想的媒介。汉学家对原文的理解或多或少受到自己宗教信仰体系的影响。中西比较哲学家往往在中西比较的基础上,在翻译中还原中国哲学的真实面貌。

尼采曾经说过,《道德经》就像取之不尽用之不竭的井,装满了宝藏,随时可以在桶里找到。从以上两大主流西方媒体对社交网络评论的定量和定性研究来看,虽然部分读者对个别译者的审美素质、页面设计、包装、翻译语言等进行了批评,但总体受众是接受的,英美读者对这部经典作品给予了积极的情感评价和经验分享,认同其思想内涵价值和人生观指导意义,并对其进行评价。"翻译作为中外文化交流的桥梁,始终肩负着跨文化传播的历史使命和社会责任",虽然译者的解读角度和审美能力不同,读者在混合的阅读体验和审美认知中,这些不同的声音提示其正身处于异域风情中,并以此获得新的活力,符合时代特征可以使我们更深入地思考促进中华文化海外传播效果和可持续性的路径。在1980年代,中国文学出版社在英国和美国的世界发布了一系列的"熊猫系列",但是"只有少数翻译引起了英国和美国的读者的注意,和一些读者阅读的兴趣,虽然大多数翻译没有实现预期的接受效果"。

进入 21 世纪以来,中国在哲学社会科学领域取得了一系列优秀成果。2000 年,外文出版社成功完成《熊猫丛书》、2010 年"中国学术翻译工程"、2014 年"丝路书香"出版工程,推动代表中国优秀文化的作品进入国外主流发行出版渠道,更广泛地传播中国声音。然而,这些工程翻译作品的真正受众既不是科研人员,也不是图书馆读者,而是海外普通大众。公众读者对作品的真实感受、反馈、评价和接受,最终决定了作品的命运。在翻译文化经典时,既要注意目标受众的愿望和实际需要,又要注意经典作品对当代受众的启发意义。因此,每一个翻译项目都需要从参考书目选择、译者选择、读者需求、翻译审美取向、目标读者需求、平面设计、印刷纸张质量以及后续市场跟踪(社区媒体和论坛)等方面进行精心设计。每一部译作都代表着中国的形象,代表着中国文化"走出去"的决心、信心和力量。在出国之前,需要检查用词是否恰当,语境是否相关,受众是否兼容。只有这样,其他国家的目标受众才会乐于接受这样的作品。他们不仅可以真正促进中外文化之间的交流与对话,也可以提高中国的国际影响力哲学和社会科学,提高中国文化在世界的传播效果。

参考文献

[1]安乐哲,温海明.和而不同:比较哲学与中西汇通[M].北京:北京大学出版社,2002.

[2]老子.道德经[M].辜正坤,译.北京:中国对外翻译公司,2007.

[3]罗志元.《道德经》译解[M].扬州:广陵书社,2007.

[4]瓦格纳,杨立华.王弼《老子注》研究[M].南京:江苏人民出版社,2008.

[5]辛红娟.《道德经》在英语世界—文本行旅与世界想像[M].上海:上海译文出版社,2008.

[6]易鸣.从接受理论视角看《道德经》在英美的翻译[M].长沙:湖南师范大学出版社,2006.

[7]张秀珍.《道德经》中英语汇[M].高雄:高雄复文图书出版社,2001.

[8]Bennett B. Sims. *Lao-tzu* and the *Tao-te-ching*[M]. New York:Franklin Watts,1971.

[9]Bhagwan Shree Rajneesh. Tao:The Three Treasres-the Tao Te Ching of lao Tzu (4 vols.)[M]. Poona:Rajneesh Foundation,1976.

[10]Brian Bruya. The Tao Speaks[M]. New York:Doubleday,1995.

[11]Burton W Atston. Metaphysics and Goverment in the Lao Tzu:Selection from The Lao Tzu (Tao-te Ching)[M]. New York:Columbia University Press,1960.

[12]Carl Henrik Andreas Bjeregard. The Inner Life and the Ta-teh-king[M]. Chicago:Theosophical Pub. Co. ,1912.

[13]Chan,Wing-tsit. A Source Book:in Chinese Philosophy[M]. Princeton:Princeton University Press,1963.

[14]Chang Chi-Chu,William Forthman. Lao Tzu[M]. New York:Meredith Publishing Company,1967.

[15]Charles Henry Mackintosh. Tao[M]. Chicago:Theosophical Press,1926.

[16]David Hinton. Lao Tzu and Anthroposophy[M]. Washington:Counterpoint,2000.